나치 독일의 강제노동과 전후처리

– 국제관계에서의 진상규명과 〈기억·책임·미래〉 기금

나치 독일의 강제노동과 전후처리

- 국제관계에서의 진상규명과 〈기억·책임·미래〉 기금

다무라 미츠아키 지음 | 김관원 옮김

경인문화사

『ナチス・ドイツの強制労働と戦後処理』の韓国語版に寄せて

1. 初めに

　日本の国家と企業が行った強制連行・労働の被害者に、ドイツのように財団を設立し、そこに基金を創り、補償をする案が日韓双方で議論されている。この基金創設を視野に入れながら、ドイツの基金創設の問題点と利点を以下に述べ、日本による強制連行・労働の基金創設の参考としたい。そして最後に、日韓の対立点であり、日本側が主張する「日韓対立の原因は韓国大法院判決」について論じたい。

2. ドイツの『記憶・責任・未来』基金

　初めに、本書の主題であるドイツの強制労働補償基金『記憶・責任・未来』について述べよう。この基金は、2007年6月に、生存している被害者に補償金の支払いを完済した。金額は43.7億ユーロ、人数は176.5万人、この人たちの住む国は98カ国となった。基金には、ドイツ政府と企業約6500社が拠出した。この年の6月12日、大統領府でケーラー大統

領、メルケル首相が出席して完済の記念式典が行われた。

3. 個人補償の実現をめざして

　戦争で被害を受けた人々への個人補償の実現方法は一般に3つある。行政、司法、立法での実現方法である。第1の「行政解決」は、政府が積極的に補償を行う方法である。本書でふれたように、ドイツでは多くを行政が主導してきたが、日本ではこの可能性が全くない。現在、公明党と連立政権を構成する自民党内では、大勢の視点が、植民地近代化論であり、施恵論なので、この政権に行政解決で戦後補償を期待することは全く不可能である。とりわけ日本のアジアへの派兵は「アジアを解放するため」(『AERA』2017.6.26)であると主張する安部晋三政権の下ではなおさら見込みはない。

　第2は、被害者、遺族、市民が、国家と加害企業を訴え、裁判により戦後補償を実現しようとする「司法解決」である。日本では「孫振斗判決」(1978年、孫さんは最高裁判所で「日本政府は朝鮮人被爆者に対しても補償責任を有する」という勝利判決を勝ち取る)や、わずかの和解を除いて、この解決も実現不可能である。

　一例を挙げれば、「慰安婦」裁判では、10件のうち8件で強制連行の歴史的事実が認定されている。にもかかわらず、時効や、個人請求権が放棄されたと判断されたり、国家ないし官公吏(公務員)が違法な行為によって損害をもたらしても、国家が賠償責任を負わないとする「国家無答責」により、日本国家は賠償責任を免れてきた。本書ではドイツが「司法は戦後補償を行う」という姿勢を示したことにふれた。しかし、日本の司法は、こうした積極性をほとんど示さないので、「司法解決」にも展望がない。

第3は、議員や市民が中心になり、議会の内外活動を通して、国会で「補償法」や「基金」を作り上げる「立法解決」である。本書で取り上げたドイツの『記憶・責任・未来』基金は、この「立法解決」に属する。この基金の特徴と概要は、本書でふれた。

4. 基金のもつ2つの側面

(1) 基金設立の問題点ー支払いは完了、しかし終わらず

　「立法解決」で成立した強制労働基金『記憶・責任・未来』は、確かに生存者に支払いは終了した。しかし、大切なことは、これで終わりではないということだ。その理由は、第1に補償対象者を選別し、排除したからである。基金は、主として旧東欧の強制労働者に補償の支払いを行った。しかしイタリア人強制労働者は、補償の対象外であった。

　基金で、「終わりではない」第2の理由は、歴史を「時間的に区切る」からである。被害者からの申請を締め切った後に新しい歴史的事実が発見されるからである。『あとがき』でふれたように、基金の成立後に赤十字が設立した「ホロコースト資料館」がついに公開され、ここには5千万点、1750万人以上にも上る個人データが所蔵されていることが判明した。この人々の苦悩の足跡を訪ねあて、補償に結びつける作業は、なされていない。支払いから排除されたイタリア人強制労働者の問題が残されたままである。そして本来、今後も続けなければならない1750万人以上の被害者の個人史の究明と、財団に拠出された、限りある補償基金の額の落差の問題は、侵略戦争の傷跡を癒やすことがいかに困難であるかを物語っている。そもそもナチスの起こした侵略戦争の傷跡は、

質的にも量的にも癒やすことはできないのだ。日本のアジアへの侵略戦争も同様である。仮に韓国で補償基金が設立されても、「時間的に区切る」ことは避けられないであろう。歴史の研究、探訪は進歩する。そのたびに新しい事実が発掘され、発見される。補償されるべき被害者は、「これで最後である」と終止符を打つことはできない。補償は、基金の設立で、終わりではないのだ。大切なことは、支払いは一時完了しただけで、これで終わらせてはならない。

ドイツが基金を設立しても補償問題が終わらない第三の理由は、本書でもふれているように、ドイツ政府、企業は共に法的責任を認めていないからである。認めたのは、人道的・歴史的責任でしかない。例えば、著名なドイツ企業・フォルクスワーゲン(VW)では、ナチス時代(1933年~45年)に、ヴォルフスブルクWolfsburg の工場などで、約1万7000人の外国人労働者を強制労働をさせ、生存者はわずか2千人(約12%)であった。100人のうち88人も殺すような職場では、安全管理、健康維持、職場の危険除去など最低限の法的責任を遵守しなかった。にもかかわらず、法的責任を認めていない。したがって補償ではなく「人道援助」「人道的給付」という恩恵的な支払いとなっている。

日本の政府と企業も同様である。1942年、日本政府は中国からの強制連行を計画し、「華人労務者内地移入に関する件」を閣議決定した。この閣議決定(国の政策)に基づいて、1944年~45年の間に、政府と企業は中国から3万8935人を日本に強制連行し、6830人を死亡させた(約18%)。しかし、日本の政府と企業は1社たりとも法的責任を認めていない。朝鮮半島からの強制連行者については、日本政府は今になっても調査そのものをしていないので、実態は全く不明である。

私は、日本の総理大臣が発した2つの談話は発展させるべきだと考える。1つは「植民地支配と侵略」を認めた村山談話(1995年)であり、もう1つは「韓国の人々」と具体的に国名を挙げて、日本が「意に反した植民地

支配を行った」と述べた管談話(2010年)である。但し、両談話には法的責任の自覚が欠如し、同時に、補償視点が全く欠落している。これは両談話の致命的な欠陥である。従って、もし両談話に基づいて基金が創設されても、それはあるべき補償への第一歩であり、当然ながら創設で〈終わり〉ではない。

(2) 基金創設の利点

それでもまずは一歩が大切である。但し、これで〈終わらない補償〉ではあるが、それでもこの欠点は、基金創設の一側面であり、利点も存在する。以下に基金創設の利点について論じたい。

基金の創設の第1の利点は、言うまでもなく、高齢に達した被害者への補償金の支払いである。これは最重要である。利点の第2は、公の機関が、被害事実と原因を認定することである。拉致され、連行され、強制労働をさせられた被害者は、原因が自分にあると後悔しがちである。「あの時、あそこにいなければ、連行されることはなかった」と。補償基金が認定したことは、責任はあなたにはなく、侵略戦争を行ったドイツ国家と企業にあり、加害者はドイツ国家と企業であると明確にしたことである。侵略戦争の歴史的事実を認めた点である。

基金評価の第3点は、ナチス時代に強制連行、強制労働をさせなかった企業にも拠出を呼びかけた点である。背景には、一方で基金への拠出金が不足した点もあるが、他方、戦争がドイツ経済を全体的に潤したからである。責任をナチスのみに転嫁せず、強制労働がドイツの全経済、全社会を潤し、これにより戦後のドイツが支えられているという認識に基ずく。従って、戦後に創られた企業にも、拠出が呼びかけられた。

基金を評価する第4の点は、基金は侵略の歴史を繰り返さない努力をも保障し、友好・交流運動を促進する。加害国ドイツは、被害諸国との

相互理解をめざして、青少年の相互交流プロジェクト、歴史認識の共有化のゼミナール、シンポウジウム、戦地訪問、被害者との交流に力を注ぐ(基金法第2条第2項)。基金は、補償金の支払いで終わりにするのではなく、このような歴史の記憶を確かにする事業にも支出される。第2の利点で述べた侵略戦争の原因、経過、被害事実の認定の上に築かれる未来の展望である。

ところで韓国大法院は新日鉄住金に続いて、2018年11月29日に三菱マテリアルに対しても、韓国人元「徴用工」5人に対して損害賠償金の支払いを命じる判決を確定させた。

5. 三菱マテリアルと日韓の市民交流

三菱マテリアルは、中国人の強制労働の被害者との間で基金(「歴史人権平和基金」と名付けられている)を創ることで和解した(2016年6月1日)。ドイツの基金は対象者が生存者だけであり、死亡した800万人は補償の対象外であった。三菱の場合は元強制労働者の遺族をも含む。三菱は、使用者としての歴史的責任を認め(「法的責任」は認めていない)、本社での労働だけでなく、下請け労働者をも加えた3765人に、1人あたり10万元の支払いが合意された。上で述べたドイツの基金の第3の利点と同様に、強制労働の現場に記念碑の建立、交流と慰霊の追悼事業の推進が予定されている。所在不明の元労働者や遺族の追跡調査も今後なされる。補償金の支払いで〈終わり〉にするのではない。記念・慰霊事業を通じて、日本の侵略戦争と被害の事実を日中双方で共有し、次の世代に伝え、生命や人権の軽視を繰り返さない努力をする。基金の持つ重要な利点である。ここには〈終わり〉がない。

私は、今回の「徴用工」(強制連行、強制労働者)問題で基金が創られる

場合、ドイツのように日本政府と日本企業が補償金を基金に拠出する方式が当然と考える。強制連行、強制労働は日本政府が、閣議決定(国策)をし、企業は自由裁量で働かせたからである。仮に日本側のみで、或いは日韓共同で基金が創られても、〈終わり〉はあり得ず、基金を使って日韓双方の歴史を忘れない努力をする事業が必要である。この重要で、未来に向けた事業の担い手は、連帯に基づいた日韓の市民や自治体となるであろう。

6. 「徴用工」をめぐる日韓関係

最後に、現在の「徴用工」をめぐる日韓の問題にふれておきたい。

(1) 日本国家が賃金未払い、遺骨・貯金未返還

日本政府は、戦争による労働力不足から国の政策として「朝鮮人内地移入斡旋要綱」(1942年)や「国民徴用令」の適用(1944年)を根拠に、朝鮮から70万人以上を強制連行した。日本、サハリン、「満州」だけではなく、太平洋のブラウン環礁(現在、マーシャル諸島共和国)にまで人々は強制連行された。ここで兵士ではなく、軍属として飛行場建設などに強制された301人は、賃金を支払われず、日本兵と一緒に玉砕を強いられた。国家が国策で「徴用」しておきながら、遺族には、生死の連絡や遺骨の返還もせず、貯金も返還しなかった。

個人の人権を重要視する今日の国際法では、そもそも国家が、個人の請求権を消滅させることはできない。日韓条約で「解決」したのは国家と国家の問題だけである。では韓国人の個人請求権では、何が主張され

ているのであろうか。何が請求されているのか、この問題は、既に日本で日韓会談後27年を経て、1992年、民間放送『山形テレビ』が、明快に示している(1992年2月9日放映)。

　放映された内容によれば、1990年4月27日、「韓国太平洋戦争犠牲者遺族会」は、厚生省に名簿の公開と遺骨の返還を求めた。厚生省の回答は「遺族には答えられない、韓国政府に聞いて下さい」であった。許せない回答である。「徴用」されたときの政府は、植民地支配下の朝鮮総督府である。名簿の所在は、朝鮮総督府すなわち日本政府以外にはありえない。裵海元遺族会代表は声をふりしぼり、尋ねた。「帝国臣民として、日本の戦争に連れて行ったのですから、最低、生死の確認をする義務があるはずです。戦死者の遺族が、自分で生死の確認をしなければならない国が、いったい何処にあるでしょうか。それが本当に今の日本の良心なのですか。」

　ここで許されないのは、ブラウン環礁玉砕者の名簿作成時に、日本人名簿から朝鮮人名簿を切り離したことである。その理由は「日本人遺族にのみ恩給、年金を支給するためでしょう」(岡本明厚生事務次官)。初めて父の死を知らされた卞守秉さんは、山形テレビの記者に「名簿を持ってきてくれてありがとう。知らせてもらってよかった」と述べた。創氏改名で日本人として玉砕させられたにもかかわらず、日韓会談後27年もたち、なお日本は、遺骨、名簿、生死の確認をせず、戦後補償からも除外したままであった。「日韓条約で完全かつ最終的に解決」は、安倍総理を初めとする政権のデマであり、私たち日本人にはそのフェイク(嘘とデマ)を許している責任がある。

　この放映は、日韓会談の全容が開示される前である。しかし、日韓会談の長期にわたる複雑な経過を知らなくとも、日韓会談では個人請求権の内容は一切解決されていないことをこの『山形テレビ』が雄弁に物語っていた。だが、これは残虐な植民地支配の一端でしかない。

(2) 憲法、国会なき治安維持法体制

日本は、朝鮮を1910年~45年まで、植民地にした。明治憲法を朝鮮には施行せず、国会も開かせなかった。朝鮮民衆の声、主張を反映する制度を創らなかった。朝鮮の民衆の批判、抵抗はとりわけ治安維持法で弾圧した。政治・文化・社会活動を抑圧した治安維持法は、日本では死刑判決を一件も出していない。一方、この法律は朝鮮でこそ猛威を振るい、幾多の死刑判決をうみ出している。憲法、国会なき朝鮮では、法律は日本でつくられ、朝鮮総督府がこれを「制令」(「命令」)として、民衆に強制した。植民地時代とは、民衆の意思を汲み、意見をたたかわせる制度を全く創らない「弾圧・強制体制」であった。人権を守るため、憲法を制定し、三権分立により権力者を縛るという立憲主義に基ずく政治は、日本では一定の力を有していたが、朝鮮、台湾では全く実現させなかった。

ナチス時代(1933年~45年)は、ヒトラー政権はヴァイマル憲法を停止し、国会の機能をなくし、政府がすべての法律をつくった。批判、抵抗する人々を強制収容所に入れた。戦後、ドイツはこれに反省し、三つの州(ヘッセン、ブレーメン、ベルリン)で、州の憲法に「公権力への抵抗は権利であり、義務でもある」と謳った。同じ敗戦国の日本は、このような戦後反省をしてこなかった。

(3) 私自身の戦後責任

侵略戦争を行った国民には2つの責任がある。「戦争責任」と「戦後責任」である。この2つ責任を我々日本国民は負わなければならない。第1の責任は、侵略戦争の前線に武力を持って直接に参加をしたり、または後方で戦争を支援したり、議会選挙で侵略戦争を行う政府に一票を投じ、支持した責任である。殺戮に参加しなくても、沈黙をすることによっ

て戦争に抵抗しなかった責任も引き受けなければならない。武力支配により、苦悩し命を落とす被害者に無関心であった責任もある。これらは侵略戦争による「加害責任」と言える。私の前の世代の人びと、私の両親、祖父母にはこの責任がある。

　一方、第二次世界大戦後に生まれた私には、戦後反省に基づき、前の世代の侵略戦争を解明し、侵略戦争の被害者、犠牲者の絶望、苦しみ、悲しみを、その何分の1でも癒し、補償する「戦後責任」がある。但し「犠牲者にどんなにお金を積んでも、きちんと償うことができない(略)。奴隷労働と強制労働とは、単に賃金が支払われなかったということだけを意味するのではなく、人々の故国と人権を奪い取り、人間の尊厳を容赦なく奪い取る行為です」(ドイツのヨハネス・ラウ大統領)。仮に「徴用工」問題で基金を創り、支払いをしても、それでも「きちんと償うことはできない」という限界を意識しつつ、その上で未来に向けて悲惨な歴史を繰り返さない努力をすることも極めて重要な「戦後責任」である。私はこの責任を果たさなければならない。

　本書は、2006年6月に日本で出版された。訳者の金珖元(きむ・ぐぁのん)氏は、日本の大学で教鞭をとった経験を持ち、韓日の過去事などを研究している学者である。氏は、本書のテーマであるドイツの戦後処理と強制労働基金の成立・発展史の翻訳を快く引き受けて下さった。13年前の拙文を読み返すと、論旨の不明なところが多々あることに気づく。その点で、金珖元氏には多大なご迷惑をおかけした。

『나치 독일의 강제노동과 전후처리』의 한국어판을 내면서

1. 서론

일본의 국가와 기업이 저지른 강제동원·강제노동의 피해자에게 독일처럼 재단을 설립하고, 나아가 기금을 만들어 보상을 하는 방안이 한일 양쪽에서 논의되고 있다. 이 기금 창설을 염두에 두면서 독일과 관련해 그 문제점과 장점에 대해 논하고자 한다. 그리고 이것이 일본의 강제동원·강제노동의 기금 창설에 참고가 됐으면 하는 바람이다. 또 한일의 대척점으로 일본 측이 주장하는 '한일 대립의 원인은 한국 대법원 판결'에 대해서도 논하겠다.

2. 독일의 〈기억·책임·미래〉 기금

우선 이 책의 주제인 독일의 강제노동 보상기금 〈기억·책임·미래〉에 대해 설명하겠다. 이 기금은 2007년 6월에 생존해 있는 피해자에게 보상금 지급을 완료했다. 금액은 43억 7,000만 유로, 인원은 176만 5,000명이며, 이들이 사는 나라는 98개국이었다. 기금에는 독일 정부와 기업 약 6,500개가 거출했다. 이 해 6월 12일 대통령 관저에서 쾰러 대통령, 메르켈 총리 등이 참석하는 기념식이 열렸다.

3. 개인 보상의 실현을 목표로

전쟁으로 피해를 입은 사람들에 대한 개인 보상의 실현 방법은 일반적으로 세 가지가 있다고 생각한다. 행정, 사법, 입법으로 실현하는 방법이다. 첫 번째인 '행정 해결'은 정부가 적극적으로 보상을 하는 방법이다. 이 책에서 다루듯이 독일에서는 많은 것을 행정부가 주도해 왔지만 일본에서는 그럴 가능성이 전혀 없다. 현재 공명당과 연립정권을 구성하는 자민당 내에서는 의원 다수의 시점이 식민지 근대화론, 시혜론이기 때문에 행정 해결에 의한 전후보상을 이 정권에 기대하는 것은 불가능한 일이다. 특히 일본의 아시아에 대한 침략은 '아시아를 해방시키기 위해'(『AERA』, 2017.6.26)라고 주장하는 아베 신조 정권 아래에서는 더더욱 가망이 없다.

두 번째는 피해자, 유족, 시민이 국가와 가해 기업을 제소해 재판으로 전후보상을 실현하는 '사법 해결'이다. 일본에서는 '손진두 판결'(1978년 그는 최고재판소에서 "일본 정부는 조선인 피폭자에 대해서도 보상 책임을 가진다"라는 승리 판결을 쟁취했다)과 몇 건의 화해 사례가 있지만 이 해결 방법도 실현 불가능하다.

한 가지 예를 들면 '위안부' 재판에서는 10건 중 8건에서 강제동원의 역사적 사실이 인정됐다. 그럼에도 시효 경과나, 개인청구권이 포기됐다고 판단되거나, 국가나 관리(공무원)가 위법한 행위로 손해를 끼쳐도 국가가 배상 책임을 지지 않는다는 국가무답책国家無答責의 원칙에 따라 일본 국가는 배상 책임을 면해 왔다. 이 책에서는 독일이 "사법부는 전후보상을 한다"는 자세를 보인 것에 대해 언급했다. 그러나 일본의 사법부는 그런 적극성을 거의 보이지 않았기 때문에 '사법 해결'에도 전망이 없다.

세 번째는 국회의원이나 시민이 중심이 돼 국회의 내외적인 활동을 통해 국회에서 '보상법'이나 '기금'을 만들어내는 '입법 해결'이다. 이 책에서 다룬 독일의 〈기억·책임·미래〉 기금은 이 '입법 해결'에 속한다. 이 기금의 특징과 개요를 이 책에서 살펴본다.

4. 기금이 갖는 두 가지 측면

(1) 기금 설립의 문제점-지불은 완료, 그러나 끝나지 않았다

'입법 해결'로 성립된 강제노동 보상기금 〈기억·책임·미래〉는 분명히 생존자에 대한 지불은 끝났다. 그러나 중요한 것은 이것이 끝이 아니라는 것이다. 그 이유는 첫째, 보상 대상자를 선별해 배제했기 때문이다. 기금은 주로 옛 동유럽의 강제노동자에게 보상 지불을 했다. 그러나 이탈리아 강제노동자는 보상의 대상 밖이었다.

기금으로 '끝나지 않은' 제2의 이유는 역사를 '시간적으로 구분'하기 때문이다. 피해자들의 신청이 마감된 뒤에 새로운 역사적 사실이 발견되는 경우가 많다. '에필로그'에서 언급하듯이, 기금이 만들어진 후에 적십자가 설립한 〈홀로코스트 자료관〉이 드디어 공개되면서, 이곳에는 5,000만 점, 1,750만 명 이상의 개인 데이터가 소장돼 있다는 것이 판명됐다. 이 사람들의 고뇌가 깃든 곳을 찾아다니면서 보상으로 연결하는 작업은 이뤄지지 않았다. 지불에서 배제된 이탈리아 강제노동자의 문제가 남겨진 채 그대로 있다. 그리고 본래 앞으로도 계속해야 하는 1,750만 명이 넘는 피해자의 개인사 규명과 재단에 거출한 한정된 보상기금의 금액 차이 문제는 침략전쟁의 상처를 달래기가 얼마나 어려운지를 보여주고 있다. 애초에 나치가 일으킨 침략전쟁의 상흔은 질적으로나 양적으로나 아물 수 있게 할 수 있는 것은 아니다. 일본의 아시아 침략전쟁도 마찬가지다. 만일 한국에서 보상기금이 설립된다 해도 '시간적으로 구분'하는 것은 피할 수 없을 것이다. 역사의 연구, 탐방은 진보한다. 그때마다 새로운 사실이 발굴되고 발견된다. 보상받아야 할 피해자는 '이것으로 마지막'이라고 종지부를 찍을 수 없다. 보상은 기금의 설립이지 끝이 아니다. 중요한 것은 지불은 일시 완료될 뿐 이것으로 끝내서는 안 된다.

독일이 기금을 설립했는데도 보상 문제가 끝나지 않은 세 번째 이유는 이 책에서도 언급하듯이 독일 정부와 기업은 함께 법적 책임을 인정하고 있지 않기 때문이다. 인정한 것은 인도적·역사적 책임일 뿐이다. 예를 들면 저명한 독일 기업 폭스바겐(VW)에서는 나치시대(1933~45년)에 볼프스부르크의 공장 등에서 약 1만 7,000명의 외국인 노동자를 강제 노동시켰는데, 생존자는 불과 2,000명(약 12%)이었다. 100명 중 88명이나 죽은 직장에서는 안전 관리, 건강 유지, 작업장의 위험 제거 등 최소한의 법적 책임을 준수하지 않았다. 그럼에도 법적 책임을 인정하지 않고 있다. 따라서 보상이 아닌 '인도적 원조', '인도적 급부'라는 시혜적인 지불이 되고 있는 것이다.

일본 정부와 기업도 마찬가지다. 1942년 일본 정부는 중국에서 강제 동원을 계획하고 '중국인 노무자 국내 이입에 관한 建華人労務者内地移入に関する件'을 각의 결정했다. 이 각의 결정(국가의 정책)에 근거해 1944~45년 사이 정부와 기업은 중국에서 3만 8,935명을 일본에 강제동원해

6,830명을 죽게 했다(약 18%). 그러나 일본 정부는 물론 단 하나의 기업도 법적 책임을 인정하지 않고 있다. 한반도에서의 강제동원자에 대해서는 일본 정부는 아직까지도 조사 자체를 하지 않았기 때문에 실태는 전혀 알 수 없다.

필자는 일본 총리가 내놓은 두 가지 담화는 발전시켜야 한다고 생각한다. 하나는 '식민지 지배와 침략'을 인정한 무라야마 담화(1995년)고 또 하나는 '한국 사람들'이라고 구체적으로 국명을 들고 일본이 "뜻에 반한 식민 지배를 했다"고 말한 간 담화(2010년)다. 단, 두 담화에는 법적 책임의 자각이 결여되고 동시에 보상 관점이 결여돼 있다. 이는 두 담화의 치명적인 결함이다. 따라서 만약 두 담화에 기초해 기금이 만들어진다 해도 그것은 바람직한 보상으로의 첫걸음일 뿐, 당연히 창설로 '끝'인 것은 아니다.

(2) 기금 창설의 이점

그래도 우선은 첫 발이 중요하다. 단, 이것으로 '끝나지 않는 보상'이기는 하지만, 그래도 이 결점은 기금 창설의 한 측면이며 이점도 존재한다. 다음에서는 기금 창설의 이점에 대해서 논하겠다.

기금 창설의 첫 번째 이점은 말할 것도 없이 고령에 달한 피해자에 대한 보상금 지불이다. 이것은 가장 중요한 부분이다. 두 번째 이점은 공적인 기관이 피해 사실과 원인을 인정하는 것이다. 납치되거나 끌려가서 강제노동을 하게 된 피해자는 원인이 자신에게 있다고 후회하기 쉽다. "그때, 그곳에 없었으면, 강제동원될 일이 없었다"고. 보상기금이 인정한 것은 책임은 당신에게는 없고 침략전쟁을 치른 독일 국가와 기업에 있으며 가해자는 독일 국가와 기업임을 분명히 한 것이다. 침략전쟁의 역사적 사실을 인정한 점이다.

기금 평가의 세 번째 점은 나치시대에 강제동원, 강제노동을 시키지 않았던 기업에도 거출을 호소한 점이다. 그 배경에는, 한편으로 기금 거출금이 부족한 점도 있지만, 한편으로는 전쟁이 독일 경제를 전체적으로 윤택하게 했기 때문이다. 책임을 나치에게만 전가하지 않고 강제노동이 독일 전 경제, 전 사회를 윤택하게 했으며, 이로 인해 전후 독일이 지탱되고 있다는 인식에 바탕을 두고 있다. 따라서 전후에 생긴 기업에도 거출을 요청했다.

기금을 평가하는 네 번째 점은, 기금은 침략의 역사를 반복하지 않는 노력을 보장하고 우호·교류 운동을 촉진한다. 가해국 독일은 피해국가들과의 상호 이해를 목표로 청소년 상호 교류 프로젝트, 역사인식의 공유화를 위한 세미나와 심포지엄, 전장터 방문, 피해자와의 교류에 주력하고 있다(기금법 제2조 제2항). 기금은 보상금의 지불로 끝나는 것이 아니라 이러한 역사의 기억을 확실히 하는 사업에도 지출된다. 두 번째 이점에서 말한 침략전쟁의 원인, 경과, 피해 사실 인정 위에 쌓여지는 미래의 전망이다.

어찌됐든 한국 대법원은 신일철주금에 이어 2018년 11월 29일에 미쓰비시머트리얼에 대해서도 한국인 강제동원·강제노동 피해자 5명에 대해서 손해배상금 지급 판결을 확정했다.

5. 미쓰비시머트리얼과 한일의 시민교류

미쓰비시머트리얼은 중국인 강제노동 피해자와의 사이에서 기금('역사인권평화기금')을 만들기로 합의했다(2016.6.1). 독일의 기금은 대상자가 생존자만이고 사망한 800만 명은 보상 대상이 아니었다. 미쓰비시의 경우는 강제노동자의 유족도 포함한다. 미쓰비시는 사용자로서의 역사적 책임을 인정(법적책임은 인정하지 않고 있다)해 본사에서의 노동뿐 아니라 하청 노동자도 포함한 3,765명에 대해 1명당 10만 위안을 지불하기로 합의했다. 위에서 말한 독일 기금의 세 번째 이점과 마찬가지로 강제노동 현장에 기념비 건립, 교류와 위령의 추모 사업 추진이 예정돼 있다. 소재 불명의 근로자와 유족들의 추적 조사도 진행하기로 했다. 보상금 지급으로 '끝'내는 것이 아니다. 기념·위령 사업을 통해서 일본의 침략전쟁과 피해 사실을 중일 쌍방에서 공유하고, 다음 세대에 전해, 생명이나 인권의 경시를 반복하지 않도록 하는 노력을 한다. 기금이 가지는 중요한 이점이다. 여기에는 '끝'이 없다.

나는 이번 강제동원·강제노동자 문제로 기금이 만들어질 경우 독일처럼 일본 정부와 일본 기업이 보상금을 기금에 거출하는 방식이 당연하다고 생각한다. 강제동원·강제노동은 일본 정부가 각의 결정을 하고 기업은 자유재량으로 일하게 했기 때문이다. 만일 일본에서만, 혹은 한일 공동으로 기금이 만들어져도 '끝'은 있을 수 없으며 기금을 사용해 한일 두 나라의 역사를 잊지 않는 노력을 하는 사업이 필요하다. 이 중요하고 미래를 위한 사업의 담당자는 연대에 기초한 한일 시민과 지자체가 돼야 한다.

6. 강제동원·강제노동자를 둘러싼 한일관계

마지막으로 현재의 강제동원·강제노동자를 둘러싼 한일 문제에 대해 언급하고자 한다.

1) 일본 국가가 임금 체불, 유골·저금 미반환

일본 정부는 전쟁으로 인한 노동력 부족으로 국가 정책으로서 '조선인 국내이입 알선요강朝鮮人內地移入斡旋要綱'(1942년)과 '국민징용령'(1944년)을 근거로 한반도에서 70만 명 이상을 강제로 동원했다. 일본, 사할린, 만주뿐 아니라 마셜제도공화국의 태평양 에네웨타크 환초Enewetak Atoll (당시 브라운 환초라고 불렸다)에서까지 사람들이 강제로 동원됐다. 여기에서 군인이 아니라 군속으로 비행장 건설 등에 강제된 301명은 임금을 받지도 못하고 일본군과 함께 옥쇄玉碎를 강요받았다. 국가가 국책으로 '징용'해 놓고도 유족에게는 생사의 연락이나 유골 반환도 하지 않았고, 저금도 반환하지 않았다.

개인의 인권을 중요시하는 오늘날의 국제법에서는 원래 국가가 개인의 청구권을 소멸시킬 수 없다. 한일조약에서 '해결'한 것은 국가와 국가의 문제뿐이다. 그렇다면 한국인의 개인청구권에서는 무엇이 주장되고 있으며 무엇이 청구되는지의 문제는 이미 일본에서 한일회담 후 20여 년이 지난 1992년 민간 방송 '야마가타텔레비전'이 명쾌하게 제시했다(1992.2.9 방영).

방영된 내용에 따르면 1990년 4월 27일 '한국태평양전쟁희생자유족회'는 후생성厚生省에 명단 공개와 유골 반환을 요구했다. 후생성의 답변은 "유족에게는 대답할 수 없다, 한국 정부에 물어봐라"였다. 용서할 수 없는 답변이다. '징용' 당했을 때의 정부는 식민지 지배 하의 조선총독부다. 명부의 소재는 조선총독부, 즉 일본 정부 외에는 있을 수 없다. 유족회 배해원 대표는 소리 높여 물었다. "제국 신민으로서 일본의 전쟁에 끌고 간 것이므로 최소한 생사 확인을 할 의무가 있을 것입니다. 전사자의 유족이 스스로 생사 확인을 해야 하는 나라가 도대체 어디에 있습니까? 이것이 정말 지금 일본의 양심입니까?”

여기서 용서할 수 없는 것은 브라운 환초 옥쇄자 명부 작성 시에 일본인 명부에서 조선인 명부를 떼어낸 것이다. 그 이유는 “일본인 유족에게만 은급, 연금을 지급하기 위해서겠지요”(오카모토 아키라岡本明 후생성 사무차관).

처음 아버지의 죽음을 알게 된 변수병 씨는 야마가타텔레비전 기자에게 “명부를 가져다 줘서 고마워요. 알게 돼서 다행입니다”라고 말했다. 창씨개명돼 일본인으로서 옥쇄를 당했음에도 한일회담 후 20여 년이나 지났는데 일본은 유골 반환, 명부 공개, 생사 확인을 하지 않고 전후 보상에서 제외한 채였다. “한일조약으로 완전히 그리고 최종적으로 해결”됐다고 하는 주장은 아베 총리를 비롯한 정권의 거짓선동demagogy이며, 우리 일본인에게는 그 행위를 용서하고 있는 책임이 있다.

이 방영은 한일회담의 전모가 공개되기 전이었다. 그러나 한일회담의 장기간에 걸친 복잡한 경과를 알지 못하더라도 한일회담에서는 개인청구권 내용은 전혀 해결되지 않았음을 야마가타텔레비전이 잘 말해 주고 있었다. 하지만 이것은 잔악한 식민지 지배의 한 단락에 지나지 않는다.

2) 헌법, 국회 없는 치안유지법 체제

일본은 한반도를 1910~45년까지 식민지로 지배했다. 메이지 헌법을 한반도에는 시행하지 않고 국회도 열지 않았다. 민중의 목소리, 주장을 반영하는 제도를 만들지 않았다. 민중의 비판, 저항은 특히 치안유지법으로 탄압했다. 정치·문화·사회 활동을 억압한 치안유지법은 일본에서는 사형 판결을 한 건도 내리지 않았다. 그러나 이 법은 한반도에서 맹위를 떨쳐 수많은 사형 판결을 이끌어냈다. 헌법, 국회가 없는 한반도에서는, 법률은 일본에서 만들어져 조선총독부가 '제령制令(명령)'으로서 민중에게 강제했다. 식민지시대는 민중의 의사를 수렴해 의견을 갖고 싸울 수 있는 제도를 전혀 만들지 않는 '탄압·강제체제'였다. 인권을 지키기 위해 헌법을 제정하고 삼권분립에 의해 권력자를 견제한다고 하는 입헌주의에 입각한 정치는 일본에서는 일정한 힘을 가지고 있지만 한반도와 대만에서는 전혀 실현시키지 않았다.

나치시대(1933~45년)에는 히틀러 정권이 바이마르헌법을 정지해 국회 기능을 없애고 정부가 모든 법률을 만들었다. 비판, 저항하는 사람들을 강제수용소로 보냈다. 전후 독일은 이를 반성해 세 개의 주(헤센, 브레멘, 베를린)에서 주 헌법에 "공권력에 대한 저항은 권리며 의무기도 하다"고 강조했다. 같은 패전국인 일본은 이러한 전후 반성을 해오지 않았다.

3) 나 자신의 전후책임

침략전쟁을 치른 국민에게는 두 가지 책임이 있다. '전쟁책임'과 '전후책임'이다. 두 가지 책임을 우리 일본 국민은 져야 한다. 첫 번째 책임은 침략전쟁의 전선에 무력을 가지고 직접 참여하거나 또는 후방에서 전쟁을 지원하거나 의회 선거에서 침략전쟁을 벌이는 정부에 한 표를 던져 지지한 책임이다. 살육에 참여하지 않더라도 침묵함으로써 전쟁에 저항하지 않은 책임도 떠안아야 한다. 무력의 지배에 의해 고뇌하고 목숨을 잃은 피해자에게 무관심했던 책임도 있다. 이것들은 침략전쟁으로 인한 '가해책임'이라 할 수 있다. 나의 앞 세대 사람들과 나의 부모, 조부모에게는 이 책임이 있다.

한편 제2차 세계대전 이후 태어난 나에게는 전후 반성에 근거해 이

전 세대의 침략전쟁을 규명하고 침략전쟁의 피해자, 희생자의 절망, 고통, 슬픔을 그 몇 분의 1이라도 치유, 보상해야 하는 '전후책임'이 있다. 단 "희생자에게 아무리 많은 돈을 주어도 진정한 보상이 될 수 없다(생략). 노예노동과 강제노동이란 단순히 임금이 지불되지 않았다는 것만을 의미하는 것이 아니라 그 사람의 고국과 인권을 빼앗고 인간의 존엄을 가차 없이 빼앗는 행위다"(요하네스 라우 독일 대통령). 가령 강제동원·강제노동 문제로 기금을 만들어 지불하더라도 '진정한 보상이 되지 않는다'는 한계를 의식하면서, 나아가 미래를 향해 비참한 역사를 반복하지 않는 노력을 하는 것도 매우 중요한 '전후책임'이다. 나는 이 책임을 다하지 않으면 안 된다.

이 책은 2006년 6월에 일본에서 출판됐다. 역자인 김관원 박사는 일본의 대학에서 교편을 잡았던 경력을 가지고 있으며, 현재 한국에서 한일 과거사 등을 연구하고 있는 학자다. 그는 이 책의 주제인 독일의 전후처리와 강제노동기금의 성립·발전사의 번역을 흔쾌히 맡아줬다. 13년 전의 졸문을 읽으면 논지의 불분명한 곳이 많이 있음을 깨닫게 된다. 그런 점에서 김관원 박사에게는 많은 폐를 끼쳤다.

차 례

제4장 〈기억·책임·미래〉 기금

제1장

독일의 역사인식은
어떻게 진행돼 왔는가?

1. 서론 - 역사인식의 큰 흐름

2000년 7월 17일 독일에서 나치시대 강제노동자들을 보상하는 재단이 정식 출범했다. 이 보상 재단이 성립하기 위해서는 보상을 요구하는 피해자, 유족 및 지원자들에 의한 운동의 확산, 의회에서의 보상법 제정 노력, 국제법 특히 국제인도법에 근거해 전후보상이나 역사의 진상을 요구하는 국경을 초월한 사람들의 제휴와 공통의식이 깊어지고, 역사가나 시민을 중심으로 하는 나치시대 자료를 발굴·공개, 미국으로부터의 독일 기업에 대한 보상 요구, 그리고 이것들에 근거한 사람들의 역사인식 변화 등이 필요 불가결했다. 그래서 독일의 역사인식 전후사를 조감해 보고자 한다. 수목에 비유하면 우거진 지엽에 얽매이지 않고 우선 줄기에 주목하려 한다. 역사인식에 의해 무엇이 이루어지는지, 그 구체화된 전후처리, 전후보상의 상세한 내용은 제4장에서 다룬다. 여기에서는 역사인식의 큰 흐름만을 서술한다.

2. 기억의 말살과 침묵

연표로 본 나치시대의 종언은 연합국에 대해 독일이 무조건 항복했을 때부터 시작된다. 한편으로 나치 범죄가 뉘른베르크의 국제재판 등에 따라 단죄되고, 또 한편으로는 미·영·프·소의 점령지역에서 탈나치화 조치가 강구된다. 두 가지 주제는 제3장 '국제법과 재판'에서 논하지만, 둘의 공통점은 모두 연합국이 주도한 것이다. 시민이 사태를 적극적으로 주도하기에는 전후 혼란은 너무 컸고 심각했다. 12년 동안의 나치 지배, 또 6년 간의 연합국과의 전쟁으로 파괴돼 집과 가족을 잃고 굶주림에 고통 받는 독일 시민의 상당수는 나치시대의 악몽에서 깨어나 과거를 봉인한 채로 하루라도 빨리 경제 부흥을 원했다. 나치시대의 진정한 피해자는 누구인지, 어쩌면 눈앞에서 똑같이 기아와 영양실조에 고심하고 있는 러시아인이나 폴란드인, 체코인이, 또 강제수용소에서 맨몸으로 방출돼 '죽음의 행진'에 내몰리고, 허탈 상태의 마른 외국인이야말로 진정한 피해자인 것은 아닐까, 라고 생각하는 마음의 여유는 별로 생기지 않았다. 독일에 끌려가 생사의 갈림길에서 노동을 착취당하고 패전과 함께 방치된 이국인이나 점령지의 사람들, 독일 민족을 좀먹는 '해충'으로 처분돼 온 방대한 수의 유대계 독일 시민들, 침묵하고 방관자가 되는 것을 거부하고 나치 체제에 과감히 저항하다 처형된 저항운동이나 레지스탕스에 가담한 사람들의 운명에 뜻을 함께하는 여유는 거의 없었다. 사람들은 생존에 대한 자신감을 되찾아 과거의 기억을 지우는 데 주력했다. 아우슈비츠는 잊으려 했다.

1953년 국가 보상의 색채를 지닌 연방보충법이 제정돼 58년 독일이 스스로 나치시대의 범죄를 단죄하는 나치범죄추궁센터가 활동을 시작했다. 또 홀로코스트의 실행책임자 아이히만이 이스라엘에서 처형되고 (62년) 아우슈비츠 재판의 판결(63년)이 나왔지만, 60년대 중반까지 사람들의 의식은 크게 바뀌지 않았다. 60년대 중반이 되자 종전 직후 태어난 아이들은 고등학생이나 대학생이 됐다. 이 시대의 부모와 아이들의 의식을 회상 형식으로 묘사한 책으로는 페터 지프로프스키P. Sichrovsky의 『책임을 짊어지고 태어났다』가 유명하다.[1]

1947년에 태어난 저자는 부모가 유대인이다. 그는 부모가 나치였던 아들이나 딸들의 인터뷰를 통해 아이들에게 무엇이 전달되고 무엇이 전해지지 않는지, 또 부모를 어떻게 보고 있는지 조사하려 했다. 당시 저명하고 거물인 나치뿐 아니라 그 주변에서 잔학행위에 가담한 아주 평범한 나치 자녀들의 증언도 얻고자 했다. "제3제국은 저명한 지도자만으로 이루어진 것이 아니라 사실은 그 정반대였습니다. 수십만의 정직하고 성실한 공무원과 경찰관, 장교, 시장, 철도원, 교사 등이 있었기에 그 독재가 기능할 수 있었습니다. (중략) 그런 사람들의 아이들이 어떻게 자랐고, 무엇을 알고 있었는지, 어떤 것을 묻고, 알고 있는 사실을 어떻게 받아들이고 살아 왔는지를 알아보고 싶었습니다"라고 했다.[2]

하지만 저자에 의하면 대부분의 부모 세대는 아이들에게 그 시대의 증인이 되는 것을 계속 거부하고 있다고 한다. 나치로서 저명한 부모건 가담만 했던 부모건, 자식들에 대한 불성실과 과거에 대해 침묵을 지키는 자세에는 변함이 없다. 부모들은 침묵할 뿐 아니라 전후의 민주주의적 풍조를 따라가지 못해 여전히 권위주의적이고 파쇼적인 사고를 고집한다. 반면 아이들은 학교교육, 전쟁유적답사, 전쟁과 피해 체험자 이야기, 언론보도, 나치재판, 〈홀로코스트〉 영상 등을 통해 모습을 드러내는 나치시대의 산업계, 정계, 학계, 군사·경찰조직, 나치 친위대의 범죄, 잔학성을 접해가며 부모들의 침묵에 고뇌한다. 어머니가 강제수용소의 감시원이었던 한 여성에게 인터뷰를 한 저자는 다음과 같이 기술했다. 단 한 번만이라도, "어머니가 그때 그 자리에 있었다. 하지만 돌

• • • • • • • • • • • •

1 원래의 제목은 "Schuldig geboren"(Kiepenheuer & Witsch Köln, 1987)이며, 일본어 판은 マサコ・シェーンエック 訳, 『ナチスの子どもたち お父さん戦争のとき何していたの』, 二期出版, 1988.

2 앞의 책, 10쪽.

이킬 수 없는 잘못이었다. 자신의 체험을 교훈으로 삼았으면 좋겠다"[3] 라고 말해 주었다면 어머니와의 화해가 가능했을 것이라고.

지프로프스키는 침묵을 지키는 부모들과 대치할 수밖에 없는 아이들의 전형적인 반응을 몇 가지로 요약했다. 그 하나는 명확한 증거가 있어도 여전히 아버지를 옹호하는 자세다. 나치시대 아버지의 역할을 가급적 작게 하고 "강제수용소가 없는 전선에 있었다"[4]고 굳게 믿으려 한다. 강제수용소에서의 살육 행위와 전선에서의 살육 행위를 비교해 머릿속에서 아버지가 있었던 자리를 전자에서 후자로 옮겨 놓는다. 강제수용소에서 저지른 범죄가 더 무겁다고 스스로 믿게 하고, 이를 통해 부모의 범죄 행위를 상대화하려 한다. 한편 부모들 중에는 침묵을 정당화하며, 다음과 같이 주장하는 사람들도 있다. "세상에는 여러 종류의 악이 가득 차있으므로 과거는 과거로서 이러쿵저러쿵 말하지 않아도 되는 시기가 이미 온 것이 아닌가?"[5]

다른 사람도 악을 범하므로 자신도 반성할 필요가 없다는 것이다. 이렇게 부모는 다른 범죄를 거론함으로써 자신의 죄를 상대화하고, 마치 그 죄를 경감할 수 있고, 원한다면 소멸조차도 가능하다고 생각한다. 강제수용소에서 독가스 치크론 B를 사용해 수용자를 살육하는 것이 전장에서 국제법을 위반해 전시포로를 학대하고 굶겨죽이는 것보다 백보 양보해 무거운 죄라 해도, 포로를 잔학하게 취급한 범죄가 경감되거나 소멸되는 것은 아니다. 두 종류의 범죄를 비교해도 그 죄는 가중도 경감도 되지 않으며, 또 당연히 지워지지도 않는다. 나치가 저지른 인류 역사에서의 범죄를 다른 나라의 범죄와 비교함으로써 나치 범죄

3 앞의 책, 24쪽.
4 앞의 책, 20쪽.
5 앞의 책, 25쪽.

를 상대화해 경감시키고 가능하면 면책하려는 사람들과의 논쟁은 뒤에서 다루는 '역사가 논쟁'으로 나타난다.

3. 드라마 〈홀로코스트〉의 충격

1) TV 역사상 가장 중요한 날

이러한 부모 세대의 침묵에 정면으로 도전하고 나치 범죄의 규명에 나선 것은 1960년대 후반의 학생운동으로 대표되는 여러 사회운동이었다. 이쯤 되자 "과거를 둘러싼 논의는 캠퍼스의 울타리를 넘어 개개의 가정 안에서도 이뤄지게 됐다. 즉 부모들이 나치시대에 어떤 삶을 보냈으며, 나치 정권을 어떻게 파악하거나, 또한 체제와 어떻게 타협했는지가 일반 가정에서도 중요한 논의의 테마가 됐다."[6]

이 사회운동에는 베트남 반전이나 반권위주의를 내세워 의회제 민주주의에 대한 근원적 질문을 던지면서, 동시에 나치즘은 부모 세대나 독일 사회에만 있는 것이 아니라 자기 안에 존재하고 있다는 것을 의식하고 '내재하는 나치즘'과 대결하는 그룹도 나타났다. 특히 여성들 중에 함께 운동을 해온 남성들의 가부장제 사고나 전통적인 성별 역할 의식을 문제삼은 사람들이 나타났다. 나치즘의 전형은 여성의 역할을 '병사의 생산'에 있다고 한다. 이들은 나치즘의 온상 중 하나야말로 가부장제자 고정화된 성별 역할 분업이라고 파악했다. 이렇게 해서 60년대 후반의 사회운동에 의해 나치즘에 대한 역사인식은 단지 나치의 잔학

---

6 井関正久 著, 石田勇治 監修, 『ドイツを変えた68年運動』, 白水社, 2005, 23쪽.

성을 안다는 것뿐 아니라 어떤 사회를 만들어 갈 것인가, 나아가 생활 수준의 문제로, 또 인간의 종합적인 삶의 방식에 관한 문제로 발전해 갔다.

1965년에는 범죄 중에서도 중죄에 해당하는 나치 범죄의 시효가 연장돼 기한은 1969년까지로 개정됐으며, 1969년에는 학생·사회운동을 배경으로 다시 10년 연장이 의회에서 결의됐다. 70년대에 들어와 빌리 브란트 총리의 동방정책이 전개돼 동유럽과의 화해가 양성됐다. 나치의 침략으로 피해를 입은 동유럽의 생존자와 유족들의 목소리가 서독에 전해지게 됐다.

서독 시민이 국내는 물론이고 동유럽에서 나치 피해자를 계속 모른 체 할 수 없게 된 1970년대 말, 미국 TV드라마 〈홀로코스트〉(4회 시리즈)가 독일에서도 4일 밤 연속으로 서부독일방송(WDR)에서 방영됐다. 독일 시민은 전후 최초로 나치 범죄의 구조를 영상을 통해 안방극장에서 간접 체험할 수 있었다. "시청률은 31%(제1회)에서 40%(제4회)로 상승했다. WDR에서는 매회 방송 후에 시청자의 전화를 받고 전문가(역사가나 방송국 관계자 등)와 유대인인 박해 체험자가 응답하는 공개 토론의 장을 마련하기도 했다. 방송국에는 방송 중에 하루 평균 5,000여 명으로부터 전화가 걸려왔으며 1만여 통의 편지가 왔다."[7]

문제점으로서는 진정한 희생자가 누구인가가 너무나 '단순한 도식으로'[8] 묘사돼 있다거나, 나치에 저항한 사람들로서는 확실히 '게토 봉기'로 대표되는 유대인 조직이 다루어지고는 있지만, 공산주의자, 사회

7 佐藤健生, 「戰後ドイツの『過去の克服』の歩み」, アジア民衆法廷準備会 編, 『問い直す東京裁判』, 綠風出版, 1995, 註 7(178쪽).

8 Stefan Reinecke, Gegen die Gefühlspanzerung, tageszeitung(이하 taz로 표기), 2005.1.24.

민주주의자, 자유주의자 같은 정치적 반대파의 저항운동은 의식적으로 다뤄지지 않았다는 점이다. 또 홀로코스트는 정·군·관·경찰·나치 친위대·산업계·학계·사법·교육 분야 등의 총체가 조직적, 계획적으로 철저히 이뤄진 잔학행위임에도 경찰과 친위대가 부각되게 묘사됐으며, 특히 정·관·산업계의 나치시대와의 연관성은 거의 나오지 않는다. 4회 시리즈는 이러한 한계를 가지고 있었지만 "어떤 소설도 신문기사도 나치 재판도 (다른) TV드라마도 할 수 없었던 것을 달성했다. 지난 4일간은 TV 역사상 가장 중요한 날[9]"이 됐다는 평을 들을 정도로 서독 시민들에게는 나치 범죄의 실체들이 극명하게 그려졌다.

2) 〈홀로코스트〉가 가져다 준 역사인식

'TV 역사상 가장 중요한 4일간'이라는 평을 받은 드라마가 무엇을 시청자에게 호소했는지, 1, 2부를 중심으로 그 내용을 정리한다. 언급하지 않은 문제가 있기는 하지만 1, 2부만으로도 나치 범죄의 대표적인 사례를 볼 수 있기 때문이다. 드라마 〈홀로코스트〉의 부제는 '웨이즈가의 이야기The story of the family Weis'다. 부제가 보여주듯이 드라마는 개업 의사 요셉 웨이즈와 그 아내 베르타 웨이즈, 장남 칼(화가), 차남 루디, 장녀 안나라는 유대인 일가 5인 가족의 끈질긴 운명을 가족사에, 그리고 1935년부터 독일의 패전까지 약 10년의 사회 상황을 사회사에 엮어서 만든 이야기다.

제1부는 장남 칼과 독일인 여성 인가의 결혼식부터 시작된다. 그 직후에 유대인과 독일인의 결혼은 뉘른베르크법으로 금지된다. 38년 나

9 Stefan Reinecke, Gegen die Gefühlspanzerung, tageszeitung, taz, 2005.1.24.

치가 유대인에 대한 방화, 살인을 조직적으로 자행한 '수정의 밤' 사건에서는 파괴된 기물, 가옥 등의 손해를 보험회사가 아닌 유대인 자신이 지불하게 하려고 한다. 고학으로 법대를 나왔으나 실업 중인 에릭 돌프는 나치 친위대에 들어간다. 나치당이 급속하게 팽창한 요인 중 하나가 실업이라는 것을 시청자는 안다. 생존 자체가 위협받고 또 소유물을 빼앗기면 빼앗길수록 유대계 시민은 보험에 가입한다. 돌프는 유대계 시민이 입은 손해로부터 보험회사를 면책시키려 한다. 이것으로 억압과 살육 구조에 의해 이익을 얻는 업계가 존재한다는 사실이 알려진다. 드라마에서 벗어나지만 이 문제는 이후 1990년대에 '보험업계의 전후보상'으로 부각된다.

실직 중인 유대인 화가 칼은 경찰에게 연행된다. 집합주택의 각층 독일인 주민들은 문을 열고 이 광경을 목격한다. 주민들도 새신부 인가도 끌려간 사람은 "다시는 돌아오지 않는다"는 것을 알고 있다. 안방에서 이 드라마를 가족끼리 보았던 아이들 중에는 전후가 돼 '아무것도 몰랐다'고 말하는 부모에게 진실을 말하도록 다그치는 아이들이 나와도 이상한 일이 아니다.

교회 설교에 나치의 감시가 붙는다. 그런데도 용기 있는 목사가 등장한다. 그는 교단에서 우리 교회에서는 "유대 교도를 위해, 무고한 사람들을 위해 기도하자"고 설교한다. 신변의 위협을 느끼고 자리에서 일어나 교회를 떠나는 신자의 등을 향해 설교는 계속된다. 개신교인 복음파 교회 안에서 나치의 종교 간섭과 반유대주의에 저항한 고백교회를 모델로 삼았음을 암시하는 장면이다.

개업의 요셉 웨이즈는 진료소를 빼앗기고 가족과 강제로 격리돼 출신지인 폴란드로 추방된다. 아내 베르타는 그 보상을 나치 당원에게 요구하지만 '검토 중'이라는 답변만 돌아올 뿐 영원히 보상은 받지 못한다. 전후가 돼 이러한 물적 손해가 어떻게 보상됐는지, 이 또한 시청자의 관심 사항이 될 것이다.

1939년 나치는 체코를 점령한다. 독일 제국으로 일거에 편입된 체코 거주 유대계 시민을 어떻게 취급할 것인지, 그 처우 문제가 급부상했다. 나치는 강제수용소에 '연행', '이송', '수용' 그리고 '강제노동', '살육' 등을 '재정주', '배치전환', 유대인 '처리' 등으로 용어를 바꾸고 또 그들을 격리하는 장소는 '게토ghetto'가 아니라 '유대인 자치구역'이라고 미화하고 자신의 만행이 역사의 문서에 남지 않도록 한다. 드라마에서는 말하자면 '나치당에 취직'한 에릭 돌프가 이 용어를 바꾸는 데 천부적인 재능을 발휘한 일도 한 몫을 해 출세를 거듭한다. 어느 전쟁에도 해당되지만 문헌자료에만 의존하면 나치시대의 진상도 그 전모를 파악할 수 없다. 피해자, 생존자, 유족, 도와준 사람들, 저항했던 사람들의 증언이 얼마나 중요한지 시청자 앞에 제시한다.

웨이즈 가는 아버지 요셉이 폴란드로 추방되고 장남 칼은 연행된 채 소식을 알 수 없어 유대인 일가의 이산과 비극은 더 깊어져 간다. 칼의 아내 인가는 남아 있는 웨이즈의 가족을 자신의 부모 집으로 데려간다. 인가 부모가 "유대인을 쫓아내라"고 다그치지만 그녀는 '내 가족'이라고 저항하며 숨겨준다.

제2부는 한 가족의 이 같은 계속되는 이산과 독일인인 인가가 유대인 가족을 끝까지 지키고자 하는 강한 의지를 그린 장면부터 시작된다. 프랑스가 항복하고 베네룩스 3국도 점령당해 남은 강대국은 소련뿐이다. 비극은 더욱더 웨이즈 가를 덮친다. 맏딸 안나가 친위대에 폭행당해 트라우마로 고뇌한다. 독일인 의사에게 '정신병'이라는 진단을 받고, 그녀는 하다마르에 있는 정신병원으로 보내져 마침내 안락사의 희생자가 된다. 병약자나 장애인을 상대로 환자의 이익이 아닌 '국가의 이익'

을 위한다는 명분으로 자행됐던 인체실험이나 안락사를 정당화한 이른 바 'T4 계획'에 따라 그녀는 자동차 호스에서 나오는 배기가스로 살육된다. 곧 강제수용소에서는 배기가스 대신 청산가스 치크론 B가 사용된다. 시청자에게는 이 살해 방법의 잔학한 변천이 제시된다.

아버지 요셉과 장남 칼이 격리된 웨이즈 가는 이번에는 어머니 베르타가 바르샤바 게토로 끌려가 그곳에서 이송돼 오는 남편을 만난다. 한편 인가는 남편의 소식을 들으려 바이마르에 지어진 부헨발트 강제수용소를 방문한다. 독일의 지배 지역이나 점령지에서 끌려온 수용자들이 채석장이라는 중노동 현장에서 강제노동을 하는 실태가 화면에 나타난다. 이곳을 지배하고 있는 것은 첫째, '더럽고, 힘들고, 위험한' 3D 노동만이 아니다. 둘째, 사소한 태만과 수용자 간의 다툼은 심한 비난을 받고, 벌로 양손을 뒤로 묶인 채 나무에 장시간 매다는 형벌도 기다리고 있다. 칼은 이 '형벌'을 받는다. 셋째, 수용자의 민족, 인종이 다르다는 이유로 차별받는 문제도 주제로 돼 있다. '집시'[10]족 수용자들이 강제노동의 손길을 잠시 멈추고 흡연을 한다. 이를 들켜 꾸지람을 들은 그들은 작은 저항을 한다. 나치의 대응은 빨랐으며 그들은 사살된다. 이유는 '도망'을 기획했다는 누명이었다. 히틀러의 인종이론에 따라 "러시아인은 인간 이하, 유대인에 준하는" 처우가 수용소를 관철한다. 이렇게 해서 강제수용소의 실태가 안방에 있는 사람들의 눈에 강하게 새겨진다.

• • • • • • • • • • •

10 "집시라고 하거나 인디언이라고 하는 것은(略)억압하는 측의 명사며, (중략) 집시라고 불리는 사람들은 자신들을 Roma라고 하거나 또는 Sinti라고 부른다." 小川悟, 「ロマに対する差別の実態と解放運動の歩み」, 磯村英一 編, 『増補·現代世界の差別問題』, 明石書店, 1992, 282쪽. 이 책에서는 우리에게 익숙한 '집시'라는 호칭을 사용한다.

각국에서 연행돼 바르샤바 게토에 갇혀 사는 유대계 시민의 노선 논쟁도 소개된다. 게토에서는 나치가 직접 지배하는 것이 아니라 나치에게 명령받고 유대인을 지배하는 유대인 조직, 즉 유대인평의회는 나치와 '타협하는 것'으로 생존을 도모하려 한다. 이에 대해 저항으로 해방을 추구하는 그룹은 소련 지역에서도 유대계 시민의 대량학살을 알고 "순종하면 죽는다, 싸워야 한다"고 무장투쟁을 주장한다. 이 게토 안의 레지스탕스는 요셉 웨이즈의 남동생 모세 웨이즈 등에 의해 비밀리에 '비라 제1호'를 발행한다. '무관심은 좋지 않다', '절망적인 상태라면 더욱 숭고한 일에 목숨을!'이라고, 비라는 호소했다.

이산가족 웨이즈 가의 차남 루디는 프라하에서 같은 유대인 여성 헬레나를 만나 사랑을 하게 된다. 나치에 체포된 이들은 하비야르의 노동 캠프로 이송된다. 여기에 나치식 변환 용어로 '재정주'를 하게 된 사람들이 처형되는 광경이 두 사람의 눈앞에서 전개된다. 창고지기, 요리사 등을 거쳐 실업자가 됐던 자신을 나치당에 바친 에릭 돌프는 이전의 허약하고 자신감이 없었던 인물에서 용어 변환의 명인뿐 아니라 '암상인, 폭파범, 저항운동가, 스파이…' 등 나치 측에서 본 '인간 쓰레기 처형'을 명령하는 인물로 변해간다. 숙부인 쿠르트 돌프가 "변했네, 겁쟁이였는데"라고 놀라자 "명령에 따르고 있을 뿐"이라고 오만하게 대답한다.

전장은 사람을 바꾼다. TV 앞에서 사람들은 거대 살육기구의 한 톱니바퀴로 변신한 돌프를 보게 된다. 하비야르는 제3부에서도 등장한다. 그곳에서는 살육돼 '매장된 사체를 파내 소각하라'는 명령이 돌프 소령에게 전해지는 장소로 나온다. 전쟁이 끝나고 만약 뒤에서부터 총탄이 관철된 두개골이나, 학대 흔적이 남아 있는 유해가 발견돼서는 곤란한 나치는 이것들을 파내어 소각함으로써 증거 인멸을 노렸다. 제4부에서도 한 번 더 하비야르는 3만 3,000명의 시체를 소각하는 장소로서 시청자 앞에 모습을 드러낸다. 이 지역의 모델은 키예프 교외의 바비야르라고 생각된다. 이곳에서는 "교외의 계곡에서 우크라이나인 민병의 손을 빌려 SS(친위대)의 말살부대가 골짜기로 몰아넣은 유대인을 기관총으로 모두 죽였다."[11] 바비야르는 이렇게 '몰살'한 장소로 또 노동캠프에서 학대로 죽은 시체의 소각지로서도 역사에 남게 됐다. 강제 수단으로 "노동자가 투입된 일 중 하나에 학살의 증거인멸 작업이 있었다. 하인리히 힘러의 지시로 1005부대로 총칭되는 특별처리부대가 여럿 만들어졌다. 학살된 후 도랑에 버려진 시체를 파내 소각하고 뼈를 뿌리는 것이었다. 이 작업은 2년 가까이 걸렸으며 200만 구가 넘는 시신이 처리됐다. 바비야르에서도 이 처리부대가 투입됐다. (중략) 이 처리부대도 작업이 끝남과 동시에 함께 말살됐다."[12]

부헨발트 강제수용소에서 프라하의 테레지엔슈타트 게토로 이송된 웨이즈 가의 장남인 전직 화가 칼은 게토에 시찰온 적십자 국제위원회가 나치를 신뢰하고 있는 현실에 직면한다. 이 게토는 어린이들이 4,000장의 그림을 그린 사실, 또 나치가 단 하루 동안 은행이나 빵집 등 〈가공의 마을〉을 만들어 연출하고, 그것을 영화로 찍어 "수용소는 천국이다"라고 선전한 게토로 유명하다. 영화를 만든 감독도 출연자도 자신이 연출한 〈환상의 일일천국〉이 처리된 후에 아우슈비츠로 보내져 이번에는 생명 그 자체가 말살됐다. 칼과 같은 예전 화가인 수용자는 "겉모습에 속지 마라, 화가는 속까지 봐야 한다"라고 비통한 소리를 질렀다.

적십자가 '속았다'라고 하는 자세는 아래와 같은 역사적 사실에 대

• • • • • • • • • • •
11 マーチン・ギルバート 著, 滝川義人 訳, 『ホロコースト歴史地図』, 東洋書林, 1995, 77쪽.
12 앞의 책, 168쪽.

응하고 있다. 당시 적십자 국제위원회에는 각국 적십자와 유대인 단체로부터, 또 위원회 내부에서조차 나치의 잔학 행위를 중단하도록 권고해 달라는 요청이 쇄도하고 있었다. 그러나 위원장 칼 부르크하르트(스위스 대통령)는 "교전국들에 불필요한 혼란을 준다"고 하며 아무런 수단도 강구하지 않았다.[13] "그는 아우슈비츠 강제수용소에 적십자 대표를 파견해 학살 정지에 노력해야 한다고 주장하는 자에 대해 전쟁이 끝날 때까지 방문한 수용소를 다시 나올 수 없다"고 단언했다.[14]

유대인 가족 웨이즈 가의 피아노는 몰수돼 지금은 친위대에서 출세가도를 달리고 있는 돌프의 집에 놓여 있다. 부부와 자녀 두 명인 이 가정은 크리스마스를 맞이하고 있다. 신앙심이 깊고 경건하며 독일인에 대해서는 선량한 시민생활을 영위하고 있는 돌프 가이지만, 아내 마르타는 남편을 향해 나치에게 "적극적으로 자신을 팔라"고 몰아세우는 인물이며, 남편 에릭 돌프는 이제 어떤 명령에도 따르는 인간이 돼 있다. 피아노에는 웨이즈 가의 가족사진이 붙어 있는 상태 그대로다. 이렇게 뿔뿔이 흩어지게 된 것은 가족만이 아니라 가옥, 재산, 살림살이 등도 어떤 때는 약탈당하고, 어떤 때는 경매에 부쳐져 독일인 가정의 소유물이 됐다.

TV 앞에서 이를 지켜보는 사람들에게는 혹시 눈앞의 중고 피아노 혹은 유리제품 소유자가 누구였는지 자문하는 사람이 나타난다고 해도 이상할 것이 없다. 전후가 되면서 책, 귀금속, 보험증서도 포함한 약탈 재산에 대한 보상이나 반환이 전후 처리 및 보상 문제로 부각된다.

제3부는 유럽에 있는 1,100만 명의 유대인 말살을 결정한 1942년

. . . .

13 小池政行, 『国際人道法』, 朝日選書, 2002, 58쪽.
14 앞의 책, 58쪽.

1월 20일 반제회의부터 시작된다. 나치식 말투를 빌리면 유대인 문제의 '최종 해결'이 목표였다. 이 대량살육, 홀로코스트 실시를 위해 지금까지의 배기가스에 의한 살육을 대신해서 드라마에서는 '46기의 소각로'를 갖춘 청산가스인 치크론 B에 의한 가스실이 고안된다. 부화넨슈틸이라 불리는 쓰레기 처리 위생학 교수가 이것을 발안한 한 명으로 등장한다. 이의 퇴치를 빌미로 하루 1만 2,000명의 살아있는 사람을 굴뚝 연기로 바꾸는 살인기구는 당시 독일 최대 기업 IG-파르벤과 관련된 청산가스가 주역을 차지했던 것으로 알려지고 있다. 기업과 학자도 나치 체제를 지탱해 준 사실이 안방에 방영된다. 이 드라마의 방영은 시효 자체를 폐지하는 힘도 발휘했다. 1979년 나치 범죄를 포함한 모든 모살죄의 시효가 폐지됐다.

4. 바이체커 대통령의 연설과 역사가 논쟁

전후 40년을 맞이한 1985년 5월 8일 "과거를 잊지 않는 것이야말로 화해의 전제라고 주장하는 등 높은 윤리성, 깊은 종교성"을[15] 담은 바이체커 대통령의 연설이 연방의회에서 있었다. 이 연설에서 대통령은 "전쟁과 폭력 지배 속에서 죽은 모든 사람을 슬픔 속에 떠올리고 있습니다"라고[16] 말하고 희생자를 구체적으로 거론한다. 우선 "강제수용소에서 목숨을 빼앗긴 600만 명의 유대인"을,[17] 다음으로 소련, 폴란드의

· · · · · · · · · · ·

15 永井淸彦 訳, 『荒れ野の40年 ヴァイツゼッカー大統領演説』, 岩波ブックレット, 1986, 5쪽.
16 앞의 책, 11쪽.
17 앞의 책, 11쪽.

수많은 사망자를,[18] 그리고 독일인 병사, 공습의 희생자, 독일 동유럽 점령지에서 전후에 쫓겨온 사람들을 마음에 새긴다. 독일인보다도 먼저 유대인과 적국이었던 사람들을 꼽았다. 이어 "학살된 '집시', 살해당한 동성애자와 정신병 환자",[19] 종교적, 정치적으로 박해를 받은 사람들. 계속해서 저항운동을 한 사람들에 대해서도 언급했다. 우선 독일 점령 하의 "모든 나라의 레지스탕스 희생자"에게,[20] 다음으로 독일인 레지스탕스에게, 그리고 "노동자나 노동조합의 레지스탕스, 공산주의자 레지스탕스에게 (중략) 경의를 표합니다. 적극적으로 레지스탕스에 동참하지는 않았지만 양심을 버리기보다는 오히려 죽음을 택한 사람들을 생각할 수 있을 것입니다."[21] "사람들이 짊어진 무거운 짐 중 가장 큰 부분을 짊어진 것은 아마 각 민족의 여성들이었을 것입니다."[22] 이 연설은 수많은 독일인의 역사인식에 영향을 미쳤다. "연설 후 약 2개월 정도 사이에 학교, 개인 등에게 배부된 텍스트가 90만 부, 대통령에게 보낸 소감이 4만 통이 될 정도로 베스트셀러였다. 대부분 찬의와 감동을 표했고 신문 사설도 일제히 칭찬했다."[23]

80년대는 이렇게 드라마 〈홀로코스트〉의 충격과 대통령 연설에 대한 감동, 칭찬이 있었던 시기였다. TV의 영상과 의회에서의 발언으로 독일인의 죄와 책임을 성실히 되물으려는 여론과 역사인식의 확산에 대해 위기를 느낀 사람들은 나치시대의 이전 사회를 들어, 그 사회와

. . . .

18 앞의 책, 11쪽.
19 앞의 책, 11쪽.
20 앞의 책, 11쪽.
21 앞의 책, 12쪽.
22 앞의 책, 12쪽.
23 앞의 책, 4쪽.

비교함으로써 나치시대의 죄와 전후책임을 완화하고, 할 수 있다면 이것들을 소멸시키려 했다. 그 계기가 된 것은 1986년 6월 6일 일간지 『프랑크푸르터알게마이네』에 게재된 에른스트 노르테의 논문 「지나가지 않으려고 하는 과거」다. 여기서 비교의 대상으로 선택된 사회란 노르테가 말하는 '아시아적' 만행이 자행된 사회, 즉 혁명 후의 러시아 사회였다. 노르테는 다음과 같이 주장했다. 나치와 히틀러는 "어쩌면 오로지 자신들과 자신들의 동포를 '아시아적' 만행의 잠재적 또는 현실적인 희생자로 여기고 있기 때문이 아닌가."[24] 히틀러는 러시아혁명이 갖는 '아시아적' 잔학성에서 유럽을 방어하려 했다는 것이다. 다른 논문에서는 "아우슈비츠는 (중략) 특히 러시아혁명의 각종 말살 사건에 대한 불안감에서 비롯된 반동"이라고 했다.[25]

이렇게 되면 드라마 〈홀로코스트〉에서 추궁당한 잔학행위나 이 책에서 앞으로 제2, 제3장에서 다루는 강제노동 실태는 러시아 사회에 대한 불안 때문에 생긴 반동에서 비롯됐다는 것이 된다. 그러면 이 주장은 불안이야말로 원인이며 나치 정체를 탄생시킨 독일 사회의 내재적 요인에서 눈을 돌리게 하는 역할을 한다. 하바마스 등은 이 같은 주장을 나치 범죄를 경감시키고 나치즘의 과거를 상대화하는 것이라고 반박해 역사가 논쟁이 벌어졌다. 나치즘의 과거를 수정함으로써 독일인의 '자긍심'을 되찾으려는 '역사수정주의'자들에게 드라마 〈홀로코스트〉가 보여준 잔학상은 너무나 충격적이었다. 에른스트 노르테에 따르

· · · · · · · · · · ·

24 エルンスト・ノルテ 著, 清水多吉, 小野島康雄 訳, 「過ぎ去ろうとしない過去」, J・ハーバーマス, E・ノルテ他 著, 『過ぎ去ろうとしない過去 ナチズムとドイツ歴史家論争』, 人文書院, 1995, 47쪽.

25 エルンスト・ノルテ 著, 徳永恂 訳, 「歴史伝説と修正主義のはざま? 1980年の視覚から見た第三帝国」, J・ハーバーマス, E・ノルテ他 著, 『過ぎ去ろうとしない過去 ナチズムとドイツ歴史家論争』, 人文書院, 1995, 30쪽.

면 "제3제국의 끔찍한 만행을 주제로 한 영화 〈홀로코스트〉는 독일과 마찬가지로 미국에서도 거의 전대미문의 많은 사람들을 움직였다."[26]

지금껏 유례없이 '많은 사람들을 동요시킨' 나치시대의 사건, 그리고 '지나가려 하지 않는 과거'가 안방에 계속 존재하는 것을 견디지 못하는 사람들은 특히 1990년 독일 통일 이후에는 나치시대를 빨리 '지나간 과거'로 몰아붙여 독일 민족에게 자긍심을 심어 주려 했다. 독일 역사에서 "나치의 과거는 전체의 극히 일부에 불과하며 '사고'와 같은 것"[27]이기를 바라는 사람들은 통일 독일은 과거를 봉인한 채 새로운 내셔널리즘을 고무할 절호의 기회가 됐다.

그러나 드라마 〈홀로코스트〉에서 보듯이 가옥, 재산의 강제 몰수와 약탈, 이유도 알리지 않고 강제수용소 연행, 수용소 내의 감시와 형벌 하의 강제노동, 유대인뿐 아니라 '집시'족과 동유럽 슬라브계 시민에 대한 민족차별, 강제수용소가 '천국'이라는 선전, 살해 방법을 배기가스에서 가스로 바꾼 것, 또 인체실험, 단종, 장애인 말살을 시도한 안락사 계획, 포로 학대와 살육——이로 인해 피해를 입은 사람들이 아직도 심신의 고통에 시달리면서, 가족이 흩어진 채 고독 속에서 노후를 보내고 있을 때, 이 사람들을 직시하지 않은 채 생산되는 국가상이 있다면 그것은 같은 실수를 다시 저지르는 국가상이 될 것이다. 독일의 자긍심이라는 것이 만약 필요하다면, 그것은 〈홀로코스트〉의 실태와 이에 관련된 산·관·학·군·사법·경찰·친위대의 역할을 감추는 것이 아니라 다시는 만행을 되풀이하지 않기 위한 노력, 역사에 대한 반성, 국경을 초월한 평화의 창출에 대한 대응 속에 존재할 것이다. 냉전 종결 후의 민

• • • • • • • • • • •

26 앞의 책, 9쪽.

27 朝日新聞社 編, 『日本とドイツ 深き淵より』, 朝日文庫, 1995, 262쪽.

족 분쟁의 다발, 전쟁 위기가 증가하고 있는 지금이야말로 이러한 대처 속에서, 또 보편적인 가치관의 육성 속에서 새로운 자긍심을 찾아내고 싶은 것이다.

5. 기금의 설립

이 책은 홀로코스트[28]의 현실을 직시하는 것으로 시작해 나치재판과 독일의 전후처리·보상사를 국제관계 속에서 논한다. 역사가 논쟁을 거치며 동서독의 통일, 냉전구도의 종식과 함께 역사의 진상 규명이 국제적 규모로 펼쳐지고 있다. 이 책에서는 전후처리를 다루면서 특히 강제노동 보상 문제에 초점을 맞춘다.

2000년 7월 17일 강제노동자를 보상하는 재단이 정식 발족했다. 정부와 기업이 각각 50억 마르크 총 100억 마르크(약 5,300억 엔)를 재단에 설립된 보상기금에 거출한다. 이 기금은 〈기억·책임·미래〉로 명명됐다. 1년여 뒤인 2001년 6월 15일부터 약 150만 명 안팎으로 추정되는 강제노동 피해자에게 전후 56년이 지나서야 보상금을 지급하기 시작했다.

독일의 강제동원·강제노동 보상은 숱한 논쟁을 불러일으키며 〈기억·책임·미래〉 기금에 수렴됐다. 이 기금의 성립사와 그 장래, 의미의 해명에는 다음의 검증이 불가결하다고 생각한다. ①독일의 강제노동의 특징, 즉 〈1〉제3제국시대(나치시대)의 기업, 행정, 군에 의한 강제동원·강제노동 실태, 〈2〉특히 독일 기업들의 연계에 초점을 두는 것, ②전후가

• • • • • • • • • • •

28 1979년에 방영된 관련 드라마는 2005년 1월 24일부터 27일까지 4일간 재방영됐다.

되어 국제군사재판(뉘른베르크 국제군사재판, 12개의 뉘른베르크 계속재판)과 독일 사법부는 산·군·정의 '3인 4각'에 의한 강제노동을 재판했다. 그러나 무엇을 재판하고 무엇을 재판하지 않았는가, 그것은 왜인지, 무엇이 다음 세대에 남았는가? 이것들을 강제노동 외의 보상사와의 관련에서 해명하는 것, ③보상사 총체 속에서 새로운 기금 〈기억·책임·미래〉의 설립 발자취를 더듬어 전쟁과 그 보상 본연의 자세를 찾는 것이 필요할 것이다. 이 기금의 키워드 '기억', '책임'은 각각 '과거', '현재'를 가리키지만 이 기금의 검증과 규명에는 상술한 바와 같이 '과거'의 나치시대부터 보상사의 '현재'를 거쳐 '미래'를 위해, 즉 ①-②-③이라는 순으로 서술하는 방법이 적합하다고 생각한다.

따라서 이 책은 강제노동이 무엇이었는지(과거), 국제, 국내법에서 강제노동은 어떻게 심판 받고 어떻게 보상됐는지, 혹은 보상되지 않은 것인지(현재), 이 기금은 무엇을 대상으로 하며 향후 무엇이 고려되지 않으면 안 되는 것인지(미래)── 이것들을 이미 말한 역사인식 본연의 자세와 함께 서술 목적의 중심으로 삼는다.

제2장

강제노동

1. 강제노동의 실태

1) 체험을 말하다

(1) 보쉬사社

독일은 1939년 9월 1일 폴란드 침공을 시작한다. 9일 바르샤바 공방전이 시작되면서 폴란드 정부는 루마니아로 망명한다. 27일 바르샤바는 함락되며 폴란드는 독일과 소련에 분할 점령된다. 독일인 총독 한스 프랭크가 지배하는 폴란드 총독부령 남단에 옛도시 크라쿠프가 있다. 여기서 북서쪽으로 가면 루브리니츠라는 작은 도시가 나온다. 이 마을에서도 많은 사람이 강제연행돼 독일 기업에서 일하게 됐다.

1927년생인 알프레다 골라스코는 여동생과 함께 베를린 북쪽에 있는 여성 전용 수용소 라벤스브뤼크에 보내졌다. 아버지와 언니는 1944년 8월 25일 아우슈비츠에 끌려가 다음 달 살해된다. '독일군에 대한 저항운동에 참가했다'는 혐의로 독일군은 주민을 연행했다. 제2차 세계대전도 말기 무렵이 되면 실제로 저항운동에 참여했는지 어떤지는 중요하지 않았다. 독일은 군사경제를 유지하고 심각해지는 노동력 부족을 메우기 위해, 하나는 '저항운동(레지스탕스) 참여'를 구실로 주민들을 체포해 강제노동을 시켰다. 일반 시민을 '저항운동자'로 만든 뒤 생산현장으로 연행했다. 다른 하나는 진짜 저항운동자를 이전처럼 살해하는 것이 아니라 방침을 바꿔 강제노동을 시키는 지역도 나왔다. 특히 1942년부터 43년 무렵이면 고갈되는 노동력을 확보하기 위해 동유럽 점령 지역에서는 레지스탕스와의 투쟁 목표를 살아있는 채 잡아 독일 제국에 연행해 가는 '인간사냥'으로 전환한다.

알프레다 골라스코는 라벤스브뤼크에서 알몸으로 샤워기 아래로 끌려가 시력, 체력 등의 검사를 받았다. 공장 노동에 적합한지 아닌지를 판정받기 위해서다. 그녀는 젊고 시력이 좋았다. 중년의 여성들과 분리, 선별돼 베를린의 반제 가까이에 있는 마을 드라이린덴의 '어느 공장'으로 연행됐다. 라벤스브뤼크 강제수용소에 그대로 남겨진 중년 여성들의 그 후 운명을 그녀는 모른다. 강제노동에서는 사소한 실수 때문에 혼나기도 했다. 골라스코는 이렇게 증언했다. "여동생이 얻어맞는 데 처다만 봤고, 거꾸로 내가 맞을 때는 여동생이 보고만 있었습니다. 왜 그들이 그랬느냐면 우리에게 동료를 밀고하게 하려고 했기 때문입니다."[1]

드라이린덴의 '어느 공장'이란 보쉬라고 하는 기업의 기계 제조 부문이었다. 골라스코와 마찬가지로 비슬라바 브네체브스카라는 여성도 강제노동의 모습을 다음과 같이 말하고 있다. "노동은 하루 12시간, 일요일도 쉬지 않았습니다. 작업 중에 한 번도 신선한 공기를 마시지 못했고 태양도 보지 못했으며 햇볕도 쬐지 않았습니다. 항상 배가 고팠으며 혹 해방돼 살아남을 수 있다면 뭘 먹을지 늘 얘기했습니다."[2]

노동력으로 사용할 수 없게 된 수용자를 '죽음의 행진'으로 수용소 밖으로 데리고 나가 솎아내는 일도 벌어졌다. 그녀는 그 체험을 다음과 같이 말하고 있다. "한번 줄무늬의 죄수복을 입은 남자들의 옆을 지나온 적이 있어요. 그는 살아있지 않은 것처럼 보였어요. 하지만 우리가

----

1 "Ich sah den Namen Bosch", analyse+kritik(이하 ak로 표기), 2002.5.17, No.462.
2 "Ich sah den Namen Bosch", ak, 2002.5.17, No.462.

근처에 오자 고개를 들었죠. 그는 길가에 누워 있었습니다. 독일인이 그의 곁으로 와서 (뭔가 손 내밀 수 있을 때가 오기를) 기다렸죠. 그 독일인은 우리 눈앞에서는 아무것도 하지 않았어요. 우리가 지나가자 그를 사살했어요. 어쨌든 계속 걷거나 살해당하거나 둘 중 하나였습니다. 이런 광경도 봤습니다. 두 수용자가 무리를 떠났어요. 희망은 없었어요. 독일인이 두 사람을 데려갔어요. 이윽고 총소리가 들렸습니다. 이것이 바로 '죽음의 행진'이었습니다."[3]

(2) 포드사社

미국의 자동차 기업 포드는 1931년 독일 쾰른에 대규모 공장을 건설하고, 이곳에서 전시포로와 소련, 폴란드 등 동유럽 국가의 민간인을 연행해 강제노동을 시켰다. 현재 쾰른은 자동차 전시가 열리는 것으로 유명하다. 전후 쾰른은 1989년부터 매년 강제노동자를 시로 초청해 이들과의 대화를 통해 역사를 기억하는 노력을 하고 있다. 그 계기를 제공한 것은 시민운동이다. 독일 정부와 독일 기업에 전후 반성과 전후 보상을 요구하는 쾰른의 시민그룹은 '전시회수용소'라는 시민조직을 결성하고 이 시에 존재했던 200여 곳 이상의 강제노동 현장을 조사하고 역사를 과거로 만들지 않으려는 노력을 계속해 왔다. 시는 이러한 운동에 응해 나치시대의 역사적 책임에 마주하는 자세를 보이고 있다.

어느 날 갑자기 러시아에서 연행된 안나 와이리에브나는 쾰른에 의해 초청돼 포드 공장을 찾았다. 단 포드는 매년 쾰른에 오는 전직 근로자들에게 어느 시기까지 회사 견학을 일절 허용하지 않았다. 그뿐이 아니다. 나치와의 관계를 규명하려는 노력도 외면한 채 일관되게 지켜왔

. . . .

3 "Ich sah den Namen Bosch", ak, 2002.5.17, No.462.

다. 시민운동 '전시수용소'나 전후 반성과 전후 보상을 요구하는 사람들의 항의에 버틸 수 없게 된 회사는 1995년 처음으로 8명의 강제노동자를 공장에 맞아들였다. 그러나 그 '환영' 체제는 예정된 행사를 단순히 소화할 뿐 과거에 뜻하지 않게 죽음을 감수해야 할 정도의 열악한 조건에서 일한 사람들에 대한 배려는 전혀 없었다. 게다가 이 '환영'은 회사의 독자적인 기획이 아니고 어느 광고회사의 행사였다. 따라서 그들을 맞아들인 의도는 한편으로는 회사가 '강제노동자의 초대'를 과대하게 선전해 판매촉진을 노리고, 다른 한편으로는 광고회사도 광고 서비스로 영업을 확대하려는 것이 아닌가 하는 의심을 받을 만했다.

와이리에브나는 공장을 방문했을 때 다음과 같이 증언하고 있다. "기억이 되살아났습니다."[4] 그것은 과거 냉각액이 든 용기를 질질 끌고 하나하나의 기계까지 운반했던 장소에 왔을 때였다고 한다. 1942년 끌려갔을 때 그녀는 16세였다. "무장한 남자들이 집집마다 돌았어요. 그들은 현지 경찰관으로 독일 점령군이 시키는 대로 했습니다. 숨어있어도 소용없었어요. 마을의 모든 주민이 사살되기 때문입니다. 가축 무리처럼 우리는 맨발로 내몰렸어요. 왜, 어디로 끌려가는지, 특히 불안한 아이들은 몰랐어요. 원하는 것은 누구에게도 쏘지 않았으면 좋겠다는 것이었습니다."[5]

스테판 이바노비치는 3단 침대와 양파 모양의 스토브를 떠올린다. "여기서 하나의 스토브를 에워싸고 300명이 몸을 녹였습니다. 하루 12시간 이상의 노동이었어요. 겨울에도 신는 것은 나무로 만든 신발뿐이었습니다."[6] 러시아 여성 안나 네스테르크는 포드의 첫 강제노동자로

. . . .

4 Karola Fings, Geschäfte mit dem Feind, Konkret, 1995, No.11 S.27.

5 Karola Fings, Geschäfte mit dem Feind, Konkret, 1995, No.11 S.27.

6 Herbert Hoven, Was Ford nicht tut, Die Zeit, 1995.9.22.

3년 동안 일했다. 전투 말기의 포로도 아니고, 강제수용소의 죄수도 아닌 일반 민간인이었던 그녀는 "포로와 같은 취급을 받았습니다. 널빤지를 깐 3단 침대에서 잠을 잤습니다. 제게 붙여진 번호는 872번이었습니다. 침대는 톱밥을 넣은 매트리스가 전부였습니다. 우리는 만성적인 기아 상태에 계속 놓여 있었습니다. 나는 지하에서 훔친 감자 한 봉지 때문에 비난을 받았으며, 맞고 난 후 감금당했습니다. 노동의 대가로 한 푼의 돈도 지불받지 못했습니다. 받은 것이라고는 거꾸로 고무로 만든 경찰봉에 의한 구타였습니다. 주변에는 경찰의 눈이 번쩍이고 있었습니다. 쾰른에 관해 제가 기억하는 건 아침부터 밤까지 일하던 일, 그리고 배고픔, 경찰봉, 감금실입니다."[7]

스테판 이바노비치가 증언하듯 임금은 강제노동자에게는 거의 지급되지 않았다. 하지만 사실 기업들은 대부분 지불한 것으로 알려져 있다. 지불 대상이 강제노동자가 아니라면, 도대체 누구에게 지불했단 말인가. 나치 측인 것이다. 강제노동자를 둘러싼 일련의 프로세스 '연행－노동－살육, 혹은 운이 좋으면 생존'은 나치 친위대, 기업 그리고 정규군인 국방군의 3자 공동 모의, 공동 행동의 산물이었다. 뒤에서 설명하듯이 친위대는 강제수용소를 관리 운영하다 보니 연행해 온 사람들을 기업 측의 의뢰, 신청에 따라 각 기업에 배정하고 배분할 권한을 갖고 있었다. 포드는 1944년 8월 12일 바이마르의 부헨발트 수용소에서 50명의 수용자를 쾰른으로 데려와 16명의 감시원 체제에서 노동을 시켰다. 수용자 중 기능 노동자에게는 하루 6라이히스마르크를, 보조 노동자에는 4라이히스마르크에 해당하는 노임을 나치 친위대에게 지불하고 있었다. 이렇게 해서 친위대는 강제연행자를 기업에 배분하는 나

---

7 Vgl. Karola Fings, a.a.O., S.28.

치판 '파견노동 알선업자'로서 일종의 '강제수용소 산업'을 운영하고 있었다.

그런데 기업들은 이들이 기아, 병, 피로, 추위로, 때로는 연합군의 폭격으로 부상을 입고 일할 수 없게 되면 건강과 피로 회복을 위한 배려는 전혀 하지 않았다. 이들은 소각로에 던져졌으며 새로운 강제연행으로 새로운 인력이 무한히 공급됐다. 낡은 '소모품'[8]이 새로운 '소모품'으로 바뀔 뿐이었다. 마리안 가친스키는 1993년 쾰른 방문 중 수용소 시대의 기록을 집필해 다음과 같이 보고하고 있다.[9] "병 때문에 일할 수 없게 되면 부헨발트로 이송되며, 이때 다른 수용자가 보충됩니다. 나치 친위대의 지배는 잔혹하기 짝이 없었지만 나는 살아남았습니다."[10] 그 이유는 아이러니하게도 오랜 수용소 체험에 있다고 한다. 그녀들은 "항상 올바르게 행동해 왔다. 왜냐하면 규율을 가지고 있었기 때문이다. 사소한 일로 목숨이 빼앗길 줄 알았기 때문이다."[11] 비난받을 실수를 하지 않도록 자기 규율을 엄격하게 함으로써 역경에서 생환한 사람도 있었던 것이다.

때마침 운이 좋아 살아남아 조국으로 귀환할 수 있었던 사람들에게는 또 다른 고난이 찾아왔다. 가족이 실종되거나 살육됐다는 집안 불행만은 아니다. 또 심신의 상처, 즉 자신의 육체적 상해나 정신적 트라우마뿐만은 아니다. 앞서 들려준 포드사 최초의 강제노동자 안나 네스테르크의 증언에 다시 한번 귀를 기울이고자 한다. "조국에 돌아가니 병

• • • • • • • • • • •

8 Ehrenbürger mit Nazivergangenheit, taz, 1997.7.14, '소모품'이라는 말은 나치 용어였다.

9 Ehrenbürger mit Nazivergangenheit, taz, 1997.7.14.

10 Ehrenbürger mit Nazivergangenheit, taz, 1997.7.14.

11 Ehrenbürger mit Nazivergangenheit, taz, 1997.7.14.

사들에게 경멸을 당했습니다. 이런 얘기를 들었습니다. "당신들은 이제 필요 없어. 독일인을 위해 일하고 국가를 배반했다"고. 우리에게는 힘든 생활이 기다리고 있었습니다. 저는 처음에는 집 밖에서 생활해야 했습니다. 독일인들이 귀향할 때 집을 태우고 갔기 때문입니다. 누구도 저에게 도움을 줄 생각을 하지 않았습니다. 왜냐하면 우리는 국적國賊으로 간주되고 있었기 때문입니다."[12]

(3) IG-파르벤사社

내가 사는 가나자와金澤는 북위 약 37도다. 여기에서 유럽으로 따라가면 이탈리아 반도 최남단의 밑을 지나 아프리카에 다다른다. 즉 튀니지의 수도 튀니스가 나오고 더 서쪽으로 가면 스페인의 남단을 통과한다. 유럽은 북위 37도 이북에 있어 한랭지에 위치한다. 아우슈비츠 강제수용소가 있는 폴란드의 크라쿠프는 북위 50도다. 홋카이도의 아바시리網走보다 훨씬 북쪽인 사할린의 중부에 해당한다. 아우슈비츠 강제수용소는 네 부분으로 구성된 수용소군이다. 이 중 한 곳에 모노비츠 수용소가 있다. 이 수용소의 IG-파르벤사에서 일하다 기적적으로 살아 돌아온 한스 프랑켄탈은 한랭과 비의 체험에 대해 이렇게 말한다. 아우슈비츠에 하루 종일 비가 내리면 수용자는 흠뻑 젖으며 노동에서 돌아온다. 이튿날 아침까지도 옷이 마르지 않는다. 젖은 채로 겨울철에는 꽁꽁 언 죄수복을 그대로 입는다. 북위 50도의 하늘 아래, 가벼운 감기라도 걸리면 "폐렴에 걸려 죽음에 이르는 사람이 많았다."[13] 한랭

• • • • • • • • • • •

12 Ehrenbürger mit Nazivergangenheit, taz, 1997.7.14.

13 Matthias Arning, Zwangsarbeiter im "Dritten Reich", In : Späte Abrechnung, Fischer, 1995, S.40.

과 눈보라를 맞은 채 온기를 취할 곳이 없어 차갑게 숨을 거둔 뒤 내던져진 장소가 소각로의 뜨거운 불길 속이라는 것은 너무 잔인한 일 아닌가.

(4) 기업의 피해자론

여기서 언급한 사람들의 체험은 나치 국가가 군수 경제를 추진하는 가운데, 어디에서나 볼 수 있던 지극히 평범한 사건이었다. 오늘날 보쉬사뿐 아니라 독일의 산업계는 모두 나치가 강제노동자를 각 기업에 할당했으며, 기업은 이들을 고용하지 않을 수 없었다고 한다. 독일 기업은 마치 강제노동자를 떠맡은 피해자라는 것이다. 이러한 '피해자'론이 사실에 맞는지 아닌지는 이 책을 읽어나가는 가운데 명백히 밝히고자 한다.

2) 강제노동자의 유래

이 책에서 다루는 강제노동자는 자기 의지에 반해 독일이나 독일의 점령지, 종속국에 있는 기업, 지자체, 교회, 개인 가정 등에서 일하게 된 사람들이다. 여기서 왜 강제노동자가 됐는지, 그 유래를 3가지로 나눈다.

첫째는 전시(戰)포로다. 이들은 전투 중 독일군에 붙잡힌 병사, 군속이다. 이들은 주로 포로용 수용소에 수감됐다. 강제노동을 하게 된 두 번째 사람들은 강제수용소의 수용자다. 기업은 책임자를 강제수용소에 파견해 강제수용소를 관리·운영하던 나치 친위대에 의해 미리 선별된 남녀 수용자 중에서 강제노동에 적합한 사람을 뽑는다. 이들은 '자주 알몸'[14]이 된 상태로 세심하게 관찰되며 체력·운동 능력 테스트도 받는다. 그중에서도 특히 대량으로 강제수용소 수용자를 사용하고 있던 기업은 IG-파르벤, 하인켈운트메서슈미트, 폭스바겐, 다임러벤츠 등이다. 모두 나치와 친밀한 관계를 유지하고 있었기 때문에 수용자 배분이라는 '몫'을 차지하는 우대를 받았으며, 한편 나치 친위대는 '파견노동 알선업'으로 많은 이익을 얻었다.

마지막은 민간인 강제노동자다. 독일은 다른 나라를 점령하거나 종속국으로 만들 때, 혹은 이들 나라에서 퇴각할 때 노동자, 주민, 아이들을 끌고 갔다. 점령지에서 처음에는 권유를 하기도 했지만 곧 잔인한 방법으로 바뀌었고, 거리에서 또 민가에서 폭력적으로 일반 시민을 사냥하듯이 모았다. 혹은 공장을 빼앗아 그곳에서 일하는 근로자를 이전보다 열악한 조건으로 생과 죽음이 이웃한 환경에서 일하게 했다. 예를 들어 1941년 플릭사는 점령지 리가의 차량 공장과 근로자를 통째로 가로챘다. 7,500명의 근로자는 감시와 형벌에 의한 위협 아래 강제노동을 했다. 전선에서 퇴각할 때도 연행이 이뤄지고 특히 1943년 가을 소련 전선에서 패배한 독일군이 시민들을 대거 독일로 데려온 것이 유명하다. 수용된 곳은 각지에 있는 강제수용소의 친위대 사령부거나 민간 노동자용의 수용소였다. 후자의 경우에는 이 사람들을 위해 새로 지은 막사와 개조한 건물이 사용됐다. [표 1]은 민간노동자 수용소의 한 예다.

. . . .

14 Dietrich Eichholz : Zwangsarbeit in der deutschen Kriegswirtschaft In, Ulrike Winkler (Hg.)Stiften gehen, NS-Zwangsarbeit und Entschädigungsdebatte, Papy Rossa Verlag, 2000, S.29.

[표 1] 민간노동자 수용소의 한 사례

기업	분야	수용처
Agfa 주식회사	출판산업, 화학산업, 광학	·다하우강제수용소 친위대사령부
바루젠 유한회사	식품산업	·민간노동자수용소
BASF 주식회사	화학산업	·민간노동자수용소
Bayer 주식회사		·민간노동자수용소
콘티넨털 주식회사	고무·플라스틱 생산 서비스산업	·노이엔가메강제수용소 친위대사령부 ·민간노동자수용소
BMW 롤스로이스 유한회사	자동차산업	·부헨발트, 다하우강제수용소 친위대사령부
다임러 크라이슬러 주식회사	자동차·보험·정보 기술산업	·친위대형집행수용소 ·부헨발트, 다하우강제수용소 친위대사령부
Degussa 주식회사	화학·기계·금융	·민간노동자수용소
독일철도 주식회사	교통·장거리 도관 우송	·프로센부르크강제수용소 친위대사령부 ·민간노동자수용소
포드 주식회사	자동차산업	·부헨발트강제수용소 친위대사령부 ·민간노동자수용소
함부르크 급수설비	에너지·수도 공급	·민간노동자수용소
호호티흐 주식회사	건설	·노동교육수용소 ·다하우, 노이엔가메강제수용소 친위대사령부 ·민간노동자수용소
루르가스 주식회사	에너지 공급	·민간노동자수용소
지멘스 주식회사	자동차산업, 사무기기, 광학기계	·라벤스브뤼크, 마우트하우젠 강제수용소 친위대사령부
Stadtwerke Dueseldorf 주식회사	에너지 공급	·민간노동자수용소
듀센 주식회사	자동차, 광학, 플라스틱 산업	·노동교육수용소 ·민간노동자수용소
폭스바겐 주식회사	자동차	·노이엔가메강제수용소 친위대사령부 ·민간노동자수무소

출전 : Aktion Suhnezeichen : Die Liste der Zwangsarbeit-Profiteure ist enorm lang, taz, 1999.10.8.

투입수	본사	기간	창업자본금
500	뮌헨	44.10.10~45.4.14	8
200	하노버		불명
불명	루트비스, 하헨	보고 없음	34.715
1450	드루마겐	보고 없음	37.516
4545	하노버	보고 없음	4.867
2834	아이제나흐, 다하우		3.04
적어도 32482	모스바흐, 다하우 아이제나흐, 함부르크	1940~45.4	
130	라인페르덴	보고 없음	4.589
적어도 4680		1942.9~1945.7	42
1350	쾰른	1944.8~1945.4	7.2
보고 없음	함부르크	보고 없음	2.315
7935	슈타른베르크, 메펜, 에센	1940.8~1945.4	3.95
150	특히 에센	보고 없음	23
4993	특히 페르덴베르크 베를린	1941~1945.4	70.385
60	뒤셀도르프		2.298
4840	듀스브르크 뒤셀도르프		41.939
적어도 4560	브라운슈바이크	보고 없음	32.346

3) 출신 국가별 강제노동자

언제, 어느 나라, 어느 지역에서 강제노동자는 연행돼 왔을까. 다음에서는 이 '시기'와 '국가, 지역'에 초점을 맞춘다. 이 문제는 독일이 점령지를 언제, 어디에서 획득했는지 역사적 사실을 논하는 것과 연관돼 있다.

(1) 체코

1938년 9월 30일 히틀러는 체임벌린(영국 총리), 다라디에(프랑스 총리), 무솔리니(이탈리아 총리)와 뮌헨협정에 조인했다. 그는 이 협정에 따라 체코슬로바키아 중에서 독일계 주민 약 300만 명이 사는 주데이텐 지방을 독일에 즉각 할양할 것을 인정하게 했다. 다음 날인 10월 1일 독일군은 이곳에 진주했다. 한편 11월 9일부터 며칠간 독일 전역과 병합지 오스트리아에서 유대인 상점이 파괴되고 시너고그(유대교회)가 방화되면서 성전이 불타고 유대인이 살해된 '수정의 밤' 사건이 일어난다.

1939년 3월 15일 독일군은 프라하를 점령하고 체코슬로바키아를 해체한다. 헝가리, 폴란드에 양여된 지역을 제외하고 현재 체코공화국에 해당하는 지역은 '보헤미아=모라비아 보호령'으로 독일 국가 구성요소로 편입된다. 한편 [지도 1]에서 보는 것처럼 현 슬로바키아공화국에 해당하는 지역은 '독립'을 유지했지만 그것은 명목적, 형식적인 것에 불과해 독일의 괴뢰국가가 됐다.

나치 독일은 39년 중반까지만 해도 체코슬로바키아로부터 노동자들을 계약에 따라 비교적 자유로운 의지를 기반으로 모으고 있었다. 그러나 그 배후에서는 프라하 점령 이전부터 향후에는 노동자를 강제적으로 연행하는 계획을 세우고 있었다. 프라하 점령은 분명 무혈이긴 했지

[지도 1] 병합된 보헤미아와 모라비아 (1935년 3월 15일)

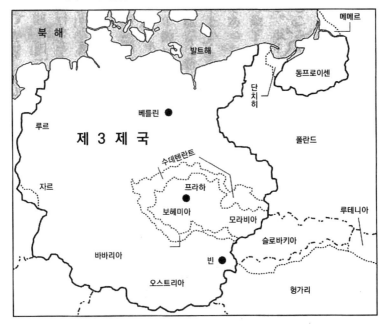

출전 : マーチン・ギルバート 著, 滝川義人 訳,『ホロコースト歷史地図』, 東洋書林, 1995, 29쪽을
기초로 작성

만 점령자인 독일은 전투를 고려하고 있었다. 독일 정부가 이 나라에서
기대한 '전리품'은 전시포로였다. 이윽고 점령 정책을 점차 강화해 노
동자를 강제로 모아 독일제국으로 끌고 간다. 1939년 5월 독일 루르 지
방의 광산 자본은 보헤미아=모라비아 보호령과 독립국 슬로바키아에
서 다수 민간인의 이송을 공공연히 주장한다. 이 광산 자본은 민간인
강제노동자의 연행을 고려한 최초의 기업이었다. 6월 23일 나치 정부
의 2인자인 헤르만 괴링 제국 국방회의 의장은 경제 장관 훈크에게 다
음과 같은 지시를 내린다. 전쟁포로와 강제수용소의 수용자, 그리고 형
무소의 죄수를 고용할 준비를 갖추라고. 표적은 보헤미아=모라비아 보

호령이었다. 그리하여 39년 중반 이후는 보호령에서 독일제국으로의
강제연행이 시작된다. 한편으로 1939년 3월 22일 리투아니아에 메메르
할양을 요구하고 다음 날인 23일 이곳을 점령한다.

(2) 폴란드

[지도 2] 동부의 노동캠프

1939년 9월 1일 나치 독일은 선전포고 없이 폴란드를 급습한다. 이 나라는 독일군의 전격전으로 일거에 정복당해 27일 수도 바르샤바가 함락된다. 28일 나치 정권은 소련과 독소우호조약을 체결한다. 이에 따라 폴란드는 [지도 2]에서 보듯이 독일과 소련에 3분할된다. 소련 병합지역, 독일 병합지역, 그리고 폴란드 총독부령이다.

출전 : マーチン・ギルバート 著, 滝川義人 訳, 『ホロ
コースト歴史地図』, 東洋書林, 1995, 39쪽을 기
초로 작성.

(2)-1. 강제연행과 직업안정소

처음에 독일은 노동력을 모을 때 시민들의 자유의지에 따라 모집했

다. 그러나 이것으로는 모이지 않아 점차 경찰력에 의한 일제 단속에 의지한다. 게다가 "길거리에서 닥치는 대로 붙잡아 캠프에 보내"[15]는 방법으로 급전환한다. 종종 마을이 포위돼 거리, 극장, 학교에서 급습 당했으며, 시민들은 폭력적인 방법으로 독일에 보내졌다.

그런데 독일 산업계에서는 9월 1일 급습 직전 폴란드인 노동자를 구하려는 목소리가 커진다. 폴란드와의 전투가 한창이던 1939년 9월 12일 독일 전문가 그룹의 하나인 금속채광업회는 산하 회원사들에 회람장을 배포했다. "폴란드인 전시포로가 필요한지 보고하라"[16]는 내용이었다. 그 후 기업들은 직업안정소에 쇄도해 가능한 한 다수의 폴란드인 노동자를 알선하도록 재촉한다. 나치 독일은 1939년 10월 중순까지 폴란드 북부의 슐레지엔 지역에 115개의 직업안정소를 새롭게 개설하고 있었기 때문이다. 직업안정소 신설에 이어 1939년 10월 26일 독일 점령군은 18세부터 60세의 폴란드인에게 근로 의무를 고지한다. 이렇게 해서 연행은 초기의 허술한 단속과 체포에서 직업안정소를 통한 조직적인 방법으로 이행한다.

직업안정소를 통한다 해서 전 국토에서 신사적인 모집방법이 전개됐다는 것은 아니었다. 난폭한 방법에서 '속임수'로 바뀌었을 뿐이다.[17] 다음과 같은 사례가 보고되고 있다. 개설된 직업안정소는 폴란드가 아니라 '속임수'로 독일 기업에 노동자를 '알선'하는 업무를 맡았다. 1939년 12월 독일 점령 당국은 14세의 어린이에게도 앞으로 노동의 의무가 주어진다고 발표했다. 취업했다는 것을 증명할 수 없는 아이는 독일에 강제로 보내졌다. 그래서 14세가 된 소년 율리언 올레크 노바크는 직장

15 マーチン・ギルバート, 앞의 책, 39쪽.

16 Vgl. Dietrich Eichholz, a.a.O., S.26.

17 Vgl. Matthias Arning, a.a.O., S.47.

을 구해 직업안정소에 등록했다. 판금 공장에서 견습공직을 얻었다. 공장에서는 취업증명서를 발행해 줬다. 이 증명서를 가지고 다시 직업안정소에 출두해 취업 등록을 했다. 직업안정소는 등록을 원하는 폴란드인들로 북새통을 이뤘다. 독일인 관리는 독일어로 지시를 했다. 줄지어 차례를 기다리는 사람들은 모른다. 점점 뒤숭숭해진다. 소년은 가까스로 자신의 신분증명서와 판금공장에서의 취업증명서를 제출했다. 이 증명서가 수리돼 독일행은 피할 수 있을 것이라고 생각했다. 그러나 점령군 관리들은 취업 등록을 하려는 것이 목적이 아니었다. 제출한 신분증명서는 '노동알선서'와 함께 반환됐다. 그리고 이 노동알선서를 받지 않은 자는 직업안정소에서 한 발짝도 나갈 수 없었다. 총검 아래에서 노동알선서의 수취를 강제했다. 취업등록이라는 명목으로 14세 이상을 전국에서 찾아내 출석시켜 강제로 노동알선서를 받게 했다. 소년은 그대로 독일로 끌려갔다.

점령 하에서 시민에 대한 노동의무가 철저해짐에 따라 일반 주민, 즉 민간인 강제노동자의 독일 이송이 대량으로 시작된다. 12월 12일 유대인 남성 전원에게 강제노동이 의무화됐다. "총독부령과 독일 병합지역인 바르테 대관구에 노동캠프가 설치됐다"[18]([지도 2] 참조). 이렇게 1940년 5월까지 100만 명이 넘는 폴란드인이 독일제국과 독일의 점령지배지역에 보내졌다.

(2)-2. 농업노동자

원래 독일에는 1939년 9월 1일 이전에 폴란드인의 계절 근로자가 10만여 명 있었다. 그들은 자유의지로 독일에 와서 주로 농업 노동에

• • • • • • • • • • •

18 マーチン・ギルバート, 앞의 책, 39쪽.

종사했다. 이러한 역사적 경위 때문에 폴란드인 노동자라고 하면 농업 노동자라는 이미지가 생겨났다. 그러나 9월 1일 이후에는 점령 정책으로 노동이 의무화됐으며 독일제국이나 점령지배 지역의 농업 분야에 투입된 사람들은 계절 근로자와 근로조건이 전혀 달랐다. 일단 직업안정소를 통하기 때문에 임금은 지불됐다. 그러나 유대인뿐 아니라 동유럽 출신과 슬라브계 민족을 가장 열등시하는 나치의 이데올로기 때문에 폴란드인은 차별과 편견에 노출돼 있었다. 임금은 독일인 농업노동자 가운데 낮은 임금의 절반 수준이며, 이 중에서 사회보장 분담금 명목으로 독일의 국고로 15%가 차감됐다. 일상생활에서는 의복에 폴란드의 'P'자를 꿰매 넣어야 하고, 독일인과의 성적 교섭은 금지돼 이를 범하면 죽음이라는 형벌이 기다리고 있었다. 노동에서는 현장의 농업 지도자나 경찰, 비밀경찰의 감시를 항상 받았으며 학대를 당하고 있었다.[19]

(3) 북유럽과 프랑스

지금까지 나치 독일은 동유럽 제국의 점령지배, 즉 오스트리아 병합, 체코슬로바키아 해체, 리투아니아의 메메르 점령, 그리고 폴란드 정복을 계속해 왔지만, 갑자기 북유럽의 지배를 목표로 전환했다. 1940년 4월 9일 독일군은 덴마크와 노르웨이를 전격적으로 공격한다. 덴마크는 점령됐으며 노르웨이는 5월 5일 정부가 런던으로 망명하나 6월 10일 항복한다. 히틀러는 북유럽에서 방향을 틀어 5월 10일 서유럽 제국, 즉 서부 전선에서의 총공격을 개시한다. 중립국인 네덜란드, 룩셈부르크, 벨기에는 선전포고 없이 공격당하고 15일 네덜란드가, 28일에는 벨기에가 항복한다. 총파업 등으로 저항을 계속하고 있던 룩셈부르크도

---

19 Vgl. Dietrich Eichholz, a.a.O., S.13.

42년 9월 1일 계엄령 하에 총파업은 무력 진압된다.

나치 독일은 여기서부터 프랑스로 진군해 6월 14일 파리에 입성한다. 프랑스는 이후 3분할돼 수도 파리를 포함한 북부를 독일·이탈리아가 점령지역으로 하며, 남부를 필리프 페탱 원수를 국가주석으로 하는 친나치 정권인 비시 정권이 지배한다. 반면 동부는 병합지역으로 만들어 독일군 사령부의 관할지가 된다. 18일 런던에 망명 중인 드골 장군은 라디오를 통해 프랑스 국민에게 레지스탕스를 호소한다.

8월 8일 독일 공군은 영국 본토에 대한 공습을 개시한다. 그러나 영국 공군의 저항은 완강해 독일군은 영국의 제공권을 제압하지 못하고 패퇴한다. 또 10월 12일 영국 본토 상륙작전도 다음 봄까지 연기하게 된다.

그런데 독일 국방군은 폴란드와의 전투에서 붙잡힌 전시포로뿐 아니라 북유럽이나 프랑스의 전시포로를 떠맡게 됐다. 1940년 여름 국방군은 대량의 포로 감시, 사역, 숙식을 담당할 수밖에 없게 됐다. 그래서 자신이 담당하는 노무 부담을 경감하는 대책을 세웠다. 즉 폴란드인 전시포로를 서류상 분류를 바꿔 '민간노동자'로 간주하고 이에 따라 이들을 국방군 분담 영역에서 제외시켰다.

독일이 떠안고 있으나 관리를 할 수 없게 된 사람들은 전시포로만이 아니다. 개전 10개월여 만인 1940년 7~8월경까지 유대인에 대해서는 독일에서 이주 및 추방 정책을 채택하고 있었다. 1940년 6월 아이히만은 프랑스령 마다가스카르 섬이 이송되는 곳이라고 설명했다. 그러나 체코, 오스트리아, 폴란드, 북유럽과 서유럽을 차례로 점령하고 그 나라 안에서 지배를 확대해 나가면서 그곳에 사는 수백만 명의 유대인을 점령지배 아래에 두어야 할 필요가 있었다. 이렇게 나치 독일은 유대인 정책에서 벽에 부딪혔다. 이렇게 많은 사람들을 이주시켜 배제하는 방침에는 또 하나의 치안이나 노무 대책에서 물리적인 한계가 있다. 1941년

[지도 3] 제3제국에 있었던 강제수용소

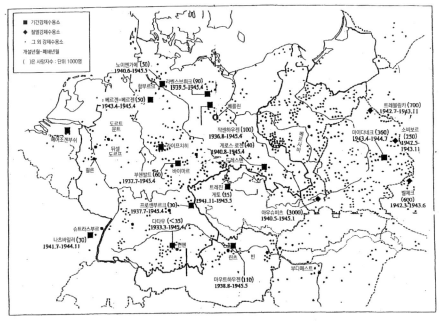

出典 : Walter Goebel : Abiturwissen, Das, Dritte Reich, Ernst Klett, 1987, S.115
Brockhaus Enzyklopaedec, F.A. Brockhaus, Mannheim, 1990, KIR-LAG S.324를 기초로 작성.

10월 1일 나치 친위대 장관 힘러는 유대인의 해외 이주 금지령을 내렸다. 이후 취해진 정책은 이주가 아닌 살육이었다. 폴란드에 1940년부터 43년에 걸쳐 살육을 주목적으로 하는 '절멸수용소'가 6곳에 건설됐다([지도 3] 참조).

(4) 소련

(4)-1. 생존권

1941년 6월 22일 독일은 독소불가침조약을 파기하고 소련에 선전포고한다. 헝가리, 루마니아, 핀란드의 동맹군과 함께 세계 군사사상 최대의 작전인 소련 침략을 시작했다. 이른바 바바로사Barbarossa 작전이다. "병사 300만 명(육군의 75%), 항공기와 전차도 과반 이상을 투입한 독일군은 소련이 합병하고 있던 폴란드 동부 발트해 연안국의 에스토니아, 라트비아, 리투아니아를 순식간에 점령했다."[20]

원래 히틀러의 목적은 해외에 식민지를 건설하는 것이 아니라 동방의 정복, 소련의 침략이었다. 히틀러에 따르면 독일과 독일 민족이 다수파인 오스트리아가 '생존'하기 위해서는 체코의 주데텐 지방이, 나아가서는 체코 전부가 필요하며, 이 체코를 포함한 대독일제국이 '생존'하기 위해서는 폴란드가 필수적이다. 이렇게 해서 타국 영토를 차례차례로 독일에 집어넣어 '생존권'을 확대해 가는 침략주의의 행선지는 소련이었다. 오늘날 독일은 이들 나라를 영토로 하지 않아도 '생존'하고 있다. 군사력에 의존하는 정책의 어리석음이 통감되는 동시에 외교 노력의 중요성이 교훈이 될 것이다.

일찍이 일본에서도 야마가타 아리토모山縣有朋 등이 조선을, 다음에는 만주와 몽골을 '이익선'이라고 하며, 이곳을 사수함으로써 일본의 장래가 확보된다고 말했다. 지금 일본은 이곳들을 영토로 하지 않아도 '생존'하고 있다.

1937년 11월 5일 히틀러는 육해공 3군 정상을 앞에 두고 연설하면

. . . .

20 藏原雅人,「特別企画 / ヒトラー56年の生涯」,『ヒトラー神話の復活』, 新人物往来社, 2000, 170~171쪽.

서 향후 전쟁 계획을 설명했다. 설명을 메모한 히틀러의 군사부관 호스바흐 대령의 이름을 딴 '호스바흐 각서'에 기록된 연설이다. 이에 따르면 독일은 8,500만 명의 인구를 거느리고 있으므로 다른 영토를 요구할 권리가 있고 생존권 획득, 식량 확보, 토지 획득이 이뤄져야 한다. 체코슬로바키아, 오스트리아를 점령한 후 "그 토지에서 비독일인을 일소함으로써 독일인을 위한 생활공간을 얻을 것이다. '독일의 문제는 힘에 의해서만 해결될 수 있다.'"[21] 영토 획득에는 폭력의 길밖에 없다고 한다. 소련전을 앞둔 1941년 3월 30일 히틀러는 간부장교들에게 대 소련전은 '절멸전쟁'이라고 훈사訓辭한다. 더욱이 5월 각 부차관회의의 기록에 의하면, ①소련에서는 식량을 빼앗을 것, 곡물류는 독일로, 육류는 현지에서 소비한다. ②이로 인해 소련에서는 수백만 명의 아사자가 발생할 것으로 예상된다고 했다. 특히 소련 남부에 진주하는 부대는 카프카스의 석유, 흑해 북부의 우크라이나 공업지대의 약탈이 목적 중의 하나였다.

(4)-2. 강제노동 실태

(4)-2-1. 최대수 소련인 강제노동자

소련에 침략한 나치 독일은 1942년부터 43년에 걸친 겨울에 패배한다. 북쪽은 레닌그라드에서, 남쪽은 스탈린그라드의 남쪽까지 확장된 전선은 이후 소련군의 거센 저항에 부딪혀 서서히 후퇴한다. 독일군의 전격전에 의한 승리는 종식되고 독일의 전시 경제는 위기를 맞는다. 소련 시민, 전시포로의 대량 투입이 더욱 가속화된다. 1942년 3월 21일 히틀

21 ジェームス・テーラー, ウォーレン・ショー 著, 吉田八岑 監訳, 『第三帝国事典』, 三交社, 1993, 263쪽.

러는 훗날에 뉘른베르크 국제군사재판에서 사형선고를 받게 되는 프리츠 자우켈을 노동동원 전권위원에 임명한다. 1923년 이후 고참 나치 당원으로 당에 대한 충성도 1인자인 그의 임무는 독일 국방군 및 독일 점령 당국과 협력해 가급적 많은 사람을 독일로 연행하는 것이었다.

이로써 1942년 4~6월에만 110만 명의 소련 시민이 독일에 끌려와 민간인 노동력으로 혹사당했다. 이어 7~12월에 34만 명이 독일에 강제로 끌려왔다. 연행은 닥치는 대로 이루어졌다. 예를 들어 백러시아에서도 여러 차례에 걸쳐 경찰의 힘으로 사람들이 많이 모이는 시장, 교회, 극장, 공원 등에서 토끼 사냥을 하듯 '인간사냥'이 이루어졌다. 그러자 노동동원 부서 내부에서도 이론이 나왔다. "지금 긴급하게 필요한 것은 재차 주의를 주는 것이다. 즉 독일제국에 필요한 노동자를 모집할 때는 자유의지에 따른 것이어야 한다"[22]라고 담당부서의 한 간부가 지적하고 있다.

1944년 여름에는 독일에서 일하고 있는 약 7~8백만 명의 전체 외국인 노동자 중 소련인은 다른 어떤 나라 사람들보다 많았다. 소련인 민간 노동자는 280만 명에 달했으며 그중 절반 이상은 여성이었다. 전쟁포로는 63만 명이었다.[23] 한편 강제노동으로 사망한 사람도 방대한 수에 달했다. 1939년의 대 폴란드 전쟁부터 1944년 여름까지 전시포로는 330만 명이 사망했으며, 이 중 소련인이 200만 명(약 58%)을 헤아린다. 그들은 강제수용소, 노동수용소 등에서 살해됐다. 소련인 민간 노동자는 수십만 명이 기아, 질병, 학대 등으로 살해된다.

• • • • • • • • • • •

22 Vgl. Dietrich Eichholz, a.a.O., S.14.

23 Vgl. Dietrich Eichholz, a.a.O., S.18.

(4)-2-2. 강제노동자 수

여기서 나치의 노동 담당 부서가 나치 지배 시기의 마지막에 발표한 통계 수치를 보자. 독일 전쟁경제 연구자인 경제사 전문가 디트리히 아이히홀츠에 따르면, 이 노동 담당 부서는 [표 2]와 [표 3]에서 보듯이 1944년 8~9월 대독일제국의 강제노동자 총수를 790만 6,760명이라고 공표했다. 아이히홀츠는 이 통계가 강제노동의 실태를 반영하지 않고 있다고 하며 그 근거를 다음과 같이 제시하고 있다.[24] 첫째, 나치 당국도 기간을 좁혀 공표한 것처럼, 이는 1944년의 2개월에 한정된 숫자로 1939~45년의 모든 강제노동자 수를 나타내고 있지 않다. 둘째, 표에는 강제수용소의 수용자 항목이 빠져 있다. 즉 약 50만 명이 누락되어 있다.

[표 2] 나치 당국의 공표 : 외국인 노동력의 총계 : 1944년 8~9월

소련	2,851,002(발트 제공화국 포함)	36 %
폴란드	1,690,642	21
프랑스	1,246,388	16
이탈리아	714,685	9
체코슬로바키아	313,890	4
네덜란드	254,544	3
벨기에	249,823	3
유고슬라비아	187,119	2
총계	7,906,760	

출전 : Dietrich Eichholz : Zwangsarbeit in der deutschen Kriegswirtschaft In : Ulrike Winkler(Hg.) : Stiften gehen, NS-Zwangsarbeit und Entschadigungsdebatte, Papy Rossa Verlag, 2000, S.16~17을 기초로 작성. (합계의 %가 100 미만인 것은 게재되지 않은 나라 외에 외국인 노동자가 기재돼 있지 않았기 때문이라고 생각한다.)

• • • • • • • • • • •

24 Vgl. Dietrich Eichholz, a.a.O., S.18.

[표 3] 대독일제국이 노동력으로 투입한 외국인 민간노동자와 전시포로 :
1944년 8~9월

국 적	전시포로	민 간 노 동 자			합계
		남	여	계	
벨기에	50,386	170,379	29,379	199,437	249,823
발트제국		28,450	16,349	44,799	44,799
불가리아		14,207	2,050	16,257	16,257
덴마크		12,179	3,791	15,970	15,970
영국	80,725				80,725
프랑스	599,967	603,767	42,654	646,421	1,246,388
그리스		12,532	3,126	15,658	15,658
이탈리아	427,238	265,030	22,317	287,347	714,685
유고슬라비아	89,359	72,263	23,497	97,760	187,119
네덜란드		233,591	20,953	254,544	254,544
폴란드	28,316	1,088,540	573,796	1,662,336	1,690,642
체크슬로바키아		252,825	61,065	313,890	313,890
스위스		11,835	5,179	17,014	17,014
소련	631,559	1,062,507	1,112,137	2,174,644	2,806,203
헝가리		17,206	7,057	24,263	24,263
합계	1,930,087	3,986,308	1,990,367	5,976,673(총계)	7,906,760

출전 : Herbert, Ulrich(Hg.) : Europa und der "Reichseinsatz". Auslandische Zivilarbeiter,
Kriegsgefangene und KZ-Haftlinge in Deutschland 1938-1945, Essen 1991, S.12.

셋째, 헝가리 유대인 중 적어도 12만 명이 추가되지 않았다. 넷째,
1944년 여름과 가을에 아직 강제노동에 투입되지 않은 사람들이 있다.
다섯째, 이 표에서 사라진 사람들에게는 다음과 같은 강제노동자가 포
함돼 있다. 살해된 사람들, 기아·추위·과로·병으로 죽은 사람들, 도망
한 사람들 등이다. 마지막으로, 연행돼 강제노동을 기다리고 있는 사이
에 굶주림과 추위, 병으로 숨진 사람들이다. 이 사람들을 포함하면 뉘
른베르크 국제군사재판에서 자우켈이 언급한 1,200만 명이 더 실체에

[표 4] 농업분야와 공업분야의 강제노동자 : 1944년 8~9월

	농업분야	인 수		공업분야	인 수
합 계		2,747,238			3,426,267
강제 노동자의 유래	민간노동자 폴란드인	1,105,719	강제 노동자의 유래	금속산업계 합계 민간노동자	1,691,329
	소련인	723,646		소련	752,714
	전시포로			프랑스	292,800
	프랑스인	351,307		폴란드	128,556
	소련인	138,416		벨기에	86,441
				체코	80,349
				전시포로	
				이탈리아	179,988
				소련	130,705
				광산업계 합계	433,790
				민간노동자	
				소련	92,950
				폴란드	55,005
				전시포로	
				소련	159,898
				이탈리아	43,684

출전 : Dietrich Eichholz : Zwangsarbeit in der deutschen Kriegswirtschaft In : Ulrike Winkler(Hg.) : Stiften gehen, NS-Zwangsarbeit und Entschadigungsdebatte, Papy Rossa Verlag, 2000, S.23을 기초로 작성

가깝다. 그러나 디트리히 아이히홀츠에 따르면 여기에도 강제수용소 수용자 수가 포함되지 않았다. 그는 이 사람들을 포함해 나아가 다섯째 에서 말한 살해, 사망 등의 사람들을 더 감안하고 있는 쿠친스키가 말 하는 1,400만 명을 강제노동자의 총수로 제시하고 있다.[25]

우선 인원수 문제만을 요약해 두자. 강제노동자는 전쟁 말기인 1944

• • • • • • • • • • •

25 Vgl. Dietrich Eichholz, a.a.O., S.27.

년 8~9월 두 달 동안 전시포로와 민간인 노동자만으로 적게 잡아도 790만 6,760명에 달하며, 이 중 소련인은 최대 280여만 명이었다. 단 전쟁 기간 전체를 고려하면 1,400만 명에 이르므로 소련인 강제노동자도 더 증가한다. 노예라면 생존은 보장돼 있었지만 혹사당하고 질병, 굶주림, 추위로 일할 수 없게 되면 소각로로 보내지는 '노예 이하'의 대우를 받은 강제노동자 중 가장 많은 집단은 소련인이라는 사실을 알 수 있다.

(4)-2-3. 강제노동자의 노동실태

나치와 기업의 줄다리기　여기서는 인원수 문제에서 벗어나 소련인 강제노동자의 노동실태에 초점을 맞춘다. 독일 기업들은 침략 2주 뒤 전투에 따른 소련 포로, 즉 전시포로 할당을 최대한 많이 얻으려 획책하고 있었다. 처음에는 나치 지도부와 기업 사이에 포로 대응을 놓고 갈등을 빚었다. 나치당(국가사회주의 독일노동자당)은 유대인뿐 아니라 민족으로서는 원래 슬라브계 민족을 열등시하고 있었다. 이데올로기로서는 공산주의자를 적대시하고는 있었지만, 그래도 초창기에는 '개종'시킬 방침을 갖고 있었다. 나중에는 '말살'의 대상으로 변경했다. 나치 지도부는 특히 소련인 전시포로가 슬라브계 민족이고 동시에 공산주의 체현자라 믿었다. 따라서 소련인 전시포로를 노동 현장에 투입하는 것은 같은 곳에서 일하는 독일인에게 민족적으로나 이념적으로나 악영향을 줄 것으로 생각했다. 포로들은 '우수한 아리아 민족'으로 구성된 독일인의 '민족공동체'를 더럽히는 요소로 간주돼 '해충' 취급을 받았다. 기업들은 민족·이념으로서는 배제하고 싶으나 노동력으로는 꼭 필요했다. 그래서 타협해 노동의 직종과 현장을 한정해 사용했다. 1941년 가을 무렵까지 광산과 거대 건설현장에서만 소련인 전시포로 사용이 허용됐다. 그러나 독일인 성인 남자가 전장에 갔기 때문에 기업들은 항상 노동력 부족에 시달렸다. 게다가 귀환해도 상병자가 속출하고 있어 가정에서 그들의 개호가 필요하기 때문에 산업계의 노동력 부족은 한층 더 증폭된다. 이러한 사태를 내다보고 기업들은 이미 대 소련 전쟁 개시 직후인 1941년 6월 말경부터 소련인 전시포로를 다른 노동현장에 투입시켜 줄 것을 나치에 요구하고 있었다. 6월 30일에 석탄광업계가, 7월 9일에는 플릭 콘체른(이 기업은 전후 뉘른베르크 국제군사재판에 이어 12건의 전쟁범죄가 재판된 뉘른베르크 계속재판에서 피고로 심리받게 된다)이, 또 21일부터 23일까지는 프레삭, 빈타스할 콘체른이 같은 신청을 했다.[26]

오늘날 독일 기업은 강제노동자 투입에 대해 나치 정체에 의해 '강요받은 것'이라고 주장한다. 이것은 분명히 역사적 사실에 반한다. 여기에 대해서는 다시 논의하기로 한다. 그런데 기업 측의 투입 요구에 대해 나치 측에서도 찬성하는 사람들이 나타나 '한정 사용'의 방침으로 재검토해 나간다. 나치당 2인자인 괴링은 9월 항공군수산업계에 발트 지방에서 온 금속노동자를 "공산주의에 오염되지 않았다"며 투입할 것을 약속한 바 있다.

원래 나치 정체는 이미 말한 것처럼 공산주의를 적대시하고 게르만계 외의 타민족, 그중에서도 슬라브 민족은 열등하기 때문에 동유럽, 소련에서 온 외국인 노동자를 독일제국 내에는 투입하고 싶지 않았다. 사실은 유럽에서의 제2차 세계대전 개시 전후부터 체코나 폴란드의 시민이나 전시포로를 독일 경제계에 투입은 하고 있었다. 또 폴란드에서는 개전 훨씬 이전부터 전통적으로 농업 분야에서 계절노동자로서 독일에서 일하는 사람들이 존재하고 있었다. 그러나 이러한 노동은 전자에서는 어디까지나 잠정적이며 긴급한 조치라는 색채가 농후하며, 후

- - - - - - - - - - - -

26 Vgl. Dietrich Eichholz, a.a.O., S.27.

자에서는 '계절' 한정의 수용이었다. 예를 들면, 1940년 여름에 다임러벤츠는 찐데르핀겐의 공장에 자사 최초의 전시포로를 투입했다. 하지만 이것은 예외적 조치며 노동력 부족을 단기적으로, 잠정적으로 보충하는 긴급 조치였다. 나치의 '적시와 열등시'의 정책이 기업의 '이윤' 충동을 억제해 양자는 한정적 또는 예외적 사용으로 타협하고 있었다. 나치의 위기는 공산주의 체현자가 가져올지도 모르는 독일의 노동운동에 대한 영향이었다.

나치 정부와 경제계는 '저울의 양끝'에 위치해 서로 타협을 거듭해 왔지만 점점 '저울추'는 경제계 쪽으로 기울어간다. 1940년 가을 무렵에 독일에서 일하는 외국인은 200만 명이 넘고, 다음 해 41년 가을에는 300만 명에 이른다. 이렇게 초기 나치 지도부와 기업 간의 대립은 국방군이 스탈린그라드전에서 패배하고 철군을 거듭할수록 해소된다. 군사 경제의 위기가 독일에 확산되기 시작했다. 국방군도 경제계도 민족성과 이데올로기에 연연할 수 없게 됐다. 침략전쟁의 속행으로 노동력도 자원도 현장에서는 너무 부족했다.

강제노동은 전 산업계로 확대해 간다. 소련 시민과 전시포로의 '한정 사용'에서 '전면 사용'으로 전환된다. 사용하는 현장은 군용 도로 및 철도 건설, 참호와 같은 진지 구축으로 넓혀진다. 이렇게 해서 인원 제한은 철폐하지 않을 수 없게 됐다. 그러나 강제 수용된 사람들의 민족성과 이념에 대한 두려움은 원래 나치당의 본질적 부분이었기 때문에 양적으로는 한계를 돌파했으나 노동 현장의 처우는 가혹하기 그지없는 그야말로 '노예 이하'였다.

식량 식량의 경우 같은 동유럽 출신의 강제노동자보다 중노동에 할당된 소련인 강제노동자에게는 비소련인보다 빵은 적고 고기, 지방류는

3분의 2며, 밀 외의 곡식은 절반, 설탕, 마멀레이드는 4분의 1이었고, 영양가 높은 우유, 계란 등은 금지됐다. 묽은 수프에는 거의 항상 순무나 잎만 들어 있었다. 아우슈비츠 강제수용소의 소장 루돌프 헤스는 소련인의 기아 상태를 수기에서 다음과 같이 적고 있다. "인육을 함께 먹은 적도 가끔 있었다. 나 자신도 벽돌을 쌓아 올린 자리에 둔기로 찢기고 간이 없어진 러시아 병사의 시체가 있는 것을 보았다. 그들은 먹을 것을 서로 차지하려고 서로 죽였다. (중략) 수많은 러시아인이 수수께끼처럼 사라져 버린 이유도, 이로써 우리는 납득하게 됐다."[27] 바로 이어서 헤스 소장은 "이는 더 이상 인간의 모습이 아니었다. 그들은 단지 사냥감을 찾는 야수로 전락해 버렸던 것이다"[28]라고 서술하고 있다. 동료를 죽이고 그 인육을 먹는 것으로밖에 생존할 수 없는 사태를 강요한 것은 누구인가. 권력자란, 자성할 자세를 갖지 않고 스스로 야기한 사태를 생각하지 못하는 '야수' 이하로 떨어질 가능성이 있는 사람들인 것 같다.

기업의 약탈 인원 제한이 철폐된 기업은 점령지에서 경쟁상대의 다른 기업을 어떻게 떨어뜨리고, 어떻게 하면 다수의 '노예노동자'를 획득할 수 있을까를 목표로 전략과 전술에 전력을 쏟았다. 이들은 나치 친위대와 정규군인 국방군 간의 '3인 4각'으로 '인간사냥'에 매진했다. 플릭 콘체른은 발트해에 면하고 있는 소련 리가의 바이로크 차량회사를 차지하려 했다. 리가에서는 사장과 함께 직원 베른하르트 바이스가 7,500명의 노동자를 거리에서가 아니라 공장과 함께 약탈했다.

27 ルドルフ・ヘス 著, 片岡啓治 訳, 『アウシュヴィッツ収容所』, 講談社学術文庫, 1999, 249~250쪽.
28 ルドルフ・ヘス, 앞의 책, 249~250쪽.

이렇게 해서 민간인 강제노동자가 된 7,500명은 지금까지의 차량생산과 달리 군수생산이 즉각 수용돼 가축 이하의 노동조건에서 포가와 포신을 생산하게 됐다. 플릭사는 이후 소련에 도니에프르 철강회사를 설립한다. 그리고 1942년 11월 스탈린그라드 격전 중에 헤르만 괴링과 공동으로 소련의 관련 기업 6곳을 빼앗는다. 그러나 도니에프르 철강회사는 계획한 생산량 280만 톤의 조강 생산을 달성하지 못했다. 그 이유는 민간인 강제노동자의 열악한 식량, 노동조건으로부터 오는 생산성 저하에 더해, 1943년 늦여름 소련 적군이 전선을 재정비해 이 지역을 공격했기 때문이다.

4) 어린이의 강제노동

소련, 동유럽 출신의 강제노동자 문제를 주제로 삼을 때 ①이념적 적대시, 민족차별, ②노예 이하의 노동환경, 식량정책에 더해 꼭 검토하지 않으면 안 되는 문제가 있다. 그것은 ③어린이의 강제노동이다. 프라하의 테레지엔슈타트 게토에서는 약 1만 5,000명의 아이들이 가족과 떨어져 강제노동을 했다.[29] 독일 국방군은 소련 전선에서 퇴각하던

••••••••••

29 테레진 게토는 어린이들과 예술가들을 수용한 것으로 알려져 있다. 군수품 생산 시 세심한 작업이 필요해 아이들의 손이 중용됐고 또 아우슈비츠로 끌려가기 전 중계소로 이용되기도 했다. 또한 나치 측은 외국의 비판을 가정해 수용소 내 생활과는 전혀 다른 하루만의 '보통의 생활공간'을 연출해 영화를 만들어 '수용소는 천국이다'라는 선전을 적십자를 통해 퍼뜨렸다. 이하의 출판물을 참조. 〈アウシュヴィッツに消えた子らの遺作展〉を成功させる会 編, 『テレジン強制収容所』, ホルプ出版, 1991; 野村路子, 『15000人のアンネ・フランク』, 径書房, 1992; 長谷川公昭, 『ナチ強制収容所』, 相思社, 1996.
이 수용소 안에서 작곡된 음악이 CD로 출판됐다. "TEREZIN The Music 1941-44, (1), (2) Alexander Goldscheider 등이다. 기드온 클라인, 빅토르 울만 등의 피아노곡,

1943년 가을 무렵부터 많은 소련의 시민과 아이들을 독일로 연행했다. 이때부터 "결국 국방군과 노동동원 전권위원의 현지 모집부대는 동부에서 어른들은 물론 아이들까지 조직적으로 연행하게 된다."[30] 아이히홀츠는 다음과 같은 사례를 들고 있다. 섬유회사 콘체른이 사용하는 노동자를 진찰한 수용소 의사는 열 살배기 폴란드 소녀에 대해 허약과 영양불량을 지적하고 "이대로 일을 시키면 '아동살해'가 된다"고 기술하고 있다.[31] 또 카를플로주식회사에서는 소련, 폴란드의 아이들이 극도로 부족한 식량 사정 속에서 "매일 10시간 이상, 주급 2라이히스마르크로 가장 힘든 노동에 종사"[32]시키고 있었다. 이들은 4세부터 15세의 어린이들이었다.

이는 첫째, 어린이의 노동을 금지한 국제노동조약(ILO 조약) 위반이다. 둘째, 독일인 자녀들에게는 허약이나 영양불량 상태에서 10시간 이상 가장 힘든 일을 시키지 않았다. 이것은 민족차별과 다를 바 없다. 동유럽의 어린이들이, 또 테레진 강제수용소에서는 유대인 어린이들이 생사를 넘나드는 노동조건에서 혹사당한 후 아우슈비츠에 보내졌다.

• • • • • • • • • • •

바이올린곡이 수록돼 있다. 그들은 악보를 수용자에게 맡겼고 아우슈비츠로 끌려가 살아 돌아오지 않았다. 자그레브 필의 음악감독 겸 지휘자인 오노 가즈시大野和士는 테레진 게토의 작곡가들이 남긴 악보 연주를 착수해 빅토르 울만의 피아노협주곡을 일본에서 초연한 것이 NHK를 통해 방영됐다. 『命の旋律―ユダヤ人強制収容所の音楽家たち』 1996.3.23.

30 Vgl. Matthias Arning : a.a.O., S.57.

31 Vgl. Dietrich Eichholz : a.a.O., S.32.

32 Vgl. Dietrich Eichholz : a.a.O., S.34.

2. 강제노동이란 무엇인가?

지금까지 강제노동자의 체험을 살펴보고 다음으로 강제노동에 동원된 사람들의 세 분류, 즉 전시포로, 점령지 주민과 노동자, 강제수용소 수용자를 언급하고, 이어 민간인 그리고 체코, 폴란드, 북유럽, 프랑스, 소련을 중심으로 한 출신 국가별 강제노동, 국제법 위반이며 민족차별이기도 한 어린이의 노동에 대해 설명했다. 이제 이를 기본으로 나치시대의 강제노동이란 무엇인지, 다시 한번 그 특징을 정리해 본다.

1) 대규모, 조직적인 강제노동

(1) 농업 부문에서 산업 부문으로 전환

독일의 강제노동 시스템에서 커다란 변화의 시기는 이미 서술한 것처럼 소련 침략 후인 1942년부터 43년이었다. 100만 명 단위로 소련에서 대량으로 독일제국에 동원된 강제노동자는 농업 부문뿐 아니라 산업 부문 곳곳에 투입됐다. 변화의 첫 번째는 이후 농업 부문에서 산업 부문으로, 특히 군수산업에 대한 대량 동원이 증가한 것이다. 1942년 3월 노동동원 전권위원으로 취임한 프리츠 자우켈은 취임 후 8개월 동안의 투입 인원수를 다음과 같이 추정하고 있다. 그동안의 새로운 강제노동자는 275만 명이며 내역을 국가, 지역별로 보면 소련에서 140만 명으로 가장 많고 폴란드와 서유럽이 각각 35만여 명을 헤아리고 있다. 이들 중 상당수는 사기업, 나치 친위대가 운영하는 친위대 기업에 보내져 군수산업에 종사했다. 소련 전선에서의 패배기 이후는 소련으로부터의 투입은 급격하게 감소한다.

(2) 전 유럽을 공급원으로

변화의 두 번째는 감소를 보전하기 위해 강제노동자의 연행 지역을 전 유럽 수준으로 넓힌 것이다. 결정적 패배를 당하는 1943년 2월 전후, 즉 1943년 1월부터 3월까지 독일로 끌려간 사람들은 51만 6,000여 명을 기록하고 있다. 이 중 프랑스, 벨기에, 네덜란드 세 나라만 해도 60%에 달하며 소련, 폴란드에서는 각각 12%로 감소하고 있다.[33] 그러나 특히 소련으로부터의 연행 감소는 독일의 군수경제 유지와 발전에 결정적 타격을 준다. 자우켈은 1943년 4분기(10~12월) 현황을 보고하면서 "동부에서는 노동력의 예비군이 더욱 고갈돼, 예를 들어 (적군이) 비교적 큰 경제영역을 봉쇄하는 군사적 조치를 취하므로 현존 노동력의 동원과 이송은 곤란해졌다"고 말하고 있다.[34]

(3) 강제수용소에 새로운 마수

노동력이 부족한 현장은 전선에서의 참호 파기, 함부르크 등 항만에서의 군수물자 하역 작업, 중요 생산시설의 지하 이전 작업, 탄광·건설업계, 군수·화학 산업계 등으로 확산된다. "전대미문의 노동력 부족"에[35] 직면한 나치 정체에 나타난 세 번째 변화는 새로운 규모로 강제수용소의 수용자에게 마수를 뻗친 것이다.

1933년 3월 30일 뮌헨 교외의 다하우에 독일에서 처음으로 강제수용소가 마련됐다. 이 수용소는 간수나 나치 친위대원의 훈련 장소가 됐으며, 그 후 유럽 곳곳에 만들어진 3,000개가 넘는 수용소의 모델이 됐

• • • • • • • • • • • •

33 Vgl. Dietrich Eichholz, a.a.O., S.20.

34 Vgl. Dietrich Eichholz, a.a.O., S.21.

35 Vgl. Dietrich Eichholz, a.a.O., S.21.

다. 나치는 다하우의 수용자를 강제노동에 동원하려 했다. 세계 공황의 한가운데서 그 영향이 가장 심하던 때에 수용소 밖에는 대량의 실업자가 넘쳐났다. 나치 정부는 실업자 고용대책을 마련할 수밖에 없었다. 기업이 이 수용자들을 지목해 그냥 일하게 해도 사회 실업자 수는 줄지 않았다. 이 시기 나치 친위대와 다하우상공회의소 간에 수용자 고용 논란이 일고 있었다. 상공회의소는 넘쳐나는 실업자들을 보며 수용소 밖에서 고용 증대로 이어지지 않는 수용자들의 노동에 반대했다. 논쟁은 결국 사기업이 아닌 공공시설에서 노동시키는 것으로 일단 마무리됐다.

그러나 강제수용소가 속속 증설되면서 1938년 이후 노동 현장은 친위대가 운영하는 기업으로 확대된다. 직종은 첫째, 수용자 자신이 들어갈 수용소 건설 작업이며 둘째, 수도 베를린이나 기타 지역에 건설되는 나치당 기념 건조물의 기초 공사다. 즉 벽돌 만들기, 도로 정비, 채석 작업, 포장도로용 쇄석, 자갈 운반 등이다. 이렇게 해서 1941년 말까지 강제수용소 수용자는 사기업 IG-파르벤을 예외로 하고, 원칙적으로는 공공시설이나 나치 친위대가 운영하는 기업에서 일하게 됐다. 가장 큰 이유는 기업이 수용자 중에서도 특히 정치범의 저항운동과 태업을 두려워했기 때문이다. 그리고 그로 인한 치안 대책과 관련되는 것을 피했기 때문이다.

공공분야와 친위대 기업만 한정적으로 사용한다는 방침에 변화가 생긴 것은 소련 전선에서의 패배가 시작되는 42년경이다. 지금까지 외국인 민간노동자와 전시포로 외에 수용자를 사용하기 시작한 것은 대기업이었다. 이후 강제수용소 근처에 노동을 위한 수용소가 무수히 만들어진다. 이러한 수용소는 'Aussenlager', 즉 '외부 수용소' 혹은 '위성 수용소'로 불렸다. 수용소의 위상도 지금까지의 징벌이나 예방 구금의 장소에서 경제적 착취의 장으로 전면 전환한다. 소련 전선에서의 전격적인 작전이 실패해 패색이 짙어짐에 따라 신병을 보충하고 전선에 보내기 위해 사람들을 소집할수록 노동력 부족은 심각해졌다. 앞서 말한 수용자의 저항, 반항에는 눈을 감을 수밖에 없게 됐다. 일반적으로 말하면, 위기의 도래는 문제를 본질에 환원한다. 즉 기업은 본래의 강제노동이 갖는 '달콤함'과 '장점'으로 되돌아갔다. 첫째, 친위대에 지불하는 '임금'은 매우 저렴했고 둘째, 근로시간에 제한이 없고 셋째, 국제조약을 무시한 채 생명, 건강에 대한 배려 없이 중노동, 위험노동, 비위생환경에서 강제로 노동하게 했다. 넷째, 독일인 노동자라면 적용되는 사회보장법의 보호규정을 외국인 강제노동자들에게는 적용하지 않았기 때문에 기업은 경비 절감이 가능했다.

수용소 내의 조직도 변경을 피할 수 없게돼 수용소 내 관리국은 친위대 경제관리본부에 편입돼 결국 1944년경에는 친위대 그 자체도 일손 부족에 빠진다. 그래서 친위대 관리본부는 자신의 임무를 기업인이나 행정에 떠넘겼다.

대기업뿐 아니라 각 기업은 강제수용소의 수용자에게 몰려들었으며 수용자는 '쓰고 버리는' 상품처럼 취급돼 사용 후에 '소각'됐다. 함부르크 인근 노이엔가메 수용소에서 소각된 시신은 수용소 소유 밭의 비료가 됐다. 살아있을 때 노동을 통해 수익을 제공한 수용자들은 죽어서도 수용소 고위 간부가 먹는 채소의 증산에 기여하게 된 셈이다.

강제노동의 현장은 농업, 기업뿐 아니라 일반가정, 지자체에서의 노동, 그리고 교회에도 퍼져 있었다. 이에 대해서는 다음 장에서 살펴본다.

2) 실적에 연결시키는 식량배급

전국戰局이 호전되지 않는 가운데 전시경제는 계속 유지하지 않으면 안 된다. 노동력 부족이 갈수록 가속화한다면 기댈 방법은 현존하는 강제노동자의 노동생산성을 높일 수밖에 없다. 1944년 특히 동유럽 출신 강제노동자에게 식량을 지급할 때 '실적에 연결'시키는 방법을 채용했다. 식량 장관 헤르베르트 베케는 나치가 만든 노동자 조직인 독일노동전선과[36] 공동으로 이 시스템을 도입했다. 그러나 이것은 이미 개개의 기업이 1943년 무렵부터 받아들였던 제도였다. 이번에는 행정 부문이 공식적으로 제도화 했다. 그렇지 않아도 죽음의 구렁에 한쪽 다리를 넣고 노동시키고 있던 사람들을 3계층으로 나누고, 최하층에는 한층 더 '실적'이 나쁘다는 이유로 식량 절약을 단행했다.

3계층이란 독일인의 업적에 비교해 ①독일인 실적의 100% 이상을 달성한 사람들 ②100~90%인 사람들 ③90% 이하의 사람들이다. ①의 사람들에게는 '특별지급'을 하고 ②에게는 지금까지와는 다른 새로운 식량배급을 하고 ③에는 빵 배급을 삭감하고 치즈 지급을 중단했다. 이 조치의 목적은 첫째, 각 계층의 사람들을 서로 경쟁시키고 분단해서 지배하는 것이다. 한 개의 설탕을 자신이 갖고 상대를 배제시킬 때 발휘되는 '어떤 알 수 없는 힘'에 의존하려 하는 것이다. 둘째, 식량 전체량을 줄이는 것이다. 노동 환경을 개선해 인간으로서의 건강, 안전을 배려함으로써 생산성을 높이는 노력을 하는 것은 아니었다.

· · · · · · · · · · ·

36 노동전선 : 원래의 노동조합이 해산된 후에 만들어진 유일한 노동자 조직. 표면적으로는 노사의 협조, 계급 간 이해 대립의 해소를 주장했다. 노동자 측은 파업금지, '지도하는' 경영자와 '지도받는' 노동자의 역할이 강조돼 노사관계는 국가의 관리 하에 놓였다.

오히려 현대 사회에서도 '성과주의'라 칭하면서 직원의 '실적에 따라' 차이를 둔 급여, 상여의 사정査定이 이루어지고 있다. 그러나 대개의 경우 이 제도의 진정한 목적은 보너스 전체량, 인건비의 절감이다. 인건비 총량의 억제가 목표인 것처럼, '실적에 연결하는 식량배급'은 식량 전체량의 억제가 목적이었다. 그러나 이 제도도 이듬해 패전이 짙어지면서 ①의 사람들에 대한 '특별지급' 조치는 폐지할 수밖에 없게 됐다. '어떤 알 수 없는 힘'을 쥐어짜도 결국은 항상 기아와 추위에 허덕인다면, 노동생산성 향상 등은 문제가 되지 않게 돼버렸다. 급기야는 강제노동자에게는 식량지급이 완전히 중단되고 굶주림에 방치됐다. 나중에 말하지만 그들 중에는 나치 당국이나 경찰에 '반환'된 사람들도 다수 있었다. '반환'이란 기업이 소유하고 있던 강제노동자를 자신들은 손을 대지 않고 당국이나 경찰의 손에 맡긴 '살해 의뢰' 행위다.

식량배급을 둘러싸고 이 '실적 연결 식량제도'의 도입 이전에 기업 측과 나치 측에는 자그마한 대립이 존재했다. 소련 침략 후인 1941년 11월 괴링은 러시아인 포로에게는 질 나쁜 식사를 최저량 공급하라고 권고했다.[37] 헤르베르트 베케 식량장관은 질을 매우 떨어뜨린 러시아인용 빵('러시아빵')을 동유럽 노동자에게도 주도록 지시했다. 러시아인용 빵의 재료는 거친 호밀이 50%, 사탕무와 대팻밥 각각 20%씩, 나머지 10%는 밀짚이나 잎이었다. 이러한 초라한 빵으로는 양질의 노동력을 양성할 수 없다. 하지만 나치에게 러시아인은 '열등 인간'이며 독일인의 먹다 남은 식사를 받아먹는 존재일 뿐이다. 단지 기업은 노동생산성의 저하를 우려해 나치 측에 식사의 개선을 목표로 이의를 표하기도 했다. 히틀러시대에 번영을 구가했던 거대 군수 콘체른인 크루프는 다

••••••••••••
37 Vgl. Dietrich Eichholz, a.a.O., S.31.

음과 같이 보고하고 있다. "우리 회사에서는 러시아인 전시포로는 특히 중노동에 종사하고 있지만, 그들에 대한 식사는 불충분하기 짝이 없다."[38] 이러한 식사밖에 주지 않으면 "단기간에 체력을 떨어뜨려 그중에는 죽는 사람도 생겨난다."[39]

또 독일 기업들은 식사란 인간에게 필요하다, 라는 시점이 아니라 단지 노동 실적을 높이는 수단이다, 라고 하는 관점에서 다음과 같이 말하고 있다. 소련인 노동자에게 최저한의 식사밖에 주지 않는다고 하는 것은 인종이나 정치적 견지에서는 바람직할지도 모르지만 "노동력을 사용하는 입장에서 이러한 식사는 목적에 합치하는 것은 아니라고 생각한다. 그도 그럴 것이 (이러한 식사가 계속되면) 실적 향상이 아니라 저하되기 때문이다. 이것은 최종 목적에 비춰 보면 있어서는 안 되는 사태다."[40] 기업 측은 위와 같은 관점에서 나치 측과 교섭해 식량 사정의 개선을 위해 전력을 다해 끈질기게 항의해 왔는가, 라고 하면 그렇지 않았다. 이유는 소련 전선의 패배기까지 강제노동자는 '무진장 無盡藏'이었기 때문이다. 교체 가능한 '소모품'이었다. 그리고 패배기 이후 특히 44년부터 45년에는 독일인의 식량마저 고갈돼 개선의 여지도 없었다. 전후 연합국의 뉘른베르크 국제군사재판과 미군에 의한 뉘른베르크 계속재판에서 이 착취와 학대는 재판받게 된다.

3) 실적에 연결시키는 임금

각 민족 간을 나누고 지배하는 노무관리는 식량배급 방법만이 아니

38 Vgl. Dietrich Eichholz, a.a.O., S.32.
39 Vgl. Dietrich Eichholz, a.a.O., S.32.
40 Vgl. Dietrich Eichholz, a.a.O., S.32.

었다. 『20세기의 신화』 등으로 나치당의 기본 사상을 확산시키고 미술품 약탈에 힘을 쏟은 알프레트 로젠베르크는 1941년 동유럽 점령 지역 담당상이 됐다. 그는 소련에서의 연행자 중 러시아인보다 우크라이나인을 우대하려 여러 차례 시도했다. 이 사람들을 독일인 측에 끌어들여 '동유럽 노동자'라는 범주에서 빼려 했다. 그러나 나치 지도부에 있는 전통적인 인종 질서를 중시하는 사람들의 반대에 부딪혀 실현되지는 않았다.

분리 지배의 관리 방식은 '임금'의 지불과 관련해서도 계획돼 있었다. 강제노동자를 도입하는 초기에는 괴링이나, '4개년 계획'의 지도자 중 한 사람인 군수성의 프리츠 토트는 소련 민간인 노동자에게만 용돈 정도의 돈을 주고 생산성을 높이려 노력했다. 그러나 이 차별적 '임금' 시도도 철저하지는 못했다. 아이히홀츠는 그 이유를 두 가지 들었다. 하나는 동유럽 점령 지역성이나 나치 당국이 중노동을 시키면서 용돈 정도의 '임금'밖에 주지 않은 사실이 외국에 알려지면 "노동력의 거대한 착취를 하고 있다"[41]라는 비난을 받는다. 두 번째는 법적 근거다. 즉 독일산업그룹은 군수 콘체른 측의 우려를 다음과 같이 나타내고 있다. "세법, 노동법 규정에 따르면 실적에 따라 차등을 두는 것은 불가능하다."[42]

훗날 '노동을 통한 살육'은 ILO 조약이나 포로의 대우를 규정한 국제법 등을 무시한 강제노동 실태에 비하면 초기에는 아직 실적 연동 임금제에는 이러한 법의 준수를 충분하지는 않지만 주장하는 '반대론'이 존재했다.

• • • • • • • • • • •

41 Vgl. Dietrich Eichholz, a.a.O., S.31.

42 Vgl. Dietrich Eichholz, a.a.O., S.31.

4) 인종 차별에 기초한 계층화

우선 나치시대 노동자는 독일인을 포함해 3계층으로 크게 나뉘어 처우를 받았다. 계층의 최상층에는 게르만 민족이라 칭했던 독일인 및 이 민족에 속한다고 여겨진 네덜란드와 덴마크의 민간인 노동자가 편입됐다. 중간층에는 프랑스나 벨기에 등 서유럽의 민간인 노동자가 위치했다. 최하층은 '다른 인종', '열등 인간'이라고 낙인찍힌 사람들로, 슬라브계 민족, 유대인, '집시'들이었다. 그중에서도 강제수용소에는 주로 유대계 사람들과 나치에 반대하는 정치범이 수용돼 특히 이 사람들은 일상적인 테러에 노출됐으며 노동은 가혹하기 짝이 없었다.

일반적으로 식민지 지배를 하고 있는 국가의 노동자는 이중적인 관계를 가질 수밖에 없다. 식민지 지배국의 노동자는 지배를 받는 국가의 노동자 위에 서서 가해의 측면을 갖고 있다. 그러나 지배를 하는 국가의 노동자는 자국의 지배자, 기업으로부터는 착취를 당한다. 독일인 노동자도 똑같은 관계를 맺고 있었다. 나치 지배 아래에서는, 나치와의 관계에서는 희생자면서 외국인, 특히 제3계층의 외국인 강제노동자에 대해서는 이들 '열등 인간' 위에 서는 '지배자'였다. 이러한 지배―복종 구조는 제1차 대전 시기에서도 특히 독일의 중공업계에서 볼 수 있었다. 독일은 벨기에서 강제연행을 했지만 이때는 벨기에 안팎에서 큰 저항을 받았다. 제1차 대전 때와 비교해 제2차 대전에서는 저항도 적었고 지역도 서유럽, 동유럽 전역이었으며 분야도 농업, 산업계, 지자체, 교회 등으로 확대됐다.

5) 사후처리

(1) 솎아내기

각 기업이나 나치는 전쟁 말기가 되면서 방대한 수에 달하는 강제노동자의 '처분'과 '사후처리'라는 새로운 문제를 떠안게 됐다. 독일의 군사적 패배가 짙어져 강제수용자를 그대로 계속 관리하고 통제하는 여유가 경제적으로도, 인간적으로도 없어졌다. 한편 1944년 7월 20일의 히틀러 암살사건으로 상징되듯이 기업이나 행정, 치안 당국은 저항이나 반란을 두려워해 억압체제를 강화하거나 또는 데리고 있는 강제수용자를 '솎아내기'함으로써 관리 통제의 '사후처리'를 도모하려 했다. 이 '사후처리'를 위해서는 다음과 같은 조치가 취해졌다.

① 저항하는 사람들의 처형
② 수용소 밖으로 데려가 병, 기아, 추위에 방치하는 '죽음의 행진'
③ 국가경찰이나 비밀경찰의 하부 기관에 '반려'
④ 수용소 안에서 추위, 기아, 과로, 질병의 상태에 있는 사람들의 방치

강제노동자를 투입한 초기부터 기업과 나치가 두려워한 것은 이들의 조직적 저항이나 봉기였다. 사람들은 결코 강제노동의 시스템을 순순히 따른 것은 아니었다. 저항해 수용소로부터 자력으로 해방에 성공한 예로서는 바이마르에 건설된 부헨발트 강제수용소가 있다.[43] 그러나

---

43 저항-봉기-해방에 참가한 본인 자신의 저작에 ブルーノ・アーピッツ 著, 井上正蔵他 訳,『裸で狼の群の中に』上下, 新日本文庫가 있다. 단 이 저작에는 최근 의문도 제시되고 있다. イアン・ブルマ 著, 石井信平 訳,「記憶を保存する」,『戦争の記憶』TBS ブリタニカ, 1994년 참조.

성공 사례의 그늘에서는 무수한 '솎아내기'가 행해졌다. 뮌헨 인근의 다하우 강제수용소에는 외국인 강제노동자가 '전시포로 형제협력'이란 조직을 만들어 저항운동을 벌였던 것으로 기록돼 있다. 하지만 게슈타포에 발견돼 1944년 9월 4일 러시아 출신 노동자 100여 명이 처형됐다.

(2) 경찰, 직업안정소로 '반려'하는 조치

②의 '죽음의 행진'에 대해서는 특히 대전 말기인 44년 헝가리 유대인이 오스트리아 국경을 향해 행진했던 사실이 알려져 있다. 이 책에서는 제2장의 '보쉬에서의 체험'에서 설명했으므로, 여기에서는 ③의 '반려'조치에 대해 말해 두고자 한다. 1944년 11월 나치 친위대를 구성하는 한 부서인 인종·이주국은 게슈타포의 지방 하부기관에 다음과 같이 명하고 있다. 동유럽 출신의 외국인 강제노동자를 독자적인 판단으로 처형하라고. 또 하나의 지시를 살펴보자. 아이히홀츠는 기업, 경찰, 행정이 일체가 돼 실행한 '솎아내기' 수법에 대해 말하고 있다.[44]

패전을 눈앞에 둔 1945년 부활절 무렵 친위대의 한 부서인 국가보안본부 장관 엘른스트 칼텐블너는 경찰의 지방 하부기관에 지침을 하달했다. 그에 따르면 강제노동자의 취급에 관해서는 하부기관의 장이 '자신의 권한과 책임'으로 결정해야 한다. 또 지방 하부기관에는 고도의 진취 정신, 책임감, 헌신적인 노력이 요청되며 어떤 주저도 용납될 수 없고 패배주의에 빠지지 않고 일체의 온정을 배제한 단호한 조치를 취해야 한다는 것이다.

경찰이 현지 판단으로 처형할 수 있다는 지시와 방침에 대해 기업들은 어떤 조치로 응했을까. 1945년 2월 8일 독일산업그룹은 다음과 같은

....

44 Vgl. Dietrich Eichholz, a.a.O., S.33~35.

기록을 남겼다. ①기업은 예를 들어 강제수용소 수용자, 유대인, 전시 포로를 게슈타포나 직업안정소와 같은 권한이 있는 지방 하부기관에 '반려'하는 것이 정당하다고 인정돼야 한다. ②기업에는 생산에 이미 불필요하게 된 외국인을 직업안정소로 '반려'할 권리가 주어져야 한다. 며칠 후 독일경제회의소도 산업그룹의 '반려'라는 방침과 같은 조치를 취하는 것을 만장일치로 결의했다. 또 1945년 3월 7~8일 노르트라인 베스트팔렌 지구의 제철·철강산업 중요 인사는 알베르트 슈페어 군수 장관을 만나 다음과 같이 요청했다. 남겨진 회의록에 의하면 "신뢰할 수 없는 외국인은 가능한 한 빠른 시일 내에 이송돼야 한다. 현지의 국가경찰사령부에 통보"하는 조치를 취하고 싶으므로 인정해 주었으면 한다, 라고 했다.

여기서 알 수 있는 것은 기업이 주체할 수 없는 강제노동자를 국가 경찰이나 게슈타포의 하부기관에 이송해 반려하면 하부기관은 독자적으로, 마음대로 처형했다고 하는 것이다. 기업은 기아와 질병, 피로에 시달리면서 자사를 위해 몸 바쳐 일한 사람들을 고향에 돌려보내지 않았다. 마치 BSE(우해면상뇌증)에 감염된 소나 인플루엔자에 걸린 닭을 취급하듯이 스스로의 손을 더럽히지 않고 경찰에 '처분'시켜 '솎아내기'를 했다. 소도 닭도 주인은 눈물을 흘리며 이별을 고할 것이다. 하지만 기업은 그렇지 않았다. 나는 '가축 이하의 조치'라고 하는 것 외에 형용할 말을 찾지 못했다.

(3) 귀환자를 기다리고 있는 편견

지금까지 말한 ①에서 ④까지의 조치를 피해 무사히 귀환한 사람들에게도 전후의 삶은 결코 평탄하지 않았다. 적국 독일을 위해 일했거나 기여했다는 오명을 뒤집어쓴 이들도 많았다. 겨우 귀환한 사람들의 수는 소련에서만 약 520만 명이었다. 이 중 전시포로 180만 명, 민간인 노동자가 340만 명에 이르렀다.[45] 귀환 후 이들 대부분은 '협력자', 조국에 대한 '반역자'라는 시선을 온몸으로 받으며 당국의 심문을 받고 심사받는 수용소에 다시 들어갔다.

다하우 수용소에서 외국인 강제노동자들이 '전시포로 형제협력' 조직을 만들어 저항운동을 했다는 사실에 대해서는 이미 언급했다. 옛 소련 우크라이나 출신의 파울 티모어는 모스크바의 염료공장에서 기사로 일하다가 독일군에 붙잡혀 전시포로로 크루프사 본거지인 루르 지방 에센시로 끌려갔다. 그곳에서 강제노동자들의 저항조직 '반파시즘 투쟁동맹'을 결성했다. 그는 강제노동자들에게 호소했다. 군수 생산을 보이콧하자, 독일인 관리인이나 감시원의 지시를 거부하자고. 결국 게슈타포에 발각돼 감옥에 갇혔다. 1945년 3월 연합군의 공습 이후 탈주해 다행히 모스크바로 귀환할 수 있었다. 그러나 이것으로 그의 고뇌는 끝나지 않았다. 자국의 수사기관에 다시 체포된다. 1947년 15년 징역형을 선고받고 교정 노동수용소에 수감된다. '강제'수용소 시대의 적국에 대한 '협력' 자세를 '교정'하게 한다는 것이다. 10년의 입소를 거쳐 판결은 파기됐다.

1962년 그는 57년의 생애를 마감하게 된다. 종전을 사이에 두고 '강제'에서 '교정'으로, 두 수용소가 강요한 그의 고뇌, 고통, 편견, 차별에 대해 보상한 사람은 아무도 없다. 이 책에서 언급하는 훗날의 〈기억·책임·미래〉 기금이 보상 대상자로 삼는 것은 생존자뿐이다.

· · · · · · · · · · ·

45 Vgl. Mathias Arning, a.a.O., S.61.

제3장

국제법과 재판

1. 국제법, 국내법과 강제노동

1) 무차별 대량 살육의 시대

제1차 세계대전은 인류사에서 전쟁의 형태와 방법을 바꿔 놓았다. 자본주의는 산업혁명을 거쳐 기업 간 생존경쟁을 격화시키고, 살아남은 소수의 자본가는 다른 기업을 거느리며 점점 거대해지고 시장을 지배해 간다. 과점기업, 독점기업의 출현이다. 특히 중화학공업은 매우 큰 자본이 필요하다. 한 예로 군수생산과 결합함으로써 자본을 획득해 나갔다. 각국에서 군수생산에 의해 성장한 선성금船成金과 철성금鐵成金을 만들어냈다.

제1차 세계대전 이전의 나폴레옹전쟁이나 보불전쟁도 주력은 말과 대포였다. 보병과 말이 일체가 돼 돌격했다. 그러나 상사, 수송기관, 은행, 철강·선박·중화학공업계 등이 무기 생산과 직결된 제1차 세계대전에서는 양상이 급변한다. 우선 육지 전투에서는 독가스가 대량으로 생산돼 사용됐다. 1915년 4월 25일 독일은 벨기에에서 염소가스(독가스) 120톤을 사용해 5,000명의 사상자를 냈다. 게다가 전차가 개발됐다. 서부전선에서는 대 전차용으로 특히 참호전이 전개되고 기관총이 발명됐다. 해전에서는 잠수함(U보트)이 개발됐고 여기서 발사되는 무기(어뢰)는 군함이든 민간 상선이든 상대를 가리지 않고 격침했다. 하늘 전투에서는 비행기에서의 폭탄 투하로 일반 주민도 희생됐다. 비행선의 도시 폭격은 병사뿐 아니라 민가를 불태우고 노인, 여성, 어린이와 장애인 등

비전투원에게까지 피해를 키웠다. 국지전에서는 말과 대포도 사용됐지만 이제 거대 기업들은 독가스, 전차, 기관총, 잠수함, 비행기 등 무차별적으로 대량 살육이 가능한 무기 생산에 주력했다. 이들 무기, 군수물자, 군인, 군속의 수송을 위해 철도망이 설치됐고 대량 수송기관도 비약적으로 발달했다.

그런데 이들은 현대의 전쟁, 분쟁, 사건과도 직결된다. 옴진리교가 1994, 95년에 마츠모토松本와 도쿄의 지하철에 뿌린 것은 독가스 사린이었다. 핵무기가 등장하고 우주방위시스템 등과 지구 밖의 세계를 '전장'으로 만들고 있는 현재에도 전차는 여전히 육지전의 주역을 맡고 있다. 원자력으로 동력을 바꾼 잠수함은 해군의 중요한 무기다. 하늘에서의 대량 무차별 폭격은 1911년 이탈리아—독일전쟁에서 손으로 폭탄을 투하하기 시작해,[1] 1937년 나치에 의한 바스크 지방의 게르니카 공습과, 같은 해 일본 해군의 무방비 도시(상하이, 난징, 충칭)에 대한 폭격으로 이어졌다. 그리고 미군의 두 차례 원자폭탄 투하, 제2차 세계대전 후 베트남 전쟁에서 벌어진 대량의 소이탄과 고엽제 투하, 1990년대 직전부터 미국의 파나마 공습, 그리고 걸프·아프간·이라크 전쟁에서의 무차별 대량폭격으로 이어져 왔다. 무차별 대량 살육의 시대는 손에 의한 투하를 제외하면 제1차 세계대전과 함께 시작돼 21세기 현재에도 이어지고 있다.

2) 국제법

무기는 정밀도를 현격히 높이고 또 잔학성도 말과 대포의 시대에는

---

1 「世界のドキュメンタリー,『無差別爆撃の歴史(前)』」 2004, ドイツ, NDR, NHK, 2004. 2.15.

상상하기 어려울 정도로 늘었다. 이에 비례해 피해를 보는 사람들도 전선의 병사뿐 아니라 후방의 여성과 어린이, 노인, 장애인 등 비전투원이나 일반 주민에게까지 확대돼 왔다. 그러나 다른 한편에서는 최전선이든 후방이든 관계없이 덮치는 잔학성이나 피해를 가급적 줄이려는 인간의 노력도 또한 끊임없이 계속돼 왔다. 국제사회는 이미 19세기 후반부터 어떤 때는 전장에서 상처받은 병사의 보호를 규정한 국제조약을 만들거나 사용하는 무기의 종류를 제한하는 선언을 하는 노력을 해왔다. 전쟁의 '인도화'를 목표로 그 노고는 국제인도법, 전시국제법을 발달시켜 왔다.

제2차 세계대전 중에 해당하는 국제법은, 하나는 국가 간에 맺어지는 조약이며 또 하나는 관습법이다. 그중에서도 잘 알려져 있는 조약은 1907년의 육전의 법규관례에 관한 조약(이하 헤이그조약)과 그 부속서인 육전의 법규관례에 관한 규칙(이하 헤이그육전규칙), 1929년의 두 제네바적십자조약이다. 조약은 국제관습법에 의해 보완된다. 이 관습법은 조약이라는 형태를 취하지 않지만 전시의 국내, 국제적인 관습이 법원法源이된다. 적용되는 것은 조약에 의한 합의가 존재하지 않을 경우, 또 전쟁을 하고 있는 당사국끼리 조약에 가맹돼 있지 않은 경우이다. 1926년 채택된 노예금지협약은 이후 관습법이 된다.

독일 제3제국의 경우 점령지 주민과 전시포로를 연행해 강제수용소 수용자와 함께 강제노동시킨 기관과 조직은 3개 있었다. 강제노동은 그들의 공동 작업이었다. 첫째는 원래 히틀러의 신변 경호를 임무로 설립됐고 나중에 국가 속의 국가라는 거대 조직으로 성장한 나치 친위대다. 둘째는 정규군인 국방군이며, 셋째는 이들 조직에 적극적으로 찾아가 협상해 한 사람이라도 많은 포로, 주민, 수용자를 받은 기업이다.

(1) 제3제국을 구속하는 국제조약 1 – 헤이그육전규칙

그런데 독일 국가와 국방군은 위에서 말한 전시국제법에 구속된다. 1907년의 부속서 헤이그육전규칙은 새로운 법을 만든 것이 아니라 그때까지의 관습법을 도입한 것이다. 독일은 이를 승인해 국내법에 도입했다. 따라서 나치시대 국방군은 한 사람 한 사람이 헤이그육전규칙을 준수해야 한다. 1910년 관보에서 헤이그육전규칙은 국민에게 홍보됐다. 홍보는 이 규칙이 ①전쟁이 가져올 고통Leiden을 완화한다는 것, ②전쟁 당사국이 당사국 간 및 주민과의 사이에서 어떤 행동을 취해야 하는지, 그 '일반적인 규범'을 제시하고 있다는 취지를 알리고 있다.[2]

헤이그육전규칙에 따르면 도시 등에 돌격해 설령 이를 공격하더라도 약탈해서는 안 되며(28조), 전쟁이라고 해도 사유재산을 몰수해서는 안 된다(46조). 약탈에 관해서는 다시 이를 금지하는 조문을 마련했다. 즉 "약탈은 엄금한다"(47조)고 돼 있다.[3] 점령지에서 세금을 징수하는 경우 외에 징수금을 받을 때 함부로 징수해서는 안 되며, 만약 받아낼 경우에는 영수증을 발행해야 한다(51조). 어떤 수단을 사용하든 무방비, 비무장의 도시, 촌락, 주택, 건물에 대한 '공격'과 '포격'을 금지하고 있다(25조).

포로에 관해서는 다음과 같이 규정하고 있다. '병력'이란 무엇인가를 정의하고, 병력은 전투원 및 비전투원이라고 하며, 양자는 생포될 경우 포로로서의 대우에서 차별받지 않고 동일하게 취급받을 권리를 갖고 있다(3조). 또 포로를 통해 "그 본국에 대한 작전 동작에 가담하게

• • • • • • • • • • •

2 Hamburger Institut für Sozialforschung, Verbrechen der Wehrmacht, Hamburger Edition, 2002, S.17.

3 小田滋, 石本泰雄 編, 『解説条約集』(増補版), 三省堂, 1986, 497쪽.

해서는 안 된다"(23조)고 정하고,[4] 포로 출신국과의 전쟁이나 군사행동 등에는 그 포로를 사용해서는 안 된다고 규정했다. 이에 따르면 군수산업에의 투입이나 참호 등의 진지 구축, 군용 도로 및 철도 건설에 전시 포로를 동원하는 것은 '규칙' 위반이다. "포로는 노동을 위해 이용할 수 있는데, 비군사 성격의 노동에 국한된다는 전통적 원칙"[5]이 답습돼 있기 때문이다.

헤이그육전규칙은 원래 조약 체결국 사이에서만 해당된다. 그러나 그 본질적인 부분은 제2차 세계대전 무렵에는 이미 국제관습법으로서 인정됐다. 따라서 중심이 되는 조문은 대 소련과의 관계에서도 독일은 준수할 의무를 진다.[6]

(2) 제3제국이 구속되는 국제조약 2 - 포로조약

독일이 지켜야 할 국제조약의 두 번째는 1929년 체결된 두 개의 조약 중 하나인 포로의 대우에 관한 조약(이하 포로조약)이다. 이 조약의 목적은 ①헤이그육전규칙을 보완하는 것 ②전시포로의 보호를 확대하는 것 ③조약의 당사국은 '어떤 경우에도' 조약을 준수해야 하는 의무가 있었다는 점이다. 독일은 이 조약을 1934년 비준해 국내법에 도입했다. 따라서 헤이그조약, 헤이그육전규칙과 마찬가지로 독일 국가, 국방군은 말단 병사까지 이 조약에 구속된다. 1934년 4월 30일 관보를 통해 국내법에 도입한 사실이 고지됐다. 이 고지문은 '1929년 7월 27일 전시포로의 대우에 관한 조약'이란 제목으로 조약에 서명한 국가들을 열거한 뒤

• • • • • • • • • • •

4 小田滋, 石本泰雄 編, 앞의 책, 497쪽.

5 藤田久一, 「国際法からみた捕虜の地位」, 木畑洋一, 小菅信子, フィリップ・トウル 編, 『戦争の記憶と捕虜問題』, 東京大学出版会, 2003, 21쪽.

6 Vgl. Hamburger Institut für Sozialforschung, a.a.O., S.16.

조약의 취지를 간결하게 밝히고 있다. 그에 따르면 "전쟁 시에 불가피한 가혹Härte을 완화시키고, 전시포로에 대한 (엄격한) 운명을 완화한다"[7]는 것이 국가의 의무라고 했다. 이때부터 24년 전에 헤이그조약을 관보로 통지했을 때의 "전쟁의 고통Leiden을 완화한다"는 표현과 거의 같다.

포로조약은 우선 포로수용소 설비, 위생, 규율 등의 수용 환경을 상세히 규정하고 있다. 『도쿄재판 핸드북』[8]에서 인용하면 시설에 관해 숙소는 "습기 제거", "보온 및 조명"이 필요하며 "화재 위험에 대해서는 예방" 조치가 취해져야 한다(10조). 침실에 대해서는 '총면적, 최소기용最小氣容, 침구의 설비 및 재료' 등 3가지 사항에 관해 '포획국의 보충부대'와 동일하게 해달라는 조건이 붙었다. 즉 전쟁 시 국가는 병사의 감원을 보충해야 하지만 자국의 보충병과 같은 환경을 포로에게도 제공해야 한다고 규정하고 있다. 그러나 독일군과 경찰에게 붙잡혀 기업에 의해 노예노동을 당한 사람들이 수용된 강제수용소, 노동수용소, 교육수용소 등은 모두 위반이다. 살육만을 목적으로 한 절멸수용소 등은 논외다.

식량에 관해서는 질, 양 모두 "보충 부대의 것과 동일해야"(제11조)하며, "음료수는 충분히 공급"해야 한다(동). "식량에 관한 일체의 단체적 징벌 수단은 금지한다"(동). 나치시대 소련인이라는 '민족성'을 일괄해서 범죄자 집단으로 간주해 비소련인에 비해 징벌적으로 식량의 질량을 열악하게 만든 것도 조약 위반이다.

위생 환경에 대해서는 "수용소의 청결 및 위생을 확보"할 의무와 전

7 Vgl. Hamburger Institut für Sozialforschung, a.a.O., S.21.
8 東京裁判ハンドブック編集委員会 編, 『東京裁判ハンドブック』, 青木書店, 1989, 257~264쪽.

염병 예방을 위한 "일체의 위생적 조치를 취할 의무"가 부과돼 있다(13조). 그러나 수용소 실태에서는 예방은커녕 완전히 거꾸로 균을 생체에 이식하는 인체실험이 포함돼 있었다. 치료, 응급조치가 필요할 때는 그 '비용은 포획국의 부담'으로 한다(14조). 포로들에 대한 의학적 검사는 적어도 한 달에 한 번은 해야 한다(동).

수용소의 지적·도덕적 조건으로 거론되고 있는 것은 종파의 예배이며, 포로 자신이 계획하는 "지적·체육적 오락"을 "할 수 있는 한 장려"할 수 있다(제16조). 예배는 포획국이 정하는 질서나 규정에 따른다는 조건이 붙기는 하지만 종파의 행동에는 "일체의 자유"가 주어지고, "그 종파의 예배에 참석"할 수 있다(16조). 신체는 구속돼도 신조까지 구속되지 않는다는 것이다. 토머스 키닐리 원작의 영화 『쉰들러 리스트』(감독 스티븐 스필버그)에는[9] 탄약 제조 중 기계를 멈추고 수용자들의 유대교 예배 장면을 담았다. 1,200명의 유대인을 구한 오스카 쉰들러의 구출 방법은, 그러나 '강제노동'이었다. 단 지금까지 언급해 온 나치나 다른 기업의 '포로 대우'와는 달랐다. 굳이 말하자면 이 포로조약 수준에서 그들을 다뤘다. 그래서 이 사람들은 살아남았다고 생각한다. '살육' 강제노동이 아니라 말하자면 '생존' 강제노동이 이들에게 전후의 목숨을 보장했다. 영화에서는 독일의 패전이 가까워질 무렵 폴란드 남부 푸아쇼프에 있는 쉰들러의 공장에서 '어느 한 장면'이 펼쳐지고 있었다. 그것은 유대교인 랍비 역을 맡은 장로가 주재하는 유대교 예배였다.

병사는 무기를 버리고 잡혔을 때부터 전투원이 아니다. 조약은 포로를 한 인간으로 취급하도록 규정하고 있다. "그 종파의 예배에 참여"할 수 있는 인권을 포로에게도 보장해 주고 있는 것이다. 또 일체의 체벌,

----

9 원작은 Thomas Kenealy : SHINDLER'S LIST이며 번역본이 幾野宏 訳, 『シンドラーズ・リスト』, 新潮文庫, 1989로 출판됐다.

일광이 없는 장소에 '감금'하는 것, 잔혹한 형벌도 금지돼 있다(46조).

　포로의 노동을 규정한 조항(27~34조)에서는 포로를 두 분류로 나누어 상급 병사들, 즉 "장교나 그에 준하는 자"는 노동을 시키면 안 되지만 그 밖의 포로는 계급, 능력에 따라 '사역'할 수 있다(27조). 포로의 인권을 각별히 배려하고 있는 것은 다음 조항이다. "하루 노동시간은 과도" 해서는 안 되며, 그 시간은 포로의 노동과 동일한 노동에 종사하고 있는 '민간 노동자'의 노동시간을 초과해서는 안 된다(30조). 이 경우 "건강을 해치는 또는 위험한 노동"(32조)이나 "육체적으로 부적당한 노동에 사역"(29조)하는 것을 금지하고 있다. 교전국 간 협정을 맺고 있으면, 그 노동에는 임금을 지불하지 않으면 안 된다(34조). 휴일에 대해서는 일주일에 한 번, 연속 24시간의 휴일을 마련하고 그 날은 "가능한 한 일요일"로 하도록 하고 있다(동). 제2장의 '체험을 말한다'에서 설명한 것처럼 보쉬사에서는 휴가를 받지 못하고, 햇볕도 쬐지 않았다, 라는 증언이 있었다.

　헤이그육전규칙은 포로를 '작전 행동'에 동원해서는 안 된다고 규정했으며, 이 포로조약은 '작전 행동'을 구체적으로 규정해 그 행동에 동원할 수 없도록 했다. 즉 '각종 무기 탄약의 제조'와 '운반'을 시키거나, '전투 부대'가 있는 곳으로 자재를 운반하게 하는 것은 허용되지 않는다(31조).

(3) 제3제국이 구속되는 국제조약 3 - 제네바적십자조약

　독일이 전시에 구속되는 세 번째 국제조약은 1929년의 두 조약 중 다른 하나인 제네바적십자조약이다. 이 조약의 취지는 전장에서의 상병병傷病兵의 상태를 개선하는 것이다. 독일은 1934년 이 조약에도 가입하여 국내법을 마련했다.[10]

이러한 국제조약이 법정에서 피고에 의해 낭독된 것으로 알려진 재판이 있다. 그것은 피고의 이름을 딴 '미르히 재판'이다. 전후 연합국에 의해 국제재판(뉘른베르크 국제군사법정)이 열렸지만, 이 재판에 이어 미 점령군에 의한 12건의 '계속재판'이 같은 뉘른베르크에서 열렸다. 그중 1947년 4월 16~17일 공군부 전 차관이며 항공산업 루프트한자 감사 회장을 지낸 에어하르트 미르히에게 12건 중 가장 빠른 판결이 내려졌다. 그는 공군 관계에서는 괴링에 이은 2인자로 사람, 물자, 원료 그리고 노하우를 총동원하는 최고책임자의 한 명이었다. 미군에 의한 계속재판에서는 피고인이었던 미르히는 직전의 연합국에 의한 국제재판에서는 증인으로 나섰다. 나치시대에 명령을 내리는 쪽이었음에도 국제재판의 증언석에서는 명령을 받고 따르지 않을 수 없는 '힘없는 입장'을 강조하며 피해자라고 계속 주장했다.

법정에서는 수석검사 중 한 명인 로버트 H. 잭슨이 병사가 항상 의무적으로 휴대해야 하는 '병사수첩' 낭독을 미르히에게 의뢰했다. 수첩에 쓰여진 '독일 병사의 전쟁 수행을 위한 10개조'야말로 헤이그조약이나 제네바조약의 중심 부분이었다. 미르히는 이 조약을 숙지하고 있었다, 라고 대답하지 않을 수 없었다. "미르히는 또박또박 낭독하면서, 자신의 위법한 범죄행위에 관하여, 후에 열리는 (계속재판의) 판결의 핵심 부분을 낭독하게 됐다."[11] 계속재판에서의 판결은 종신형이었다.

10 Vgl. Hamburger Institut für Sozialforschung, a.a.O., S.21.

11 Gerhard R. Überschär(Hrg), Nationalsozialismus vor Gericht, In : Friedrich Kröll : Fall 2Der Prozess gegen Erhard Milch, Fischer Verlag, S.94.

(4) 제3제국이 구속되는 국제조약 4 - 노예금지조약

독일이 준수해야 할 네 번째 국제조약은 1926년 국제연맹에서 채택된 노예금지조약이다. 비준을 하지 않은 나라가 있다고 해도 "1944년 당시는 이미 국제관습법이 돼 있었다."[12] 따라서 기업은 임금을 주지 않거나, 신체적 자유를 속박하는 것, 바꾸어 말하면 "노예 상태"로 일하게 한 것에 대해서는 국제법상 책임을 져야 한다.

(5) 제3제국이 구속되는 국제조약 5 - ILO 5호조약

다섯 번째로 지적해야 할 것은 아동의 노동에 대해 규정한 ILO 조약 위반이다. 제1회 ILO 총회가 1919년 채택한 ILO 5호조약에 따르면 "공장에서 사용할 수 있는 아동의 최저 연령을 14세로 정"했다. 1937년에 이를 개정해 ILO 59호조약을 내놨는데, 여기에서는 최저 연령을 15세로 끌어올렸다.'[13]

앞에서 살펴온 소련, 동유럽으로부터의 강제연행에서 이미 언급했지만, 프라하의 게토 테레지엔슈타트에서는 약 1만 5,000명의 아이들이 강제노동을 했다. 또 수용소 의사의 수기는 '아동 살해'라는 용어를 쓰며 10세의 폴란드 소녀가 섬유 콘체른에서 강제노동을 했다고 증언했다. 카를플로주식회사에서는 4~15세 어린이들이 열악한 식사를 하며 매일 10시간 이상 일했다. 이러한 아동의 노동에 관해서는 일일이 셀 수 없다. 1943년 독일 국방군은 소련 철수 때 연행해 온 시민, 민간인,

⦁⦁⦁⦁⦁⦁⦁⦁⦁⦁⦁⦁

12 北陸戰後補償弁護団, 『不二越强制連行・强制労働損害賠償請求訴訟, 訴状』, 2003, 21쪽.

13 北陸戰後補償弁護団, 『不二越强制連行・强制労働損害賠償請求訴訟, 訴状』, 2003, 21쪽.

어린이를 군수산업에 분배했다. 이때 군수산업 측은 군수장관에게 이런 불평을 쏟아내고 있다. "자신들이 분배받은 강제노동자의 대부분은 노약하거나 나이가 너무 어리거나 병 때문에 노동에 투입할 수 없었다"[14]라고 한다. 뒤셀도르프의 만네스만사에서 진공관을 만드는 작업에 동원된 동유럽 출신 노동자의 29%는 14세 이하의 어린이였다. 시각장애인, 고령으로 쇠약한 사람들, 상병자가 포함돼 "노동에는 투입할 수 없었다."[15] 아우구스트 튀센 정련소에는 500여 명이 동유럽에서 연행돼 왔다. 생후 1개월에서 14세까지의 아이들이 161명이나 있었다.[16] 이렇게 해서 기업, 친위대, 국방군은 그야말로 ILO 조약을 위반한 노동을 강요했다.

3) 국내법

위반은 국제법에 대해서만이 아니다. 특히 여성에게는 법적으로 금지된 중노동이나 건강을 해칠 우려가 있는 노동현장의 노동에 소련이나 폴란드 여성이 동원됐다. 독일의 국내법도 위반한 것이다. 중노동과 비위생, 건강을 해치는 전형적인 노동현장은 석탄과 광물자원을 추출하는 굴착작업이다. 이곳에서의 갱내 작업은 독일 여성에게는 금지돼 있었다. 분진이나 유독 가스에 노출되는 위험이 항상 있으며, 동시에 중노동에 노출되는 석탄광산에서의 노동을 예로 들자. 이곳에서 새로운 석탄을 계속 파내는 작업은 이전에는 4명의 남자들이 맡았다. 현재는 러시아 여성 4명이 맡고 있다. 그녀들은 1인당 매일 4톤의 석탄을

14 Vgl. Dietrich Eichholz, a.a.O., S.34.
15 Vgl. Dietrich Eichholz, a.a.O., S.34.
16 Vgl. Dietrich Eichholz, a.a.O., S.34.

캐내야 한다.[17] 세 끼 식사를 하고, 직업훈련을 쌓은 건장한 독일 남자들조차 힘들어 하는 작업을, 그녀들은 기아, 추위, 채찍질 등 생사의 경계를 넘나드는 노동조건 아래 강요당했다. 독일 여성에게는 시키지 않았기에 민족적 멸시·차별도 그녀들을 엄습했다.

위험한 가스 누출, 최악의 위생환경에서 러시아 여성들과 함께 노동체험을 하는 독일인 남성 노동자들은 전후 이구동성으로 이러한 증언을 하고 있다. "비인간적인 노동·생활 여건 때문에 잠시 일하다 보니 유독 젊은 여성 노동자들의 모습을 볼 수 없게 됐다."[18] 이들은 '잠시 동안'의 '소모품', '부품'에 불과했다. 교체된 '새로운 소모품', '새로운 부품'은 곧 '잠시 동안' 쓰고 난 뒤에 또 '못 보게 되는' 것이다. 이러한 '노예 이하'의 위법한 노동은 여기저기서 볼 수 있었다.

경영자에게는 노동자에게 안전한 직장 환경을 제공할 의무가 있다. 어떤 나라에서도 노동운동의 역사는 임금을 둘러싼 노동자들의 투쟁의 역사인 동시에 경영 측에 노동환경을 개선시켜 심신이 안심하고 일할 수 있는 환경을 만들게 하는 노력의 역사이기도 하다. 1953년 5월 11일 프랑크푸르트 지방법원은 판결 말미에 IG-파르벤 경영진의 '복지의무 위반'을 지적했다.[19] 이 법원에서의 판결은 강제노동이 헤이그육전규칙에 대한 중대한 위반이라고 한 몇 안 되는 판결 중 하나로 유명하다. IG-파르벤이 아우슈비츠에 만든 자사 수용소 모노비츠에서 일하게 된 원고에 대해 판결은 다음과 같이 말하고 있다. "(IG-파르벤은) 원고와

• • • • • • • • • •

17 Vgl. Dietrich Eichholz, a.a.O., S.34.

18 Vgl. Dietrich Eichholz, a.a.O., S.34.

19 WolfKlimpe-Auerbach, Deutsche Zivil-und Arbeitsgerichtsbarkeit und NS-Zwangsarbeit In : Ulrike Winkler(Hg.) : Stiften gehen, NS-Zwangsarbeit und Entschädigunsdebatte, Pappy Rossa, 2000, S.219.

다른 유대인 수용자를 인권을 가진 인간으로 취급하지 않고, 고용자로서 혹은 적어도 (노동자에 대해) 사실상 지배를 할 수 있는 인간으로서의 의무인 시민적 용기를 갖지 않았다. (중략) 이로써 그들은 적어도 부주의로 복지 의무를 위반했다."[20]

전후 유엔에서는 세계인권선언, 국제인권규약, 인종차별철폐조약 등 수많은 인권 관계 제 조약을 체결해 왔다. 국제사회는 일본의 식민지 지배와 특히 나치시대에 인권을 무시하고 억압한 것을 반성하면서 이들 조약을 만들었다. 이 노력이 잊혀져서는 안 된다고 통감한다.

4) 강제노동자의 사용 목적

(1) 독일인 노동자 보충

강제노동은 어떠한 이익을 가져다주었는지, 여기에서는 주로 기업 측의 강제노동 목적에 대해 살펴본다. 첫 번째로, 강제노동은 독일인 노동자를 '3중의 의미'에서 부족분을 메우고 보충하는 것이었다. 이미 말한 것처럼 1939년 9월 폴란드 침략을 개시한 독일은 '생존권'이라 주장하며 유럽으로 계속해서 점령지를 확대해 갔다. 확대하려면 국방군 병사와 나치 친위대, 경찰의 투입이 필요하며 점령을 유지하고 약탈한 기업의 활동을 재개하는 데도 이들 인력이 필수적이다. 그 인력 보전에는 ①징병 연령에 달한 청년이나 ②한 번은 현역에서 물러난 군인이 다시 소집돼 군무에 임하는 예비역이나 ③현직에 있는 독일인 노동자를 징병할 수밖에 없다. 현직의 독일인 노동자를 국내나 점령지의 노동

20 WolfKlimpe-Auerbach, Deutsche Zivil-und Arbeitsgerichtsbarkeit und NS-Zwangsarbeit In : Ulrike Winkler(Hg.) : Stiften gehen, NS-Zwangsarbeit und Entschädigunsdebatte, Pappy Rossa, 2000, S.219.

현장에서 전지로 징병하면 독일 기업은 노동력을 잃는다. 이렇게 해서 외국인 시민이 점령지나 종속지에서 또 전시포로나 강제수용소의 수용자가, 잃은 노동력의 대역으로서 강제적으로 독일의 노동 현장에 동원됐다. '3중의 의미'의 하나는 전지戰地로 떠난 주로 독일인 남성 노동자의 보충이다. 이것은 '부재'가 된 노동자의 대역이다. 특히 '힘들고, 위험하고, 더러운' 3D 노동 현장이 배정됐다. 독일인 '부재'자가 많아질수록 외국인이 대역을 한다. '3중의 의미'의 다른 하나는 독일에 '현존'하는 노동력의 보충이다. 독일인 장인이나 마이스터 등 노련한 숙련공이 스패너를 총으로 바꿔 전장에 가거나 혹은 고도의 기술자나 전문가도 전장으로 유출되면 산업계 전체의 실적이 악화된다.

남은 사람들은 자신의 일을 계속할 뿐 아니라 전장에 간 숙련공의 일도 떠맡아야 한다. 노동은 강화돼 장시간 노동을 해야 한다. 식량사정이 핍박하고 야간 공습경보는 울린다. 이렇게 해서 외국인은 독일에 남아 일하고 있는 '현존'하는 독일인 숙련공의 생산성 저하를 보충해야 한다. 이른바 보조 노동이다. 또 독일인 '부재'자가 많아질수록 독일인 '현존'자에게 부담이 되고, 부담을 완화하기 위해 외국인이 3D 노동 등의 보조 노동을 해야 했다.

맨스펠트에 있는 구리 광산에서는 외국인 노동자의 77%가 지하 광산에서 일했다. 소련인의 경우 나치 규정에 의해 가장 힘든 노동 현장에만 투입됐다.[21] 루트비히스하펜의 IG-파르벤 공장에서는 IG-파르벤 자신이 다음과 같이 기록하고 있다. 강제노동자의 85%가 힘든 정도가 중이나 강의 현장에서 일하고, 또 교대제 노동자로도 투입됐다. 직업교육을 받지 않은 상태에서 기초지식 정도만으로 특수노동에 투입됐는데

• • • • • • • • • • • •

21 Vgl. Dietrich Eichholz, a.a.O., S.33.

특히 전문성이 필요한 초산공장이나 오염이 심한 공장에 동원됐다.[22] 외국인 남성뿐 아니라 독일 여성에게 금지된 중노동, 건강을 해치는 노동을 소련, 폴란드 여성이 맡게 됐다는 사실은 이미 설명했다. 이렇게 해서 외국인 노동자는 '부재'자의 보충과 '현존' 숙련공의 부담 완화로 기업에 공헌했으며, 그중에서도 3D 현장에서는 필요불가결한 생산력으로서 큰 기여를 했다.

독일은 점령지나 종속지를 늘리면 그 지역의 기업을 노동자와 함께 병합하거나 약탈했다. 현지의 시민과 노동자는 약탈된 기업에서 새로 들어온 독일인, 즉 '신참'자가 만든 지배구조에 편입돼 강제로 노동을 했다. 독일에서 온 '신참'자가 만들어낸 인종 히에라르키Hierarchie의 최하층에서 가혹한 노동에 종사해 기업의 전시 경제를 윤택하게 했다. '3중의 의미'로서 마지막은 이 '신참'자에 대한 충성과 복종을 통한 독일 경제에 대한 공헌이다.

(2) 미지불, 저임금 노동

기업에 안겨준 제2의 이익은 미지불 또는 저임금 노동이다. 대부분 강제노동자는 미지불 노동이었다. 임금이 지급된 경우에도 ①직접 본인에게는 주지 않고 나치 친위대에 지급했다. ②본인에게 지불됐을 경우라도 식비, 숙박, 일상 잡비 명목으로 임금에서 공제돼 노동자에게 주어지는 금액은 극히 적었다. 나치당 2인자로 전시경제의 기본이 된 '4개년 계획'의 책임자 헤르만 괴링은 저임금으로 일하게 하라고 이렇게 말했다. "이들을 노동현장에 투입해야 한다. 특히 임금 지급은 독일 기업이 유능한 노동력을 최대한 싸게 쓸 수 있는 조건으로 이뤄져야 한다."[23]

22 Vgl. Dietrich Eichholz, a.a.O., S.33.

(3) 노동생산성

셋째, 노동생산성이다. 특히 동유럽에서 온 강제노동자는 평균연령
이 젊고 유능해 노동생산성이 높았다. 이 사람들은 '부재'가 된 독일인
노동자의 대역으로서 또 '현존'하는 독일인 숙련 노동자와 '신참'자로
서의 독일인 노동자, 경영자를 지탱했다.

(4) 사회보장 규정에서 제외

넷째로 거론돼야 할 것은, 강제노동자는 독일의 사회보장법의 보호
규정에서 제외되고 있었다. 기업에는 자유재량이 주어졌고 따라서 언
제, 어떤 조건에서도 노동을 시키는 데 제동이 걸리지 않았다.

(5) 전후의 출발

여기까지는 이익이 전시 중에 생기는 것에 비해, 다섯째로는 전쟁
중뿐 아니라 전후의 이익이 계산에 들어가 있었다. 독일 패전 2년 전
무렵부터 연합군의 공습은 더욱 거세진다. 영국 공군 폭격사령부의 목
적 중 하나는 루르 공업지대의 주요 도시 에센이었다. "에센은 다른 어
느 곳보다도 많은 28회의 대폭격을 받았다."[24] 폭격 표적이 된 도시는
루르 공업지대에 많았으며 이밖에도 북쪽 함부르크, 브레머하펜, 키르,
로스토크, 단치히, 베를린 등이 포함됐고, 부퍼타르, 부르츠부르크, 하
일브론 등은 도시의 4분의 3이 파괴됐다. "폭격으로 군수생산은 여러
가지 방식으로 방해를 받았다. 특정 산업(석유, 항공기, 자동차)은 1944년과

• • • • • • • • • • •

23 Thomas Hanke, Klaus-Peter Schmid : Verdrängte Geschichte, Die Zeit, 1998.8.27.
24 リチャード・オウヴァリー 著, 永井清彦 監訳・秀岡尚子 訳, 『ヒトラーと第三帝
国』, 河出書房新社, 2000, 105쪽.

1945년 직접적인 피해를 심하게 입었다. 합성석유는 1944년 9월까지 과거의 5%로 감소했다. (중략) 무기생산은 생산방식의 엄격한 합리화와 폭격을 피해 안전한 지역으로 옮기는 것으로 유지됐으나 계획보다 훨씬 적은 양밖에 생산할 수 없게" 됐다.[25] 강제노동자는 폐허가 된 도시의 부흥을 목표로 어떤 때는 지자체가 책임을 지는 잔해 철거와 청소 작업에 종사했고, 어떤 때는 기독교회의 관할이었던 시신의 운반과 매장 작업에 끌려 나갔다. 그중에서도 고가의 생산설비를 공습으로부터 지키기 위해 '안전한 지역'으로 이전할 때 동원됐으며 그 이전지로 선택된 곳은 광산 지역이며, 지하 갱도였다. 기업은 시설을 공습으로부터 방어할 뿐 아니라 생산수단과 원자재를 온존함으로써 전후 생산을 원활히 시작하고 다른 기업에 앞서 생산을 개시한다는 전략을 세웠다. 그 때문에 강제노동자에게 그중에서도 강제수용소의 수용자에게 이전 작업을 강요했다. 이들은 연합군의 공습 아래, 즉 본래 아군의 폭격에 시달리며 공포감 속에서 중노동에 동원됐다.

(6) 고도경제성장

이렇게 해서 기업은 강제노동자에게 독일인 노동자의 대역, 미지불 또는 저임금 노동을 부과해 높은 노동생산성과 자의적인 착취로 이윤을 올리고, 생산설비 이전을 통해 전후 경제를 위한 전력질주를 앞당겼다. 강제노동자의 이러한 '공헌'이 오늘날 독일에서는 거의 거론되지 않고 있다. 1950년대 중반부터 시작된 독일 경제의 '기적의 부흥'에서부터 경제성장까지의 궤적 속에서 항상 제일 먼저 다뤄지는 점은, 무엇 하나 남아 있지 않은 완전한 폐허(제로)에서 독일이 전후 부흥을 구축했

. . . .
25 리차드·오우바리, 앞의 책, 104쪽.

다, 라는 '제로시時부터의 출발'론이다. 전전과 전후는 '폐허'로 단절돼 있다. 이 주장에 따르면 '무'에서 출발한 독일은 ①'근면과 재건 노력'이라는 국민성이 원동력(특히 후방에 남겨진 여성들이 양동이 릴레이에 의해 잔해를 치운 것이 특필된다)을 이루고, ②전후 마셜플랜과 ③동유럽 난민이나 이주자의 노동력으로 '기적의 부흥'이 이뤄졌다고 한다.

히틀러가 자살한 것과 국외 도망자들이나 잔당을 제외하고 나치당이 거의 궤멸한 것이 전전과 전후의 단절을 강조하는 주장에 신빙성을 부여해 왔다. 정말로 '제로'에서 쌓아 올린 것일까. 사실은 '제로'가 아니라 외국인 노동자들의 대역代役, 미지불임금, 노동생산성, 착취, 시설 이전 등이 전전부터의 유산으로 존재하고 있었던 것이다. 독일의 제품이나 기계류가 전후에도 수출 상품으로 세계시장에 진출할 수 있었던 것은 '근면한 국민성'과 제품의 질적 '우수성'에만 바탕이 있는 것은 아니다. 저가 아니면 경쟁에서 이길 수 없다. 전전 외국인 강제노동자의 피와 땀에 의한 자본축적도 한 요인일 것이다. '제로'가 아니다. '피와 땀'으로 이루어진 그 위에 '기적의 부흥'이 이뤄졌다. 전전과 전후는 단절되지 않았다. '근면한 국민성'과 제품의 질적 '우수성'을 강조하는 전후 부흥론은 어느덧 '신화'로 바뀌었다. 이 '신화'는 독일인의 내셔널리즘을 자극해 국민통합에 즐겨 이용돼 왔다.

외국인 강제노동자의 유산이 잊혀지기만 한 것이 아니다. 독일은 기적의 부흥을 이뤄 고도의 공업국가가 된 뒤에도 이 노동자들에게 보상하기를 거부해 왔다. 1953년의 런던채무협정을 바탕으로 강제노동에 따른 국가배상 문제를 미뤄 왔다. 막대한 액수에 이르는 배상 지불을 하지 않은 것 역시 '기적의 부흥'에 기여했다. 확실히 해야 할 것은 첫째, 전전과 전후에 '단절'을 두는 것으로 강제노동자들의 공헌을 '제로'로 하고, 망각하는 것이 아니라 정당한 평가를 하는 것이다. 둘째, 전후

보상을 제대로 함으로써 정당한 평가를 실체화하는 것이다. 두 가지야 말로 이 책의 중심 과제인 강제노동 보상기금 〈기억·책임·미래〉 항목에서 다룰 주제가 된다.

(7) 스테이터스 심벌

1943년경 약 570만 명의 민간인 강제노동자의 3분의 1은 여성이었다. 그녀들 중에는 기업 외에 일반 가정에서 하녀로 노동한 사람들도 많았다. 독일 여성이 아닌 러시아인, 우크라이나인, 폴란드인 여성을 확보하려고 일반 가정도 경쟁해 행정 당국에 로비를 했다. 그 목적은 첫째, 가사노동의 경감이다. 남편과 아들들이 전지戰地에 징병돼 남은 가족은 남자들의 노동을 대체해야 했다. 둘째로는 하녀가 있다고 하는 스테이터스 심벌status symbol을 얻을 수 있다는 것이다. 국방군 병사들은 전선에서 일시 귀향할 때 멋대로 젊은 여성을 동반해 오는 일이 종종 있었다. 알프레트 로젠베르크 동유럽 점령지역 장관이 이러한 사적 연행을 합법화하려고 노력한 사실이 보고되고 있다.[26]

나치에게 동유럽국들은 '독일의 생존권'이며, 이곳은 게르만 민족이 지배하는 '식민지'였다. 강제노동자를 사용한 모든 기업, 지자체, 교회 등의 조직도 그리고 일반 가정도 독일제국이 '식민지'를 획득했다는 실감은 자신의 바로 옆에서 일하게 되는 강제노동자가 이국 출신자, 라고 하는 사실로 확인됐다.

• • • • • • • • • • •

26 Vgl. Mathias Arning, a.a.O., S.56.

5) 기업의 허위

기업 중에는 동유럽 점령 지역에서 강제노동자를 보충하기 위해 스스로 보충사무소를 개설하는 기업도 나타났다. 예를 들면, 탄약·무기제조 콘체른의 크루프사는 1941년 말부터 회사 독자적으로 이 사무소를 통해 노동자를 본사가 있는 에센 시로 연행했다. 또한 폭스바겐에서는 설계기사 페르디난드 포르셰가 히틀러의 '국민차' 구상에 따라 자동차의 대량생산에 착수하고 있었으며 그 또한 공장에 외국인 노동력을 도입하는 데 정력을 쏟았다.

1944년 3월 그는 '나치 알현'의 일환으로 나치 친위대 최고지도자 힘러를 찾아가 강제수용소 수용자를 회사에 더 투입시켜 달라고 직접 담판했다. 연합군의 공습으로부터 기계설비를 지키고, 동시에 패전 후의 재건을 위해 스타트 대시를 타사에 앞서 원활히 추진하기 위해서였다. 담판 결과 5월 말 공장은 기사 알토르 슈미레를 아우슈비츠에 파견해 인력 충원에 나섰다.

이러한 것은 "전혀 드문 일이 아니었다. 1944년 중반부터는 기업 대표자들이 강제수용소 수용자 선별에 참여하는 것이 일반적이었다."[27] 그럼에도 오늘날 독일 기업은 강제노동자 사용이 나치 정체에 의해 강요당했다고 주장한다. 그렇다면 기업도, 강제노동자도 모두 '피해자'가 된다. 그러나 강제노동을 강요받았다는 증거는 오늘날 전혀 존재하지 않는다.

· · · · · · · · · · ·

27 Vgl. Mathias Arning, a.a.O., S.58.

6) 여러 기업의 강제노동

여기서 자사를 피해자로 보는 기업의 예를 딜과 포드를 통해 살펴보자. IG-파르벤, 크루프, 플릭은 뉘른베르크 국제군사재판이나 계속재판에 대해 논할 때 다룬다.

(1) 딜사의 경우

(1)-1 전 사장에 대한 칭호 수여

1997년 3월 5일 뉘른베르크 시의회는 금속·전자·방위산업을 운영하는 딜사의 전 사장 카를 딜에게 명예시민 칭호를 수여하기로 결정했다. 이에 대해 90년연합/녹색당 시의회 의원 조피 리가는 카를 딜이 1945년 연합국에 의해 직무금지 조치를 당했다는 이유로 수여에 반대했다. 직무금지는 그가 나치 당원이었는지, 나치당에 가까운 조직의 멤버였는지 중에서 하나를 의미하기 때문이다. 이에 대해 시의회에서 다수파를 구성하는 기독교사회동맹(CSU), 자유민주당(FDP), 극우 정당인 공화당 등이 수여에 찬성표를 던졌다. 7월 2일 일간지 『타게스차이퉁(taz)』는 '떠오르는 검은 그림자'를 보도했고, 독일의 동유럽 점령 중 딜사가 "폴란드 조립공장에서 유대인 강제노동자를 사용했다"[28]고 썼다. 7월 16일 예정대로 시청 홀에서 수상식을 열어 전 사장에게는 "우리 도시 뉘른베르크에 항상 충성을 다해 시의 번영에 공헌"[29]해 왔다는 찬사가 주어졌다. 90년연합/녹색당 시의원 5명은 표창 때 퇴석했고 사회민주당(SPD) 의원은 참석했으나 박수를 자제했다.

----

28 Bernd Siegler, Nazi-Vergangenheit verdüstert Bilanz bei Diehl, taz, 1998.7.2.
29 Bernd Siegler, Diehls Vergangenheit ausgeblendet, taz, 1998.7.17.

(1)-2. 딜사의 강제노동사

여기서 딜사의 기업사를 다시 보자. 이 기업은 제2차 세계대전의 개전 전부터 기폭장치, 수류탄 등을 제조하는 군수산업체였다. 명예시민 칭호를 받은 카를 딜은 부친이 세운 '하인리히 딜 금속·주물·프레스 공장'을 부친 사후 1938년 이어 받는다. 전후에는 시계, 차량 등의 생산으로 전환하는데 서독 연방국방군이 새로 창설되자 다시 군수생산으로 이행했다. 카를 딜에 따르면 "제2차 세계대전 중에 쌓아올릴 수 있었던 수십 년에 걸친 경험"[30]을 되살렸다는 것이다. 전차, 탄약, 미사일 부문을 자랑하며 1996년에는 매출액이 27억 마르크에 달하는 금속·전자·군수 콘체른으로 성장했다. 1997년에는 전년 대비 약 12% 증가한 매출액을 기록한다.

명예시민의 수상 이유는 첫째, 회사가 독일 국내뿐 아니라 전 세계에 노동자를 1만 2,590명을 고용하고 있으며, 그중에서도 뉘른베르크 시에서 4,000명을 고용했다는 점, 둘째로 카를이 옛 시가지와 기념건조물을 재건하기 위해 노력했으며, 이에 거액의 기부를 했다는 점, 또 수년 동안 빈민을 위한 자선가로 평가받아 온 점 등이 꼽혔다. 이런 점에서 의회 다수파는 수상이 오히려 늦었다는 입장을 취했다.

하지만 시상식의 화려한 스포트라이트는 '검은 그림자'까지 덮을 수는 없었다. 우선 동유럽 여성들이 오래전부터 목소리를 높였다. 1944년부터 1945년 종전까지 페터스바르다, 라겐빌라우 등 폴란드에서 기폭장치와 수류탄을 만들던 여성들이 강제노동의 실체를 고발했다. 또 그로스로젠 수용소에서 일했던 1,000여 명의 사람들 가운데 딜사의 간부

---

30 Ehrenbürger mit Nazivergangenheit, taz, 1997.7.14.(독일 연방공문서관의 「第一等戰時功勞十字勳章」 수상후보자 명부 No.1116.)

에게 일상적으로 구타를 당하며 혹독한 강제노동에 시달렸음을 고발하는 사람들이 나타났다. 그뿐 아니라 임금이 미지불됐는데 이러한 책임이 당시의 카를 딜 사장에게 있다고 공표했다.

카를 딜 전 사장의 수상을 계기로 이 기업이 강제노동자를 혹사해온 실체 중 일부가 역사의 암흑에서 보이기 시작했다. 독일의 연방공문서관에서 밝혀진 사실은 다음과 같다.

①90년연합/녹색당 시의원 조피 리가는 1943년 1월 26일 자로 카를이 '제1등전시공로십자훈장'의 수상 후보자였음을 보여주는 사료를 발견했다.[31] 이 훈장의 수상 이유는 "현존하는 군수공장의 규모를 확대하고"[32] 이는 독일 국민의 귀감이 됐기 때문이라고 했다. 그렇다면 어떻게 해서 '규모의 확대'가 가능했을까. 이 사료에 의하면 전쟁이 시작된 1939년에 3,200명이었던 종업원이, 42년에는 8,500명으로 증원되고 있다. 약 2.7배 증가야말로 확실히 강제노동자 때문이다. 대부분은 점령지의 동유럽 출신자였다. 딜사뿐 아니라 다른 독일 기업에서 그들은 무권리 상태로 혹사당해 나치의 관청 용어로 말하는 '소모품' 취급의 대상이었다. '소모품'의 처분처는 소각로였다.

②강제노동은 이미 말한 것처럼 기업과 나치 그리고 국방군의 삼위일체로 행해지고 있었다. 일간지 『타게스차이퉁(taz)』의 조사에서는, 1944년 6월의 '나치 경제관리본부 D국 II의 행동계획서'는 '군수산업의 목적 달성을 위해 수용자 투입'이라는 란을 마련해 다음과 같이 기술하고 있다. 즉 강제수용소의 수용자를 군수생산을 위해 강제노동을 시킨 기업은 '유한회사 하인리히 딜사, 뉘른베르크, No.14/17a'이다.[33]

....

31 앞의 책.
32 앞의 책.
33 앞의 책.

여기서 다시 확인해 두자. 나치시대 강제노동자는 일반적으로 다음 세 종류의 사람들을 말한다. 나치는 권력을 잡은 직후 주로 정적인 공산주의자, 사회민주주의자를 비롯해 나치 정체에 비판적인 사람들을 예방구금하고 강제수용소에 수용했다. 이러한 정치범들 그리고 나중에는 일반 형사범이나 유대인 등도 포함해 강제노동을 시켰다. 이 사람들을 제1로 하면(강제수용소 수용자), 그 뒤에 특히 1939년의 폴란드 침공 후에 각지 전투에서 붙잡은 포로(전시포로), 즉 병사가 제2의 범주에 들어간다. 세 번째로는 전투 후의 점령지에서 연행해 온 민간인, 즉 일반사람들, 아이들 등이 해당된다.

전후 조사에 참여한 연합국의 원조재건조직의 추적 기관은 강제수용소 관련 리스트를 작성했다. 1949년 7월에 공표된 『강제수용소와 죄수의 리스트』에는 강제수용소의 지명란이 표기됐으며 뉘른베르크 동쪽에 있는 뢰텐바흐라는 지명란에 다음과 같은 기술이 있다. "민간인 노동자 수용소: 딜, 브루넨 거리 9번지, 1940년 7월 20일~43년 7월 13일."[34]

그러나 딜이 강제노동을 시킨 것은 민간인만이 아니었다. 위에서 말한 첫 번째 분류에 속하는 강제수용소의 수용자도 혹사시켰다. 뉘른베르크에서 북동으로 향하면 체코 국경과 인접해 있는 바이든이라는 마을이 있다. 제2차 대전 초기에는 이곳에 프로센부르크 강제수용소가 있었다. 반히틀러 운동으로 알려진 '7월 20일 사건'에 연루됐다 해서 패전 직전인 1945년 4월 본 회퍼 목사, 카나리스 제독 등이 처형된 수용소로 이름이 알려져 있다. 같은 추적기관의 자료에는, 뮌히베르크라는 지명(오버프랑켄 지방) 아래에 '프로센부르크의 외부노동반'이라는 기술이 있다.[35] 그리고 "뮌히베르크 노동수용소, 금속·주물·프레스 공장 하인

. . . .

34 앞의 책.

리히 딜 유한회사. 1945년 4월 13일 이전에 폐쇄"라고 쓰여 있다.[36] 이 것이 의미하는 바는, 즉 프로셴부르크 강제수용소의 죄수들을 수용소 밖으로 데리고 나가 뮌히베르크의 딜 공장에서 일하게 했다는 것이다. '외부노동반'이란 강제수용소의 수용자 중에서 수용소 밖으로 끌려 나 와 근처에 있던 기업을 위해 일하게 된 사람들이다.

③임금을 주지 않았다는 것은 다음 사실로 드러났다. 전후 패전국 독일을 점령한 연합국은 특히 나치 강제수용소에서의 강제노동, 잔학 행위, 살육 등을 조사해 그중 미지불 임금이 다액에 이를 것으로 추정 했다. 그리고 기업에 대해 미지불 임금이 있으면 연합국의 추적기관에 제출하도록 하는 규정을 마련했다. 그런데 뉘른베르크 시 자료관에는 딜사가 이 규정에 따라 1947년 7월 17일 자로 연합국 원조재건조직의 추적기관에 보낸 편지가 남아 있었다. 여기에는 회사가 항상 사용하고 있는 계좌와는 다른 계좌에 수표로 3만 9,137.78라이히스마르크를 불 입해 연합국 측에 제출할 의지가 나타나 있다. 이 정도의 미지불 임금 이 존재했던 것이다.

(1)-3. '전시 이득자'

시상식 당일 딜사의 책임을 추궁하는 시민단체들은 홀 입구에 현수 막을 내걸어 '그는 명예시민인가, 아니 전시 이득자다'라고 여론에 호 소했다. 강제노동자를 혹사해 나치 체제와 자사 양쪽을 지탱하고 미지 불 임금으로 큰 이익을 본 채 전후 침묵을 지킨 딜사도 그 과거를 감출 수 없게 됐다. 전후보상을 요구하는 시민운동, 희생자와 피해자의 직접

• • • • • • • • • • • •

35 앞의 책.

36 앞의 책.

적인 호소, 공개 자료에서 밝혀지는 나치 체제에 대한 협력, 영합에 대한 비판──이를 포괄하는 사회적 압력에 대해 1997년 말 딜은 강제노동자에게 지불 의지를 보이고 회사 자체의 기금 설립을 약속했다.

(1)-4. 딜사의 기금 설립

딜사는 강제노동자들과 시민의 항의에 대해 전후 50년 이상에 걸쳐 계속해 온 침묵과 회답하지 않는다고 하는 입장에서 돌변해 1997년 기금 창설을 표명했지만, 그 기본 자세는 우선, 강제노동자의 사용은 강요당했기 때문이며, 둘째로 회사에는 강제노동자의 사용에 법적인 책임이 없다는 입장이다. 즉 법으로 정해진 직장의 안전관리, 노동자에 대한 안전한 직장의 제공 의무 등을 위반하지 않았다는 것이다. 따라서 셋째로 지불은 공적 의무가 아니다. 양심이나 사죄가 불가피한 보상을 하는 것이 아니라 자주적인 선물이라고 한다.

딜사는 이 같은 자세를 보이면서도 다른 두 가지 대응을 동시에 진행했다. 그것은 전 사장 카를이 베를린 역사가 볼프강 벤츠에게 나치시대의 사사社史를 연구하도록 의뢰한 건이다. 다른 하나는 경영진의 일원인 장남 베르나 딜이 이스라엘 텔아비브 체류 중 피해 여성들을 만난 것이다. 폭탄의 발화장치 나사를 볼트로 조이는 작업을 했던 이들은 딜사의 간부들에게 학대를 받고 능욕을 당했으며 그중에는 생존자와 사망자를 가르는 선별작업을 한 사람들도 있어 지금도 후유증에 시달리고 있다는 사실을 알렸다.

이렇게 다음 해인 1998년 딜사는 원조기금을 설립했다. 후에 기술하는, 이 책의 주제인 〈기억·책임·미래〉 기금에 참가하지 않고 회사 독자적인 원조기금을 창설했다. 그 취지는 다음에 나타나 있다.

1) 회사의 사무장 헤르베르트 부스트에 의하면 "강제노동에 대한 보상이 아니라 독일의 대지에서 경험한 특별한 고뇌에 대한 자주적인 선물"이다.[37]
2) 법적 의무를 인식하고 있지는 않다. 수용자에 대한 학대는 유감이다.
3) 강제노동자 투입은 (나치에 의해) 강제된 것이다.
4) 장래 정규로 보상하는 것이 의무가 되는 경우, 현행의 "자주적 선물"을 거기에 산입시킨다.
5) 이를 통해 "역사를 적극적인 방향에서 끝낼 수 있다."[38]

요컨대 ①강제노동자는 나치가 회사에 강제한 것이며 회사는 피해자다. ②'학대'는 확실히 하긴 했지만 그 고통에 대해서는 사죄하는 것이 아니라 '선물'을 '자주적'으로 시혜로서 주는 것이다. 이러한 인식으로는 역사는 '끝낼 수 없으며' 뚜껑만 덮을 뿐이다. 역사는 고뇌의 신음소리를 계속 낼 것이다.

(2) 미국 기업 포드의 경우

(2)-1. 독일 지사

미국 미시간 주에 본거지를 두고 있는 자동차 기업 포드가 독일 바이마르공화국의 수도 베를린에 사무소를 개설한 것은 1925년이었다. 그 후 1931년 쾰른에 거점이 되는 대형 공장을 건설해 1933년 이후부터 시작되는 나치시대에 독일 포드사는 최고의 전성기를 맞는다. 나치와 밀접한 관계를 유지해 대량의 강제노동자를 끌어와 일하게 한 이

• • • • • • • • • • •

37 Bernd Siegler, 1000 Mark für jeden Monat Zwangsarbeiter, taz, 1998.6.2.
38 Bernd Siegler, 1000 Mark für jeden Monat Zwangsarbeiter, taz, 1998.6.2.

거대 콘체른은 히틀러의 전쟁 수행에 필수불가결한 존재였다. 그러나 포드는 이 책에서 후에 기술하는 강제노동자에 대한 보상기금 〈기억·책임·미래〉의 창설로 피해자 단체, 독일 정부, 미국 정부, 독일 기업 등이 합의에 이른 1999년 12월이 돼서도 이 기금을 둘러싼 보상 교섭의 테이블에 오르는 것조차 계속 거부했다.

(2)-2. 제2차 세계대전 전의 포드

먼저 유럽에서 제2차 세계대전이 시작되는 1939년 9월 1일 이전의 포드와 나치의 관계를 살펴보자. 자동차의 대량생산 방식의 창시자며, 독재적이며, 시대착오적인 생각을 갖고 있던 헨리 포드는 원래 나치와의 공통점을 많이 가지고 있던 기업가였다. 예를 들어 포드는 반유대주의를 표방하는 언론에 조성금을 주고 있었다. 또한 포드 자신의 반유대주의적 팸플릿 『국제적인 유대인 : 세계의 긴급 과제』는 1920년대에 히틀러의 주목을 받는다. 이 소책자는 독일에서는 1921년에 라이프치히에서 해머출판사에 의해 출판된 인쇄물이다. 1920년대 포드는 미국 상원의원에 입후보했다가 낙선해 이번에는 대통령 선거에 도전하려 했다. 이를 안 히틀러는 『시카고트리뷴』에 이렇게 말한다. "가능하면 선거를 지원하기 위해 나의 유능한 조직 몇 개를 시카고나 다른 대도시에 파견하고 싶다."[39]

히틀러가 쓴 『나의 투쟁』은 '한 집에 한 권을'이라는 슬로건 아래 많이 간행됐는데, 이 책에서 포드는 예찬의 대상이 되고 있다. 즉 히틀러에 의하면 미국 주식시장을 지배하고 있는 것은 유대인이며, 1억 2천만 명의 미국 생산자를 조종하고 있는 것도 유대인이다. 하지만 "단 한

39 Ken Silversterin, Ford und der Führer, Freitag, 2000.2.4.

명의 위대한 사람, 포드만이 유대인의 분노에도 굴하지 않고 과감히 독립을 유지하고 있다"[40]라고 칭찬받고 있다. 공통점의 두 번째 예는 노동조합, 노동운동에 대한 노골적인 적의와 증오다. 히틀러는 권력을 장악한 지 두 달이 지난 5월 1일 노동절을 '국민 노동의 국경일'로 개칭해 다음 날 노조 임원을 대거 체포하고 노조를 해산시킨다. 한편 포드는 노동조합원은 선동자에게 조종되고 있다는 생각을 가지고 오랜 세월에 걸쳐 자사의 노동자가 조합을 결성하는 움직임을 억압해 왔다.

포드사는 1931년 쾰른에 거점이 되는 주요 공장을 세운 이후 나치와는 좋은 관계를 맺기 위해 노력해 왔다. 독일 시장에서 자사 제품을 팔기 위해 나치 정부로부터 자사에게 유리한 정부령을 공포하도록 했다. 예를 들어 1936년 이후 모든 제품에 '독일 제품'이라고 표시해 선전했으며 판매도 허용됐다. 1937년 기존 계란형의 상징 마크는 '포드 쾰른'으로 표시된 문장紋章으로 바뀌었고, 여기에 자사 공장과 쾰른의 상징인 돔 사진이 들어갔다. 1938년 여름 포드는 75세 생일에 재미 독일 영사를 통해 히틀러로부터 대십자훈장을 받는다. 나치 정체가 외국인에게 주는 최고의 영예다. 히틀러의 '포드 숭배열'은 상당히 높았던 것 같다. 독일 포드사는 이에 화답해 다음 날인 1939년 4월 20일 히틀러 총통의 50번째 생일에 3만 5,000라이히스마르크를 이 최고권력자에게 보냈다.

1938년 독일 포드사의 자동차 생산을 보면, 승용차 생산 대수는 독일 4위를 기록했으며, 영업용 차량 분야에서는 이미 2위가 됐다. 제2차 세계대전이 시작되자 자가용 부문은 판매가 뜸해지는데, 이와 보조를 맞추듯 생산을 군용체제로 전환했다.

• • • • • • • • • • •

40 Ken Silversterin, Ford und der Führer, Freitag, 2000.2.4.

(2)-3. 제2차 세계대전 중의 포드

1939년 9월 유럽 전선에서의 개전과 거의 동시에 포드는 독일 국방군과 경찰용 승용차 생산에 나선다. 국방군 각 부대는 동유럽 곳곳에서 침략과 점령의 확대를 계속하는 상황에 비례해 도로 사정이 나쁜 지역과 벌판에서 달리는 차종이 필요해졌다. 회사의 이익과 판매량도 이에 연동해 증가하고 있었다. 1939년 128만 라이히스마르크였던 이익은 1943년에는 217만 라이히스마르크로 증가했다. 판매 대수는 1938년부터 43년에 걸쳐 50% 이상 상승했다.

이 시기 독일 지사 사내 신문(1940.4)에 실린 '총통'이라는 시는 포드 지사가 얼마나 나치 체제에 충성을 다하고 있는지를 보여주고 있다.

총통
우리는 당신에게 맹세했습니다
우리는 영원히 당신의 것입니다
큰 강에 흘러들어가는 냇물처럼
우리는 당신에게 안깁니다
설령 당신을 이해할 수 없다 할지라도
당신과 함께 하겠습니다.[41]

로베르트 H. 슈미트 사장은 1941년 쾰른 공장 창립 10주년 기념식에서 나치의 지방 간부를 앞에 두고 인사말을 했다. 그는 포드가 전쟁에서 독일 측에 얼마나 기여하고 있는지 자신의 업적을 자화자찬하고 있다. 다음과 같이 연설했다. "평화재 생산에서 전쟁 경제로의 전환은 대부분 마찰 없이 이루어졌습니다. (중략) 국방군이 사용하는 포드차는

....

41 Ken Silversterin, Ford und der Führer, Freitag, 2000.2.4.

모든 전선에서 그 성능의 우수성을 증명했습니다."[42] 독일 포드는 다임러 벤츠, 오펠과 함께 독일 국방군에 승용차를 제공하는 가장 중요한 자동차 기업으로 성장했다. 1942년에는 국방군에 납품하는 수송부문에 착안한 독일 포드는 승용차 생산을 중단하고 군용트럭 부문으로 생산을 특화했다. 특히 '3t 트럭'은 국방군용으로 대량 생산됐다. 1942년까지 새로운 트럭, 그리고 이전의 승용차, 철도차량을 포함해 독일의 기계화부대에서 사용했던 차량은 3분의 1이 쾰른 공장에서 생산한 것이다.

이러한 발전은 나치에 대한 적극적인 충성과 협력의 '성과'였다. 미국이 참전할 경우 쾰른의 미국 기업 포드를 어떻게 할지가 나치의 근심거리였다. 나치의 '아리아인' 지상주의나 연합국에 대한 배외주의는 포드에도 압박으로 작용했다. 당연히 쾰른 포드를 배척하는 움직임은 존재했다. 그러나 포드는 자사의 감사회에서 독일인이 다수가 되도록 배려하는 것으로 대응했다. 게다가 1940년 말에 신주를 발행할 때 구매자를 독일인에 한정함으로써 미 본사의 출자율을 75%에서 52%로 낮췄다.[43] 여기에 더해 당시 독일 기업 IG-파르벤이 175만 라이히스마르크를 포드에 출자해 포드의 '아리아화', 즉 독일화에 공헌했다. 1941년 7월 IG-파르벤 이사회는 나치 정부에 포드의 경영진은 "점점 독일화돼 왔다"라는 문서를 제출했다.[44] 1943년 이후 회사는 독일 국방군의 지배영역에 진출해 프랑스, 벨기에, 네덜란드, 덴마크, 루마니아의 포드 공장을 지배하에 두었다.

그런데 쾰른 포드는 늦어도 1942년 5월에는 강제노동자의 노동에 의존하고 있었다. 1943년까지 각지의 포드 공장에서는 전체 노동력의

• • • • • • • • • • •

42 Vgl. Karola Fings, a.a.O., S.26.

43 Vgl. Karola Fings, a.a.O., S.27.

44 Vgl. Karola Fings, a.a.O., S.27.

절반은 외국인, 즉 전시포로, 민간인, 강제수용소 수용자였다. 쾰른에서 강제노동하는 2만여 명의 사람들 가운데 쾰른 포드에는 최소 2,500명의 러시아인, 우크라이나인, 프랑스인, 벨기에인들이 일하고 있었다.[45] 강제노동의 실체는 이미 제2장 '포드'에서의 증언에서 살펴보았듯이 하루 12시간이 넘는 노동을 했으며, 만성적인 기아 상태에 놓여 있었으며, 기다리고 있는 것은 경찰봉, 감금실, 살육이었다.

(2)-4. 제2차 세계대전 후의 포드

독일이 무조건 항복하는 문서에 조인한 것은 1945년 5월 8일이지만 이날 독일 포드는 생산을 줄이기는 했어도 멈추지 않았다. 1948년 헨리 포드가 미국 본사에서 독일로 와 전후 10만 번째 트럭 생산을 축하했다. 독일 포드는 전쟁 말기에 짧은 기간 미 점령군에 잡혀 있던 회사 간부 로베르트 H. 슈미트를 다시 고용했다. 슈미트는 미국 본사 앞으로 보낸 편지에서 "나는 나치를 극도로 증오하고 있었다"고[46] 함으로써 자신의 전쟁 책임을 부정했다. 그는 전후 다시 포드에서 요직을 차지한 나치시대 6명의 핵심 인물 중 한 명이 됐다.

패전 직전 나치 정부는 독일 각지의 포드 공장에 합계 10만 4,000 달러를 지불했다. 이유는 회사가 주장하는 '연합국 폭격에 의한 피해와 손해보상'이다. 그러나 포드 본사는 이 액수에 만족하지 않고 1965년 미국 대외배상청구위원회에 추가로 700만 달러를 요구했다. 위원회는 포드가 "자신이 말하는 부분의 손해를 조작된 환율을 사용해 끌어올리려 했다"고[47] 하면서도, 최종적으로는 110만 달러를 인정했다. 증언에

· · · · · · · · · · · ·

45 Herbert Hoven, Was Ford nicht tut, Die Zeit, 1995.9.22.
46 Vgl. Ken Silversterin, a.a.O.

서 본 것처럼 포드가 자산을 쌓아 올려 자본 축적을 완수해 중단 없이 전중戰中→패전의 날→전후戰後 일관적으로 생산을 계속할 수 있었던 한 요인은 죽을 고비를 넘기면서 노동을 한 강제노동자들의 막대한 기여에 있었다. 하지만 보전補塡된 것은 포드가 주장하는 '손해'만이었지, 강제노동자에 대한 지불은 한 푼도 없었다. 흘린 피와 땀은 일체 보상되지 않았다.

(2)-5. 일본 기업의 경우

포드는 이렇게 폭격 '피해'를 받았다며 '손해보상'을 얻었지만 이제 일본의 경우를 보자. 1944년 4월 14일 중국인 장우옌빈張文彬은 허베이성河北省에서 갑자기 강제연행돼 시모노세키下関를 거쳐 니가타新潟 항으로 끌려와 니가타항운주식회사(현 린코코퍼레이션)에서 항만 하역 노동을 했다. 휘몰아치는 바람과 눈보라 속에서의 하역작업은 매우 가혹했음에도 "난방설비는 일체 없고, 침상은 짚이 깔려있는 정도, 목욕은 한 번도 한 적이 없고, 1회 식사는 만두 한 개뿐이었다."[48] 추위와 기아, 피로로 사망자가 속출했다. "니가타화공華工관리사무소에 대한 외무성 촉탁원의 보고서에 의하면 중국인의 '당소에서의 사망자 수는 159명, 21%'"[49]에 이른다.

일본 정부는 전후 각의 결정으로 중국인이나 조선인을 일하게 한 것 때문에 기업은 '손실'을 입었다고 해서 '필요한 보상을 고려할 것'이라

. . . .

47 Vgl. Ken Silversterin, a.a.O.

48 中村洋二郎, 「怒りの波おさまらず新潟港―港湾荷役に強制連行された中国人901人の代表訴訟」, 古庄正, 田中宏, 佐藤健生, 『日本企業の戦争犯罪』, 創史社, 2000, 216쪽.

49 앞의 책, 213쪽.

고 정했다.[50] 국가와 기업을 피고로 하는 니가타 소송의 판결문에 의하면, 니가타항운주식회사를 산하에 두는 일본 항운업계는 "피고국으로부터 합계 534만 455엔의 보상금을 지불받았다(한 사업장 당 평균 약 25만 4,307엔이 된다.)"고 사실을 인정하고 있다('사실 및 이유'의 제3 '인정사실'의 7 '일본 항운업계에 대한 보상').[51] 일본에서 중국인을 사역한 기업의 135개 사업장은 2, 3개를 제외하고 정부로부터 보상금을 받았다. 기업은 강제동원·노동자를 방치해 아무런 보상도 하지 않은 채 정부로부터 '손실'을 극진히 보전받았다.

조선인 강제동원·노동자의 경우를 도야마富山의 공작기계 업체 후지코시不二越의 사례로 살펴보자.

1992년 9월 30일 제소된 1차 소송은 2000년 7월 11일 대법원에서 화해를 했으며, 현재 2차 소송이 진행되고 있다. 『후지코시 25년사』에는 "44년이 되면 조선에서 반도여자정신대 1,089명, 남자 535명이 입사했다는 것 등이 명기돼 있다."[52] 기업은 강제노동자에 대해 임금을 지불하지 않고 매출액과 순이익을 함께 늘리면서도, 강제노동자를 사용함으로써 '손실'을 받았다고 해서 정부로부터 '전수금前受金'이라 칭하는 선불대금을 받았다. 물론 후지코시도 "임시군사비특별회계에서 1941년

50 1945年 12月 30日のの閣議決定, 「移入華人及朝鮮人勞務者取扱要綱」, 「中國人強制連行·強制勞働損害賠償請求事件」 判決文全文, 張文彬裁判を支援する会, 中國人戰爭被害者の要求を支える会·新潟県支部, 中國人強制連行強制勞働事件新潟訴訟弁護団 編集·発行, 『新潟地裁判決·特集』, 2004, 76쪽.

51 1945年 12月 30日のの閣議決定, 「移入華人及朝鮮人勞務者取扱要綱」, 「中國人強制連行·強制勞働損害賠償請求事件」判決文全文, 張文彬裁判を支援する会, 中國人戰爭被害者の要求を支える会·新潟県支部, 中國人強制連行強制勞働事件新潟訴訟弁護団 編集·発行, 『新潟地裁判決·特集』, 2004, 76쪽.

52 山田博, 「不二越 破綻した『すべて解決済み』主張一不二越強制連行訴訟で和解成立」, 古庄正, 田中宏, 佐藤健生, 『日本企業の戰爭犯罪』, 創史社, 2000, 100쪽.

하반기 547만 엔, 43년 하반기 2,567만 엔, 45년 상반기에는 1억 4,457만 엔의 '전수금'을 받았다."[53]

기업이 보상금을 받는 근거는 국가에 따라 다르다. 포드는 폭격의 '피해'고, 일본 기업은 강제노동자를 사용하는 '손실'이다. 그러나 공통되는 것은 죽음에 이르기까지의 노동을 강요하면서 노동자에게 임금을 지불하지 않았을 뿐 아니라 전후 반세기 이상 계속 '해결했다'고 주장하며, 생존자와 죽은 자를 방치해 두면서 기업만이 후하게 보상받았다는 것이다.

(2)-6. 기금 참가 거부

독일 지사가 전쟁책임을 덮어두고 미국 본사가 지사와 함께 임금을 지불하지 않고 있는 상황에서 미국 본사는 〈기억·책임·미래〉 기금으로의 거출을 2000년에 이르러서도 계속 거부하고 있었다. 가장 큰 이유는 1941년에 미국이 제2차 세계대전에 참전한 후 미국 본사는 쾰른 공장에 대한 관리권을 잃었고, 따라서 독일 지사가 행한 것에는 아무런 책임이 없기 때문이라고 한다. 그러나 만일 이 주장이 백보 양보해 옳다고 하더라도 독일 자회사의 책임은 면할 수 없다. 모회사가 책임을 느끼지 않고 거출을 하지 않아도 자회사가 하면 된다. 〈기억·책임·미래〉 기금에 거출하도록 요구받은 기업은 뒤에서 서술하는 것처럼, 전후에 설립된 기업을 포함해 나치시대에 기업 활동을 한 모든 회사가 대상이다.

• • • • • • • • • • •

53 竹内二郎, 「不二越強制連行の実態」, 『技術と人間』, 技術と人間社, 2002.10, 92쪽.

(2)-7. 포드 시스템

오늘날 한 기업명에서 유래한 '포드 시스템'은 두 가지 의미를 지닌다. 첫 번째는 20세기 초에 미국에서 보급되기 시작한 철저한 노무관리에 의한 효율적인 생산체제를 말한다. 한 공장 내에서 대량생산 방식에 의해 생산비를 인하하고, 컨베이어 시스템을 이용한 작업과 규격화된 부품으로 생산의 합리화를 극대화했다. 그때까지는 차체를 고정하고 근로자들이 부품과 공구를 들고 차 주위를 이동했지만, 1908년 휘발유 엔진 'T형 포드' 차량의 생산에서는 그 반대로 차체가 움직여 근로자들은 서서 기계의 움직임(벨트 컨베이어)에 맞춰졌다. 인간은 기계의 일부가 돼 거대한 톱니바퀴의 한 구성요소가 됐다.

이미 미국에서 19세기 말부터 고안돼 있던 생산성 향상을 위한 공장관리시스템인 테일러 시스템은 노동자로부터 구상, 계획, 기도企圖를 빼앗아 노동자를 단순한 실행, 작업, 노동만 하는 존재로 전락시키는 노무관리론을 특징으로 하고 있었다. 작업과정을 세분화하고 이민자를 포함한 공장 노동자에게서 숙련성, 판단력, '두뇌'를 제거해 노동자를 기계에 부속시키는 단조, 단순한 '육체' 노동자로 바꾸는 테일러 시스템이 '포드 시스템'에 편입됐다.

'포드 시스템'의 두 번째 의미는 한 공장 내의 이러한 노동의 편성과 달리 전 사회적 규모로 전개되는 대량생산과 대량소비를 특징으로 하는 현대사회의 시스템이다. "높은 생산성을 자랑하는 대량생산 체제는 대량소비를 전제로 하지 않으면 안된다. 그것은 비자본주의적 영역과 맞닿아 있던 노동자의 전통적 생활양식을 최종적으로 해체하고, 노동자에게 자본주의적으로 생산된 소비재를 구매시키고, 이렇게 노동력 재생산과 관련된 일체를 자본 아래 포섭하는"[54] 사회체제를 의미한다. 자동차 산업계에서 생긴 작업 과정의 효율화, 생산성 향상의 일부가 노동자 임금에 추가돼 구매력을 높였다. 1908년에는 800달러 남짓한 포드차의 가격은 불과 8년 만에 400달러로 하락했다. 이탈리아 공산당 지도자였던 그람시는 포드 시스템에 착안해 1930년대 새로운 자본주의 사회의 미래상을 전망했다. "1914년 초 헨리 포드는 신문에 센세이서널한 예고를 실었다. '공업 세계에서 아직 보지 못했던 노동자 보수報酬 최대의 혁명'이 시작되고 있다"고.[55]

19세기 전반 한 자동차 공장에서 다른 산업계로, 그리고 전 산업계로 확대했던 포드 시스템은 노동자의 임금을 올려 생산물의 가격을 내리고 노동자의 구매력을 높여주는 것으로 제2차 세계대전 후의 '대량생산－대량소비' 사회의 성립 가능성을 준비했다. 하지만 나치시대 포드에서는 노동자들의 '대량생산'은 있어도 '대량소비' 전망은 허용되지 않았으며 대량소비된 것은 생활물자나 재화가 아니라 자신의 육체와 생명이었다.

7) 나치 범죄란 무엇인가?

이 책은 후반에서 기업과 정부의 공동출자에 의한 강제노동 보상기금 〈기억·책임·미래〉의 설립에 초점을 맞추기 위해서, 나치 범죄에 관해서는 여기까지 주로 국방군, 산업계, 친위대의 3자에 의한 강제동원·강제노동과 관련된 주제로 범위를 좁혀 설명해 왔다. 당연한 일이지만

54 山田鋭夫, 『増補新版 レギュラシオン·アプローチ, 21世紀の経済学』, 藤原書店, 1991, 81~82쪽.

55 財団グラムシ研究所, キアーラ·ダニエーレ, ドナテッラ·ディ·ベネデット, フィアンマ·ルッサーナ 編, 東京グラムシ会, 『獄中ノート』校訂版研究会, 小原耕一, 鳥井園子, 森川辰文 訳 『グラムシ思想探訪』, いりす, 2005, 21쪽.

나치 범죄는 여기에 포함되지 않는다.

(1) 전쟁 개시 이전의 폭력장치

이탈리아의 무솔리니가 1922년 국왕에 의해 임명돼 극소수 정당 출신으로 총리에 취임했듯이, 히틀러도 힌덴부르크Hindenburg 대통령에 의해 임명돼 1933년 1월 30일 보수파의 지원 아래 연정(장관 11명 중 나치당 출신 3명) 수반에 올랐다. 나치 정체는 '강제노동의 목적'에서 언급한 것처럼 경제적으로 동부에 새로운 생존권을 획득해 이곳에 대한 식민과 이곳으로부터의 자원수탈을 정책으로 삼았다. 예로부터 국가는 밖으로 침략을 계획할 때 국내의 반대파를 배제하고 불만하지 않는 '신민'으로 만들어 왔다. 마르크스주의를 근절하고 민주주의와 자유주의를 억압하며 '정치적 신조'의 차이를 근거로 반대파를 탄압했다. 여기에 나치당 본래의 자세인 '아리아민족 우월주의'가 가미돼 "인종, 신앙, 세계관을 이유로 나치의 폭력조치에 의해"(연방보상법, 1956년) 사람들은 박해받았다. 특기해야 할 것은 "그것에 의해 생명, 신체, 건강, 자유, 소유물, 재산, 직업상의 출세에 피해를 입는"(동) 사태가 1939년의 전쟁 개시 이전에 계속 발생하고 있었던 것이다.

구체적으로 살펴보자. 정권 탈취 후 한 달도 안 된 2월 24일 나치 정체는 공산당 본부가 있는 '카를 리푸크네히트 회관'을 경찰력으로 점거했다. 2월 27일 국회의사당 방화사건을 일으키고 이를 독일 공산당의 소행이라 선전했다. 체포돼 기소된 9월 21일부터 시작된 재판에서 공산당원은 모두 무죄가 됐지만 운동에 대한 위협 효과는 충분히 발휘됐다. 다음 날인 2월 28일 '민족과 국가방위를 위한 대통령 긴급명령'이 힌덴부르크 대통령에 의해 발동됐으며, 이에 따라 개인·사상신조·결사의 자유, 우편통신의 비밀, 주거의 불가침성 등 자유권을 빼앗겼다.

또 보호검속保護檢束이 도입돼 게슈타포는 형사 절차를 일절 거치지 않고 처음에는 공산주의자를, 나중에는 나치 체제에 대한 비판자를 구속했다. 이렇게 바이마르 헌법은 개정 절차를 밟지 않고 정지돼 '구속'자는 증가한다. 반면 나치 정체 자체는 헌법에 '구속'되지 않고, '나치가 헌법'으로 변해 간다. 긴급명령이 시행된 이후 10월까지 10만여 명이 보호검속을 받고 대부분 연말까지는 풀려났으나 500~600명이 살해됐다.[56] 정권이 헌법에 구속되지 않으면 어떤 사태가 벌어지는지를 여실히 보여준다.

(2) 섬뜩한 사후법 체계

헌법에 구속되지 않는 나치 체제의 법제도 특징 중 하나는 속속 신법을 만들어 법의 일반원칙을 포기한 점이다. 그중 가장 중요한 것은 사건 후에 신법을 만들고, 그 신법으로 과거의 사건을 계속해서 재판했다. 시바 겐스케는 '국회방화사건'을 예로 들어 다음과 같이 말하고 있다. "방화 현행범으로 체포된 네덜란드인 청년을 사건 후 만들어진 특별법에 의해, 즉 방화의 죄만으로는 사형에 해당하지 않았던 그때까지의 독일 형법을 바꾼 특별 사후법에 의해 사형에 처한 것을 시작으로 차례차례로 새로운 법을 만들어, 그것으로서 정치범을 비롯한 '비국민'이나 외국 제민족을 나치 체제는 계속해서 처단했습니다."[57] 이러한 "법원칙 파괴를 섬뜩할 정도까지 진행시킨 것이 바로 나치 체제의 특징이었습니다. 이에 대해 뉘른베르크 재판의 비판자가 언급하지 않는

56 山本秀行, 『ナチズムの時代』, 世界史リブレット 49, 山川出版社, 1998, 25쪽.
57 芝健介, 「ニュルンベルク裁判の構造と展開」, 『問いただす東京裁判』, 緑風出版, 1995, 128쪽.

다면 그것은 현저하게 형평을 잃은 태도라 할 수밖에 없습니다."[58]

(3) 인도에 반하는 죄

공산주의자나 사회주의자는 '민족과 국가방위를 위한 대통령 긴급 명령'을 근거로 "반국가적 활동을 벌여 공공의 안전과 질서를 어지럽힐 우려가 있다"는[59] 권력 측의 판단만으로 구속됐다. 구속 기간도, 구속 장소도 명시하지 않은 채였다. 페터 슈타인바흐 외의 『독일에서의 나치에 대한 저항』에 따르면 나치가 권력을 장악한 그날 독일 공산당은 총파업을 호소했지만 소수를 제외하고는 반응이 없었다. "수개월 간에 걸쳐 많은 공산주의자가 체포돼 고문당하고, 근거 없이 구금됐으며, 또 재판을 전혀 받지 못하고 학살당한 사람이 다수 있었다."[60] 처음에는 일반 수용소에 갇혀 있었지만 숫자가 많아짐에 따라 강제수용소에 수용됐다. 즉 뮌헨 교외의 다하우에 처음으로 강제수용소가 건설되고, 3월 20일 이후는 작센하우젠(36년 건설), 부헨발트(37년), 프로센부르크(38년)의 강제수용소가 수용처가 되고 오스트리아 병합 후는 라벤스브뤼크(39년)가 이에 해당한다. 이것들은 개전 전의 평시에 벌어졌던 탄압 장치의 대표적인 예다. 단 1935년을 계기로 탄압받는 사람들의 경향이 바뀐다. 나치 정체는 '비상사태'나 보호검속을 수단으로 공산주의자나 사회민주주의자를 억압했으나, 이즈음에 들어서는 "좌익세력의 조직적인 저항이 억제돼 공산주의자와의 싸움이 일단락됐다."[61] 이후 "단속 대상을

• • • • • • • • • • •

58 芝健介, 앞의 책, 128쪽.

59 野村二郎, 『ナチス裁判』, 講談社現代新書, 1993, 51쪽.

60 ペーター・シュタインバッハ, ヨハネス・トウヘル 著, 田村光彰, 斉藤寛, 小高康正, 西村明人, 高津ドロテー, 土井香乙里 訳, 『ドイツにおけるナチスへの抵抗 1933～1945』, 現代書館, 1998, 35쪽.

지금까지의 정치범으로부터 나치 체제의 인종적·사회적 규범에서 일탈하는 사람들에게까지 확대"해 나간다.[62] 유대계 독일인이나 나치의 인종이론에 근거하는 '비아리아 인종'에 대한 억압이 역사상 미증유의 규모로 전개된다. 1938년 11월 9일부터 며칠 동안 독일 전역과 오스트리아에서 유대인 상점이 파괴되고 유대 교회가 방화되면서 성전聖典이 불타고 유대인이 살해되는 '수정의 밤 사건'이 일어난다.

1939년 3월 15일 독일군은 프라하를 점령하고 결국에는 체코슬로바키아를 해체한다. 전중戰中은 물론 이러한 전쟁의 개시 전, 즉 전쟁과는 관계가 없는 평시에 특정 범주에 들어간다고 마음대로 판단된 사람들에 대한 범죄, 따라서 독일인으로 구성된 나치 정체가 자국 내 독일인(이 경우 유대계 독일인이나 독일인 공산주의자 등 나치 정체에 저항하는 독일인)이나 독일병합지(이 경우 체코슬로바키아나 오스트리아 등)의 시민에 대한 범죄는 뉘른베르크 국제군사재판과 계속재판에서 인도에 반하는 죄[63]로 다루어졌다. 전쟁 중도 포함해 특히 전쟁 전의 이러한 시민에 대한 억압은 전쟁범죄로서가 아니라 나치 범죄, 나치의 불법으로 재판받게 됐다.

다음으로 제2차 세계대전 개전 후 점령지, 보호국 등에서 민간인 살해, 학대, 연행, 약탈, 도시의 의도적 파괴 등을 잘 보여주는 책으로 마틴 길버트가 쓴 『홀로코스트 역사지도』가 있다. 그 서론에서 개전 후의 민간인, 시민에 대한 인도에 반하는 행위, 전쟁의 법규나 관례에 대한 위반 등의 예를 인용해 본다. 다소 길지만 억압의 생생함과 확산의 일단을 알 수 있는 단서가 된다. "폴란드 점령 후 살해된 민간인, 아우슈

••••••••••••

61 山本秀行, 앞의 책, 43쪽.

62 山本秀行, 앞의 책, 43쪽.

63 인도에 반하는 죄의 성립 과정 등에 관해서는 淸水正義, 「『人道に対する罪』の成立」, 内海愛子, 高橋哲哉 編集, 『戦犯裁判と性暴力』, 緑風出版, 2000 참조.

비츠의 최초 희생자(대부분은 비유대인이었다), 나치의 안락사 계획 희생자, 사하라 사막에 설치된 노예노동 캠프의 유대인·비유대인 살해, 1941년 4월 및 1942년 1월의 유대인 세르비아인 살해, 체코의 리디체 마을 주민 학살, 자모시티 지방의 폴란드인 추방과 학살, 절멸 캠프로 이송된 집시, 로마에서 일어난 보복을 위한 유대인·비유대인 살해, 유대인과 함께 에게해에 수장된 그리스인과 이탈리아인, 올라도울 슈르그란 마을의 주민 학살(프랑스), 마우트하우젠에서 살육된 수만 명의 집시, 소련병포로, 스페인공화국파 사람들, 그리고 여호와의 증인, 동성애자"⁶⁴ 등으로 피해 실태는 모두 다 제시할 수 없을 정도로 무수히 많다.

이러한 전쟁 전, 전쟁 중 범죄는 어느 것 하나 우발적이거나 어쩌다 생긴 '사건'이 아니다. 용의주도하게 준비돼 계획적으로, 의도적으로 국가, 친위대, 기업, 행정관청, 경찰 등 여러 조직의 공모 없이는 관철할 수 없다. 1955년 앨런 레네 감독의 영화 〈밤과 안개〉가 상영됐다. 전후 촬영된 부분은 컬러로, 전쟁 전 부분은 흑백으로 표현돼 있다. 강제수용소에는 수용자에게서 몰수한 트렁크와 안경이 산더미처럼 쌓여 있다. 같은 형태로 쌓여진 머리카락 산을, 카메라는 '산기슭'에서부터 끝이 없는 '정상'에 이르기까지 마치 고산식물을 좋아하는 등산가가 식물을 조사하도록 꼼꼼하게, 극명하게 비춰 나간다. 흑백 화면에는, 나치는 머리카락으로 융단을 짰다는 자막이 흐른다. 시체로는 비료가 또는 비누를 만들었다고 하는 자막이 계속된다. 이것들은 몇 사람의 '수작업'에 의한 돌발적인 사건이 아니며, 또 한 사람이나 몇 사람이 생각나서 생긴 '수공업'적인 것은 아니다. 공동의 조직적·계획적인 '수용소 산업'에 의해 생겨난 사태다.

∙∙∙∙∙∙∙∙∙∙∙

64 マーチン・ギルバート, 앞의 책, 11쪽.

경찰관 잭 드라류는 레지스탕스에 참여했다가 게슈타포에 잡혀 수용소 체험을 한다. 그가 집필한 『게슈타포, 광기의 역사』는 "프랑스 레지스탕스에 의한 첫 번째의 게슈타포 전사全史."[65] 이 책에는 나치 친위대 경제관리본부가 발행한 회람장이 소개됐는데 머리카락 '이용' 방법이 적혀 있다. 이에 따르면 친위대의 "상급 사단장 폴은 수용소 안에서 잘린 모발은 '완전히 다 이용해야 한다', '남자의 모발은 인공 부직포로 가공해 그물에 이용한다.'"[66] 여성 모발은 "'잠수함 승조원 슬리퍼, 국유철도 직원의 부직포 구두 밑창을 만들라'고 지시했다."[67] 살육수용소의 신속하고 효율적인 인체 소각시설에도 나타나 있듯이 이들은 거대 콘체른이 산업혁명을 경험하고, 그 축적된 과학기술을 구사해 나치 친위대·국방군과 공모한 '성과'이기도 했다. 뉘른베르크 국제군사재판에서는 이러한 점이 공동계획, 공동모의로 추궁받게 된다.

2. 뉘른베르크 국제군사재판과 뉘른베르크 계속재판

일반적으로 '뉘른베르크 재판'이라고 하면 주요 전쟁 범죄자를 재판한 뉘른베르크 국제군사재판과 곧이어 진행한 12개의 뉘른베르크 계속재판 모두를 포함한 13개의 재판을 가리킨다. 앞의 국제군사재판은 '국제'라는 이름이 붙어 있듯이 미·영·소 3국과 프랑스 임시정부가 재판 절차를 결정했다. 나치가 항복한 지 얼마 안 된 1945년 6월 26일에 개

••••••••••••

65 ジャック・ドラリュ 著, 片岡啓治 訳, 『ゲシュタポ, 狂気の歴史』, 講談社学術文庫, 2000, 518쪽.
66 ジャック・ドラリュ, 앞의 책, 365쪽.
67 ジャック・ドラリュ, 앞의 책, 365쪽.

최된 런던회의에서였다. 이를 토대로 8월 8일, 4개국은 구체적인 항목을 정해 런던협정을 체결한다. 이는 '유럽 추축국의 주요 전쟁범죄인에 대한 소추와 처벌에 관한 협정'이라 불리며, 나중에 19개국이 더해진다. 이 협정에 부수되는 '국제군사재판헌장'이 주요 전쟁범죄자를 재판한 근거가 된다. 한편 뉘른베르크 계속재판은 대독관리이사회 법률에 따른 미 점령군 단독의 군사재판이다. 따라서 '국제'라는 명칭이 붙어 있지 않다. 미군은 뉘른베르크 외에도 미 점령 지역 내의 강제수용소 다하우에 설치한 법정에서 단독 군사재판을 열었다.

그런데 단독으로 군사재판을 한 것은 미국만이 아니다. 독일을 점령한 것은 미·영·프·소의 4개국이었으므로 나머지 3개국도 각각 단독으로 독일의 점령지 내에서, 또 독일의 국내·국외에서 군사재판을 열었다. 예를 들면 영국군은 영국에 거리적으로 가까운 독일 북서부를 점령했는데, 이 점령지에 있는 강제수용소 베르겐-베르젠 등에 군사법정을 설치하는 한편 진주하고 있던 이탈리아의 베니스에서도 심리를 전개했다. 이 책은 뉘른베르크에서 행해진 연합국 공동의 국제군사재판과 미국에 의한 단독 계속재판에 초점을 맞춘다. 특히 후자가 중심적인 과제가 된다.

1) 뉘른베르크 국제군사재판

우선 1945년 11월 20일 시작해 다음 해 10월 1일에 끝난 국제군사재판을 개관하자. 재판 대상자는 주요 전범 용의자며, 그 외의 용의자는 범죄가 행해진 나라에 인도할 방침이 정해졌다. 예를 들어 아우슈비츠 소장 루돌프 헤스는 폴란드로 보내져 재판을 받았다. 전쟁범죄 혐의로 기소된 피고가 24명이며 소속에 따라 6개의 집단과 조직으로 나뉜다. ①나치 돌격대(SA) ②나치 친위대(SS) ③육군 참모본부/국방군 최고 사령부(OKW) ④정부 ⑤나치당 정치지도자 ⑥게슈타포/친위대 보안부다. 단 실제로 판결을 받은 사람은 22명(총통 관방장 M. 볼맨은 행방을 몰라 결석재판)이었다. 격렬한 반유대주의자며, 노동전선의 지도자 로베르트 라이는 판결 전에 자살했다.

유일하게 산업계에서 피고가 된 거대 군수 콘체른인 크루프사의 사장 구스타프 크루프는 중병을 이유로 면소돼 재판 중 피고석에 앉은 적이 한 번도 없었다. 그는 1941년 이후 뇌졸중으로 발작이 계속되면서 침대에서 계속 생활한 것으로 판단됐다. 여기서 꼭 확인해 두고 싶은 것은 이 책이 지금까지 다뤄 온 강제노동으로 대표되는 거대 기업, 군수 산업계의 중대 범죄가 국제군사재판에서는 단 한 명도, 단 한 회사도 재판되지 않았다는 점이다. 기업인, 경제계가 재판된 것은 나중의 계속 재판에서다. 이 책에서 중심으로 다루는 이유는 여기에 있다.

(1) 인도에 반하는 죄와 협의(통례)의 전쟁범죄

국제군사재판에 대해서는 이미 많은 연구서가 나와 있으므로 여기에서는 요점만을 기술하겠다. 국제군사재판 헌장에 의거해 검찰 측이 정리한 전쟁범죄의 소인訴因은, 소인 2 평화에 반하는 죄(국제군사재판 헌장 제6조 a항), 소인 3 협의(통례)의 전쟁범죄(동 b항), 소인 4 인도에 반하는 죄(동 c항)와 이들 3개의 소인 중 어느 하나에 관한 공동계획, 모의를 재판하는 소인 1 공동모의다.

여기서는 계속재판에서 재판받은 기업인과의 관계에서 인도에 반하는 죄에 초점을 맞춘다. 국제군사재판 헌장 제6조 c항은 인도에 반하는 죄를 다음과 같이 규정하고 있다.

"인도에 반하는 죄는 곧 전쟁 전 또는 전시 중 모든 민간인에 대해

자행된 살해, 절멸, 노예화, 강제동원 혹은 기타 비인도적 행위며, 또 본 재판소 관할에 속하는 범죄의 수행으로서, 혹은 이 범죄와 관련해 행해진 정치적, 인종적 또는 종교적 이유에 근거한 박해 행위"다. 게다가 행해진 행위가 범행지의 국내법에 대한 저촉 여부와는 관계없다.[68]

그런데 협의(통례)의 전쟁범죄(동 b항)를 보자.

"전쟁범죄란 곧 전쟁의 법규 또는 관례 위반이다. 이 위반에는 이하의 행위가 포함된다. 점령지에 소속된 또는 점령지 내의 민간인의 살해, 학대 또는 노예노동을 위해, 혹은 기타 목적을 위한 강제연행이며, 전시 포로 혹은 해상에서의 살해와 학대이며, 인질의 살해, 공적인 혹은 사적인 재산의 약탈, 도시나 마을의 고의 파괴, 또는 군사적 필요성으로는 정당화되지 않는 모든 종류의 황폐"다. 그러나 이에 한정되지 않는다.[69]

[표 5]에 나타낸 것이 협의의 전쟁범죄와 인도에 반하는 죄다. 두 가지는 "행위의 실체로서 그다지 다른 것은 아니다."[70] 다른 점은 첫째, 협의의 전쟁범죄에서는 '도시나 마을의 자의적 파괴'나 '전쟁포로에 대한 학대' 등의 표현에서 보듯이 국제조약인 헤이그조약(1907년)이나 여러 제네바조약(1929년)에 대한 위반이 추궁당하고 있다. 이들 대표적인 교전법규나 국제관습법에 대한 위반은 이미 제2차 세계대전 전부터 처벌이 가능했다. 단 그 재판으로 인한 처벌은 전투가 계속되는 동안에만 이루어졌고 전후에는 금지돼 있었다. 그러나 1919년 일본을 포함한 전승 5개국이 정한 베르사유조약에서는 "'전후 전범은 전승국에 신병이

• • • • • • • • • • •

68 Gerd hankel/Gerhard Stuby (Hg.), Strafgerichte gegen Menschkichkeitsverbrechen, Hambuger Edition, 1995, S.518.

69 Gerd hankel/Gerhard Stuby (Hg.), Strafgerichte gegen Menschkichkeitsverbrechen, Hambuger Edition, 1995, S.518.

70 Vgl. Gerd hankel/Gerhard Stuby (Hg.), a.a.O., S.24.

[표5] 협의의 전쟁범죄(b항)와 인도에 반하는 죄(c항)의 비교

범죄유형	협의의 전쟁범죄	인도에 반하는 죄
	전쟁 법규 또는 관례 위반	범행지의 국내법에 저촉 유무 관계없음
범죄의 장소와 대상	·점령지에 속하는 민간인 또는 점령지 내의 민간인 Angehörige der Zivilbevölkerung von oder in besetzten Gebieten ·전시포로 Kriegsgefangene와 해상의 사람 Personen auf hoher See ·인질 Geiseln	모든 민간인
범죄시기	(전중)	전전 또는 전중
범죄 행위	·살해 Mord ·학대 Misshandlung ·노예노동 Versklavung 또는 그 외의 목적을 위한 강제연행 Deportation ·전시포로 또는 해상에서의 살해 Mord와 학대 Misshandlungen ·인질 살해 Töten ·공적 혹은 사적 재산의 약탈 Plünderung ·도시의 고의 파괴 Zerstörung ·군사적 필요성에서는 정당화될 수 없는 모든 종류의 황폐화 Verwütung ·기타	·살해 Mord ·절멸 Ausrottung ·노예화 Versklavung ·강제연행 Deportation ·그리고 그 외의 비인도적 행위 andere unmenschliche Handlung
		정치적, 인종적 또는 종교적 이유로 인한 박해행위

출전 : Gerd hankel / Gerhard Stuby (Hg.) : Strafgerichte gegen Menschkichkeitsverbrechen, Hambuger Edition, 1995, S.518을 기초로 작성

인도되고 군사법원에서 재판된다'는 새로운 방법을 최초로 규정했다."[71] 이때 도입된 '새로운 방법'은 실제로 사용되지 않았다. 재판돼야 할 독일 황제 빌헬름 2세는 네덜란드로 망명해 신병 인도를 네덜란드

• • • • • • • • • • •

71 アーノルド・C・ブラックマン 著, 日暮吉延 訳, 『東京裁判—もう一つのニュルンベルク』, 時事通信社, 1994, 541쪽.

정부가 계속 거부했기 때문이다.

둘째로 범죄가 행해진 장소와 대상이 협의의 전쟁범죄에서는 적국에 속하거나 또는 적국 내의 민간인(일반 주민)인데 반해 인도에 반하는 죄에서는 대상이 모든 민간인, 즉 적국이든 자기 나라든 모든 일반 주민으로 전시 중뿐 아니라 전전의 행위도 포함해 처벌 대상이 된다. 나치 정체가 자국의 독일인, 즉 유대계 독일인이나 독일인 공산주의자, 사회주의자, 자유주의자 등에게 저지른 더한 전전의 잔학행위를 포함시켜 재판하려 했다. 이 시점에서는 협의의 전쟁범죄에는 범죄행위로 규정돼 있지 않다. 포함되지 않은 '정치·인종·종교적 이유'로 인한 박해에 잘 드러나고 있다. 전쟁 이전의, 즉 전쟁과는 직접 관련이 없는 평시의 탄압, 억압도 인도에 반하는 죄의 사정 범위다. 바로 이 점에 협의의 전쟁범죄가 대상으로 하는 행위의 범위가 '협소'하다는 결함을 보완하는 의의가 있었다. 게다가 범행은 일어난 지역의 국내법에는 설사 합법이라도 국제법 범죄가 될 수 있도록 했다. 원래 인도에 반하는 죄에 해당하는 행위의 상당수는 제2차 대전 이전에도 "'개인 또는 하급 공무원이 실행했을 경우에는' 각국의 국내법에 근거해 처벌될 수 있다고 하는 국제관행이 인정되고 있었다."[72] 새로운 점은 지도자 개인도 국제법상 그 책임을 면하지 않게 한 점이다.

(2) 판결

판결을 보면, 유죄는 '공동모의'로 8명, 평화에 반하는 죄로 12명, 협의의 전쟁범죄와 인도에 반하는 죄로 각각 16명이었다. 또 피고인들이 국가기관의 지위에 있었다 하더라도 개인의 책임은 면할 수 없다는

• • • • • • • • • • •

72 アーノルド・C・ブラックマン, 앞의 책, 541쪽.

헌장 정신에 따라 판단됐다. 중요한 점을 한 가지만 들어 보자. 인도에 반하는 죄에 관해서는 국제군사재판 헌장 제6조 c항이나 기소장에 있던 나치 정체에 의해 전전에 행해진 자국민(독일인)과 연합국 측이나 독일에 점령된 지역의 민간인에 대한 범죄는 법원의 '관할 외'로 재판되지 않았다. 이 전쟁 전(평시)의 범죄도 포함해 재판한 곳은 미군에 의한 단독의 계속재판과 독일이 스스로 재판한 재판이었다.

(3) 뉘른베르크 국제군사재판의 의의와 문제점

(3)-1. 후세에 남겨질 배움터

국제군사재판의 공죄에 대해서도 이미 많은 논점이 제기돼 왔다. 여기에서는 그 의의에 대해 한 가지만 언급해 두고 싶다.

제2차 세계대전에서의 독일의 전쟁범죄를 사법을 통해 처벌하려는 첫 시도는 1942년 1월 9개국 선언이다. 이는 독일에 점령된 각국의 망명정권이 런던에서 발표한 선언이다. 이후 1943년 10월 나치 지도부의 처우를 검토하는 미·영·소 3국 정상회의(모스크바)가 열리면서 '모스크바 선언'이 나온다. 여기서 전쟁 범죄자를 추궁해 미·영·소에 넘기는 것을 확인하고 있다. 연합국 정상 간에 범죄의 처벌은 검토돼도 그것이 보복이나 본보기가 아니라 재판에 의한 처벌 방침이 분명하게 정해지는 것은 세계대전 말기인 1945년 2월의 얄타회담 즈음에서부터다. 얼마 전까지 영국은 재판이나 사법 절차를 거치지 않고 일본과 독일 전쟁범죄자의 즉결 처형을 제창했었다. 이때만 해도 지도자들을 즉결 처형했다면 첫째, '승자의 복수극'이라는 비판이 점점 근거를 찾았을 것이다. 둘째, 재판을 했기에 법정에는 방대한 역사사료와 증언이 제출되고, 그 증거자료를 후세가 분석해 나치 범죄의 총체를 배우는 계기로 삼을 수 있었다. 역사를 배우고 나치 범죄를 반복하지 않기 위한 중요한 첫걸음이다.

다하우 강제수용소에서 일하다가 이후 아우슈비츠 강제수용소 소장 (1940~43년)이 된 루돌프 헤스는 지금까지의 배기가스에 의한 살육을 중단하고 독가스 치크론 B를 최초로 사용한 인물이다. 전후 뉘른베르크에서 연합국 측의 심문을 받았고, 1946년 4월 국제군사재판에서 친위대(SS) 국가보안본부 장관 카르텐브루너의 증인으로 소환됐고, 이어 열린 미군 계속재판에서도 '사건번호 4, 폴 재판'[73]과 '사건 번호 6, IG-파르벤 재판'에서 미 검찰 측으로부터 심문을 받았다. 카르텐부르너(사형판결)의 변호인 측 증인으로서 아우슈비츠에서는 자신의 관리 아래 "200만 명 이상이 살해되고"[74] "사체처리의 방법, SS의 재산으로서 죄수의 금고와 반지를 수집한 것, 의자나 소파 등 가구의 부품용으로 여성의 머리카락을 모은 것 등을 증언했다."[75] 오늘날 후세에 사는 우리는 이러한 증언록으로부터 왜 개인적으로는 예의 바르고 소시민의 전형과 같은 인물이 살육 공장의 '공장장'이 될 수 있었는가, 그 메커니즘을 알 수 있다.

공군 총사령관 괴링 원수(사형)의 경우도 그 증언에서 후세는 더 많이 배울 수 있다. 재판이 시작되자 그는 법정을 영·미를 향한 반론의 장으로 만들려고 노력했다. 그 이유의 하나는 나치의 침략전쟁과 대량살육을 연합국의 독일에 대한 공습과 동렬로 묶어 양자를 상쇄하려고 했기 때문이다. 그의 변명의 둘째는 독일의 전쟁 목적이 베르사유조약으로 잃어버린 영역을 되찾는 것, 독일 국민에게 본래의 자연적 발전을 되찾

• • • • • • • • • • • •

73 계속재판에서는 12개의 재판이 열렸으며 각각 번호를 붙여서 구분하고 있다.
74 ジェームズ·テーラー, ウォーレン·ショー 著, 吉田八岑 監訳, 『ナチス第三帝国事典』, 1993, 252쪽.
75 ジェームズ·テーラー, ウォーレン·ショー, 앞의 책, 252쪽.

게 하는 것이었다. 이 상쇄론 또는 상대화 이론, 또 반베르사유의 자세에 근거한 전쟁이라는 주장은 나치 정체의 전체상을 검토하고 규명해야 할 논점으로서 오늘날 더 유효하다. 재판을 하지 않고 즉결 처형을 했다면 역사는 이러한 논점의 제공을 쉽게 할 수 없었을 것이다.

괴링은 재판 시작 후 한 번은 체념한 듯 했지만 1946년 3월경부터는 연합국 측을 향해 싸우는 자세로 돌아섰다. 자신을 '나치 1인자'로 자처하며 재판에 필요한 일수를 다른 22명의 피고인 누구보다 많은 12일이라고 주장했다. 그는 그중 이틀을 변호인 슈타머의 질문에 답하는 형식으로 자신과 나치와의 관계를 설명하는 데 소비했다. 한 번도 방해받지 않고 계속해서 이야기한 괴링의 나치 체험은 기본적으로 나치의 이론과 운동이 "목적이 수단을 정당화한다"는 인식에서 관철하고 있음을 보여주고 있다. 후세는 이를 통해 나치시대 전모의 일단을 알 수 있는 단서를 얻었다. 영국 재판관 대리 노먼 버킷은[76] 1946년 3월 18일 메모에 "괴링은 상당한 지식을 갖고 있으며 이 점에서 검찰 측보다 뛰어난 곳이 많다"[77]고 밝혔다. "항상 자신감 넘쳤으며"[78] 피로披露한 이 '지식'과 그에 얽힌 시대 상황이야말로 재판이 이뤄지지 않았다면 우리는 알수 없었을 것이다.

요약하면, 재판은 변론, 증언, 자료를 통해 '집시' 민족과 유대계 사람들, 정치·신조를 달리하는 사람들에 대한 박해와 억압의 실체를 밝히고, 나중에 언급하듯이 나치 친위대뿐 아니라 국방군의 범죄까지도 역사의 어둠에서 끌어낸 점은 의미가 크다.

· · · · · · · · · · · ·

76 재판관은 미·영·프·소 각국에서 1명과 재판관 대리(예비 재판관) 1명, 총 8명으로 구성됐다.

77 Klaus-Konstantin Sondermann, Hitlers Helfer vor dem Kadi, taz, 1995.11.22.

78 Klaus-Konstantin Sondermann, Hitlers Helfer vor dem Kadi, taz, 1995.11.22.

(3)-2. 문제점

세계 역사상 처음으로 침략전쟁을 재판하는 뉘른베르크 국제재판은 왜 가능했는지, 그 이유는 얼마든지 있다. 국제적으로는 비록 벌칙규정이 없더라도 "국가의 정책 수단으로서 전쟁을 포기한다"(제2조)고 했던 1928년의 파리부전조약(일본은 1929.6 비준)이 있으며, 이 조약 위반을 묻는 국제여론은 뉘른베르크에도, 도쿄 국제군사재판에도 강한 영향을 미쳤다. 1988년 5월 오쿠노 세이스케奧野誠亮 국토청 장관은 "(일중전쟁에서) 일본에는 침략 의도가 없었다", "루거우차오 사건蘆溝橋事件은 우발적"이라고 발언했다가 사임할 수밖에 없었다. 이때 하타 이쿠히코는 오쿠노 장관이 강조하고 싶었던 점을 세 가지로 정리해 검증했다. 하타는 그중 하나로, 도쿄재판이 '승자의 패자에 대한 징벌'이라고 하는 사관을 내세웠다. 그리고 이러한 도쿄재판 비판은 '단순한 징벌론'이라며 그 근거를 다음과 같이 설명하고 있다. "문제는 그러한 약육강식의 시대에 종지부를 찍으려고 일본을 포함한 열강이 합의 후에 국제 분쟁의 처리 기구로서 국제연맹을 설립하고, 1929년에는 '침략전쟁'의 포기를 맹세한 부전조약을 맺은 것에 있다. (중략) 근년 왕성해진 도쿄재판 비판은 승자가 만든 사후법에 의해 패자인 일본을 심판한 점을 강조하고 있지만, 최종 논고를 잘 읽으면 부전조약과 연맹규약이 근거가 되고 있음을 알 수 있다."[79] 침략전쟁의 위법성을 국제적으로 확인한 이 조약이 있는 이상, 침략전쟁을 계획하고 준비하고 지도한 지도자는 공동으로 모의해 평화에 반하는 죄를 범한 인간이다. 그 위반의 사실과 책임을 추궁 받는 것은 당연하다. 이에 재판이 열리는 것은 필연이다.

이러한 국제법에 따른 재판의 필연성과는 별개로, 군사적으로는 연

• • • • • • • • • • •

79 秦郁彦, 「政治家の歴史理解」―「奧野発言」に欠けているもの」, 『毎日新聞』, 1988.5.23.

합군이 독일을 '완전한 패배=무조건 항복'으로 몰아넣은 것도 재판 시작의 한 원인일 것이다. 전후 즉시 독일에는 독일인 스스로 자신의 전쟁범죄를 재판하는 정치세력이 결여돼 있었다. 히틀러 체제에 대한 마지막 비판세력은 1944년 7월 20일 히틀러 암살미수 사건으로 괴멸적인 타격을 받았다.

이때 처형된 사람들 중에는 히틀러 이후의 독일상像의 계획을 세워 '유럽연합의 구상'[80]을 품고 있는 이들도 있었다. 공산주의자나 사회민주주의자는 국외로 망명해 있거나, 구속, 체포돼 강제수용소에서 목숨을 잃었거나, 강제노동으로 사선을 헤매고 있었다. 히틀러 인맥을 대신해 궤멸된 제3제국을 짊어질 인재는 이렇게 결여돼 있었다. 그렇다면 연합국 주도로 법관이나 검찰관의 구성, 재판의 관할범위, 소추절차, 입증방법, 법원의 권한, 형의 집행절차 등이 결정된다. 이것은 동시에 당연히 비판 받을 수 있는 요소를 가지고 있었다.

그중에서도 평화에 반하는 죄나 인도에 반하는 죄를 사후법이라고 하는 비판은 반복돼 왔다. 그러나 나는 뉘른베르크 국제군사재판은, 앞서 말한 것처럼 매우 큰 역사적 의의를 갖고 있지만 가장 큰 결함은 연합국 측의 전쟁범죄를 심판하지 않았다는 점에 있다는 견해를 지지한다. 극동군사재판의 가장 큰 문제점이 연합국 최고사령관 맥아더의 정치적 판단으로 일왕을 전범으로 심판하지 않은 점에 있듯이 뉘른베르크 국제군사재판도 무엇을 재판했다는 것이 아니라 '무엇을 재판하지 않았는가'에 반성할 점이 있다. 그중 하나는 스몰렌스크 근교 카틴 숲에서 수천 명의 폴란드 장교 시신이 발견(1943.4)된 데서 비롯된 '카틴 숲 학살'이다. 뉘른베르크에서는 유리 V. 포크로프스키 소련 측 검사가

- - - - - - - - - -

80 小林正文, 『ヒトラー暗殺計画』, 中央公論社, 1984, 168쪽.

그 책임은 나치 친위대 보안첩보부(SD)에 있다고 주장했다. 1990년대 들어와 소련 정부에 의해 소련 적군赤軍의 범행으로 확인됐다.[81] 이 학살이 뉘른베르크에서 재판됐다면 적어도 포로의 학대, 살해로 1929년 제네바포로조약 위반으로 협의의 전쟁범죄에 해당됐을 것이다. 나아가 1939년 소련의 핀란드 침략, 또 미국과 영국의 독일 도시에 대한 무차별 공습도 재판에서는 묻지 않았다.

2) 뉘른베르크 계속재판

(1) 뉘른베르크 계속재판과 강제노동

국제군사재판에서는 인도에 반하는 죄에 관해 본래 그 사정 범위여야 할 전전戰前의 범죄는 재판되지 않았다. 또 기업인 누구 하나 피고로 삼지 않았다. 전쟁 전의 범죄도 또 기업가도 포함해 재판한 것은 12개의 사건을 대상으로 한 미군 단독의 뉘른베르크 계속재판이었다. 12개 재판을 다음과 같이 6개 그룹으로 나눌 수 있다.

①의사: 인체실험이나 병원 내 살인, 우생優生 사상에 기초한 살인, 강제 단종 등이 재판됐다(사건번호 1). ②고급관료: 항공부 차관 에어하르트 미르히(사건번호 2)와 외무부 등의 제 관청(사건번호 11) 관료의 상위 그룹이 재판됐다. ③법률가: 총수를 포함해 몇 명이 자살이나 사망했기 때문에 최고 간부는 재판되지 않았다(사건번호 3). ④나치 친위대·경찰관: 친위대 경제관리본부 장관 오즈발트 폴을 필두로 한 경제관리본부원(사건번호 4), 친위대 자신의 이념과 인종의 '순결성' 유지를 추진한 친위대

---

81 독일, 폴란드 두 나라가 어떻게 이 문제를 교과서에 기술할 것인가를 둘러싼 논쟁은 近藤孝弘, 『ドイツ現代史と国際教科書改善』, 名古屋大学出版会, 1993 참조.

인종식민본부(사건번호 8), 행동부대(사건번호 9)가 재판됐다. ⑤국방군 간부: 남동전선 장군(사건번호 7), 국방군 최고사령부 OKA(사건번호 12)가 재판됐다. ⑥경제계의 상위 그룹: 플릭사 간부(사건번호 5), IG-파르벤 간부(사건번호 6), 크루프사 간부(사건번호 10)가 재판을 받았다. 이렇게 사건번호를 붙여 일괄한 사건은 번호를 가로로 해 직업, 지위에 주목하면 겹치는 경우가 있다. 예를 들어 사건번호 3에서는 법률가 16명이 재판됐지만, 사건번호 9로 피고석에 앉은 친위대 행동부대원 24명의 경우, 약 3분의 1은 법률가다(나머지는 치과의사, 대학교수 등).

강제노동에는 민간인, 전시포로, 강제수용소 수용자들이 동원됐다. 연행, 수용, 관리, 감시, 노동·혹사는 산업계, 나치 친위대, 국방군 등 3인 4각의 공동범죄며, 한편 강제노동자의 '소모품으로서 솎아내기, 뒤처리'에는 의사도 관여했다. 여기에 여러 관청을 포함한 제3제국 총체가 강제노동자를 만들어내고 유지했다. 따라서 본래 ①의사에서 ⑥기업까지 거의 전 분야의 재판을 논하는 것이 타당하다. 그러나 이 장에서는 특히 ⑥저명한 경제인이 재판된 플릭, IG-파르벤, 크루프 거대 세 기업에 초점을 맞추고자 한다. 그 이유는 첫째, 뉘른베르크 국제군사재판에서 거대 콘체른의 구현자들이 누구 하나 심판받지 않았기 때문이며, 둘째, 전쟁은 군인만이 군사적·호전적 이유로 일으키는 것이 아니라 전쟁의 가장 큰 본질은 경제적 이익 획득, 사람을 포함한 자원의 약탈이기 때문이며, 거대 자본이 경제적 이익을 찾아 외교가 아니라 무력에 기대려는 충동에 있기 때문이다. 셋째, 뒤에서 보듯이 일본과 비교했을 경우에 전후보상이 진척된 독일에서조차 특히 동유럽의 강제노동자에 대한 보상이 전후 56년이나 지난 2001년 6월까지도 되지 않았던 것, 그리고 이 전후보상의 지연과 태만에는 독일의 거대 기업이 결정적 책임을 지고 있기 때문이다. 넷째, 이 책은 후반에서 이 제3의 점을 중심으로 기업과 국가에 의한 강제노동 보상기금의 창설을 다룰 것이므로 '전전戰前'의 범죄를 포함해 계속재판에서 기업가가 어떻게 재판되고 그 후 어떠한 조치가 취해졌는지— 이 문제를 거대 기업 세 곳을 예로 논한다.

(2) IG-파르벤의 경우(사건번호 6)

(2)-1. IG-파르벤

12개 재판에서 인도에 반하는 죄로만 유죄 판결이 내려진 것은 3건이며 이 중 2건은 IG-파르벤과 크루프사다(다른 하나는 미르히 재판).

IG-파르벤은 제2차 세계대전 전 독일 내 기업 랭킹 1위를 차지하는 종합화학회사로 나치시대에는 세계 최대의 화학 콘체른이었다. 연료를 전 세계 지점과 자회사를 통해 독일 국방군뿐 아니라 적측인 연합국의 폭격기, 비행기에도 공급하고 있었다. 모든 기업 중 나치당(독일국가사회주의노동자당)에 자금을 가장 많이 제공한 기업이었으며 히틀러의 권력 탈취를 재정적으로 가장 많이 지탱해 준 기업이었다. 1941년부터 45년 사이에 IG-파르벤이 소유하는 강제수용소에서 강제노동자 3만 7,000명이 사망했다. 또한 인체실험의 목적의식을 갖고 실시해 살육했으므로 전쟁책임을 추궁당했다.

(2)-2. IG-파르벤의 간추린 역사

(2)-2-1. 제2차 세계대전 전

1904년 세 개의 화학 관련 기업은 동맹을 맺었다. 세 기업은 바이엘(Bayer=프리드리히 바이엘 염료회사, 레버쿠젠), 베아에스에프사(BASF=버디셰 아니린 운트 소다공업, 루트비히스하펜), 아그파(Agfa=아니린 제조주식회사, 베를린)였다. '3사동맹'에 의해 제1차 세계대전 중에 만들어진 것이야말로 독가스였다.[82] 대전 중인 1916년 위 3사에 가세해 헥스트 등의 6대 화학기업이 이익공동체 계약을 맺는다. 독일은 제1차 세계대전을 일으킨 책임과 패전으로 거액의 배상금이 부과됐고, 공업 생산력은 전전戰前의 절반 이하로 격감했다. 1923년에는 마르크화의 가치는 1914년 당시의 불과 1조분의 1로 떨어진다. 이러한 경제 혼란기에서 '상대적 안정기'로 이행하는 1925년 6대 화학기업은 합동해 트러스트를 형성한다. 사장에 카를 보쉬(BASF), 감사에 C.듀스베르크(바이엘)가 취임한다. 1925년 12월 바일러 텔메일 등의 2개 사를 추가해 거대 트러스트 IG-파르벤(독일 염료공업이익공동체주식회사, Interessengemeinshaftderdeutschen Farbenindustrie AG)이 성립한다. IG-파르벤의 IG는 '이익공동체', 파르벤은 '염료(복수형)'를 뜻한다.

IG-파르벤은 제1차 세계대전으로 잃어버린 기반을 서서히 회복하면서 제품은 염료를 중심으로 질소, 무기화학 제품, 사진 제품, 합성피혁을 취급해 독점적 지위를 차지하며 독일 화학공업계를 세계 1위로 끌어올린다. 1929년 스탠다드석유와 협정을 맺고 수소 첨가법으로 합성석유 개발에 착수한다. 게다가 마그네슘, 티타늄 나아가 합성고무로도 영역을 넓힌다. 1931년 IG-파르벤의 남동유럽 전문가 하인리히 가티노가 나치 지도부와 접촉하기 위해 베를린으로 전근한다. 이렇게 해서 IG-파르벤은 합성석유 프로젝트 수립을 히틀러에게 설득할 기회를 얻는다.

세계경제는 1930년대 초 세계공황의 타격에서 벗어나기 위해 블록화로 향한다. 자유무역 정책보다는 블록을 형성해 세계적 규모의 국경을 넘는 상거래에서 블록 내에서의 무역으로 전환하려 했다. IG-파르벤

· · · · · · · · · · ·

82 常石敬一, 『化学兵器犯罪』, 講談社現代新書, 2003, 66~75쪽, 98~107쪽 참조.

은 합성석유의 생산으로 독일이 석유 수입에 의존하는 체질에서 벗어날 수 있어 자급자족에 대한 전망이 가능하다고 주장했다. 히틀러도 이 계획이 세계경제에 의존하지 않고 블록경제 체제 내에서 에너지 생산으로 이어지는 점을 평가하고 IG-파르벤에 정치적·재정적 원조를 약속한다. IG-파르벤은 답례로 경영진 중 몇 명이 나치당 당원이 된다. 감사역의 부회장 카를 폰 바인베르크도 이때 입당했다. 그는 유대인이다. 히틀러가 집권하는 1933년 이전의 일이었다.

이렇게 해서 나치당과의 연계를 강화한 IG-파르벤은 합성석유, 합성고무 등 전쟁에 필요한 화학 생산물을 공급함으로써 나치 정부의 자급자족 정책을 뒷받침하고, 기업 중에서는 나치당에 대한 최대의 자금 제공자가 된다. 그 대가로 정부로부터 대량의 보조금을 획득한다. 1935년 9월 IG-파르벤에서 고압화학 전문가인 카를 클라오호가 베를린의 IG-파르벤이 계획하고 있는 국방군 대책의 새로운 연락부서에서 근무하게 된다. IG-파르벤의 한 부서인 이 연락부서가 맡은 일은 두 가지였다. ①합성고무, 합성석유의 생산으로 기업 내의 타 부서와의 조정역을 맡는다. ②나치 정체의 관련 부서와 연락을 취한다. 두 가지를 통해 히틀러의 정책에 무조건 충성을 다하는 대신 전시에 국가와 나치당으로부터 자율성을 얻을 수 있었다.

한편 배치가 변경된 클라오호는 국가 소속 원재료 부서의 한 부문인 연구개발 부문의 책임자로 임명된다. 이 원재료 부서는 헤르만 괴링의 지휘 아래 있던 부서다. 이렇게 해서 클라오호는 국가의 한 부서에 근무하는 '공무원'이면서 동시에 '사기업' IG-파르벤 경영진의 일원이며, 고압화학 부문의 책임자면서 IG-파르벤 베를린 본부장도 맡아 '공'과 '사'라는 두 개의 의자에 앉게 됐다.

나치당은 1936년 뉘른베르크 전당대회에서 경제성장을 목표로 전쟁을 준비하고 수행하는 4개년 계획을 발표한다. 이 해 괴링이 계획 책임자로 취임하고 IG-파르벤은 그 추진력이 된다. 4개년계획 전체 예산의 90%가 화학산업계에 투입됐고 이 화학산업계 예산의 75%를 IG-파르벤이 받았다. 4개년 계획이란 "실은 IG-파르벤 계획이었다."[83] 나치 정체의 '공무원'이며 동시에 경영의 중추에 있는 '기업인'인 클라오호로 상징되듯이, IG-파르벤은 나치와의 관계를 긴밀하게 해 나가고, 그만큼 기업과 국가의 경계선을 잃어 간다. 회사는 이러한 산업계와 관계官界의 유착을 이용해 병합한 오스트리아, 점령한 체코슬로바키아에서 화학산업을 잇달아 접수한다. 제2차 세계대전이 시작되자 나치의 외국 점령은 국방군과 나치당도 가세한 산·관·군·당이 일체화한 IG-파르벤의 화학공업계 점령이기도 하며, 회사에는 사상 유례없는 이익을 가져다줬다.

(2)-2-2. 제2차 세계대전

회사는 곧 독일의 다른 화학산업계를 끌어들여 세계 최대의 화학 콘체른으로서 지도적 역할을 해나간다. IG-파르벤이 제작하는 연료, 무기탄약이 나치에게 전쟁을 일으키는 군사력을 주어 제1차 세계대전 이래 독일 국민을 두 번의 세계전쟁으로 몰아넣는 원동력이 됐다. 특히 합성석유, 가솔린 등의 연료는 문자 그대로 원동력 중의 원동력이 됐다. 개개의 전차나 트럭을 움직이게 할 뿐 아니라 전쟁 전체를 추진하는 힘을 창출했다. 또한 IG-파르벤의 자회사인 데게시가 제조한 티크론 B를 원료로 하는 청산가스는 수용소 가스실에서 사용됐다. 가스 살상이야말로 불필요한 결함물 '소모품=강제노동자'를 말살하는 역할을 완수했다.

. . . .

83 Bernd Boll : Fall 6 : Der IG-Farben-Prozess, In : Gerd R. Übershär : Der National-
   sozialismus vor Gericht, Fischer, 2000, S.136.

말하자면 회전초밥처럼 컨베이어 벨트에 실린 인간 '소모품'은 행선지가 가스실이었다. 또 바이엘 공장이 제공하는 티프스균, 신경가스 등을 사용한 인체실험이 이루어졌다. 후자의 경우 대개 IG-파르벤 직원 스스로가 실험을 실시했다.

『독점자본의 내막』의 저자 대럴 매콘키는 IG-파르벤이 "1933년 정치헌금을 한 이래 모든 활동을 통해 히틀러의 정책 수립에 큰 역할을 해 왔다"는[84] 점을 언급하며 경영진의 한 사람이자 계속재판의 피고가 되는 게오르크 폰 슈니틀러의 증언을 소개하고 있다. 슈니틀러는 전후 미국 점령군 군조사단에 다음과 같이 답변했다고 한다. IG-파르벤은 "전쟁으로 이끈 히틀러의 대외정책에 결정적인 도움을 주었습니다…그러므로 나는 I·G(IG-파르벤)가 히틀러의 정책에 대해 대부분의 책임을 지고 있다고 결론내리지 않을 수 없습니다."[85]

아우슈비츠 강제수용소에서의 강제노동을 이야기할 때 기업은 가장 먼저 IG-파르벤사, 크루프사를 꼽지 않을 수 없다. 원래 이 수용소는 1940년 5월 폴란드인 강제수용소로 건설됐다(아우슈비츠 I로 불림). 독일은 경기 회복과 군수생산의 진척으로 노동력 부족을 겪었기 때문이다. 지휘는 루돌프 헤스가 했으며 1940년 10월에는 이곳에서 약 3km 떨어진 곳에 '러시아인 죄수 수용을 위해 급조된 절멸수용소'[86]로서 비르케나우 절멸수용소가 추가로 건설된다(아우슈비츠 II).[87] 이후 전 유럽에서 수많은 사람들이 수송돼 온다. 살육된 사람들은 최소 150만 명에 달한다.

• • • • • • • • • • •

84 ダレル・マッコンキィ 著, 柴田徳衛 訳, 『独占資本の内幕』, 岩波新書, 1972, 219쪽.

85 ダレル・マッコンキィ, 앞의 책, 219쪽.

86 ジェームス・テーラー, ウォーレン・ショー, 앞의 책, 34쪽.

87 루돌프 헤스 자신에 의한 수기가 출판됐다. 片岡啓治 訳, 『アウシュヴィッツ収容所』, 講談社学術文庫.

IG-파르벤은 각국에서 실려오는 무한한 노동력에 촉수를 뻗친다.

1941년 초 군부는 IG-파르벤에 합성고무 생산을 앞당겨 달라고 의뢰한다. 그것은 수개월 후에 단행할 독소전에 대비하기 위해서였다. 1941년 4월 IG-파르벤은 무진장한 노동력을 찾아 아우슈비츠 인근 시동부에 합성석유·고무를 생산하는 부나Buna(합성고무) 공장 설립을 시작한다(아우슈비츠 III). 이 설립에는 나치 친위대 최고지도자 하인리히 힘러가 개인적으로 지원했고, IG-파르벤 경영진 간부 오토 암브로스와 하인리히 뷰티피시가 지휘를 했다. 부나는 원료가 되는 부타디엔Butadien과 나트륨Natrium의 두 단어의 첫 음을 조합해 만든 문자에서 유래한다.

IG-파르벤은 강제수용소(아우슈비츠 I)에서 수용자를 데려와 부나 공장에서 일하게 하고 다시 돌려보내는 시스템에 만족하지 않았다. 첫째, 회사 입장에서 수용자의 왕복에는 시간이 너무 걸렸다. 이것을 단축하려고 했다. 그렇지 않아도 하루 한 끼, 그것도 열악한 식사밖에 주지 않으면서 추위와 눈·비·진눈깨비 속을 행진해서 왕복하는 시간을 더 단축하자는 것이다. 둘째, 이동과 행진 중의 폭동과 도망을 막고 또 피로를 줄이려고 했다. 두 가지 이유에서, 즉 1분이라도 더 오래 일하게 하려는 자본의 논리에서, 또 노동력 소실이나 소모를 막는다는 이유로 IG-파르벤은 비정하고 잔인한 계획을 실행에 옮겼다.

1942년 여름 부나 공장의 자사 부지 내에 IG-파르벤 소유의 모노비츠 '사영私營' 강제수용소를 건설한 것이다(아우슈비츠 IV). 자본주의 체제 하에서 노동생산성 향상을 노동자의 동의나 합의 없이 기업에만 맡기면, 기업은 말도 안 되는 일을 저지르는 조직체라는 교훈을 여기에서도 남겼다. 이렇게 해서 아우슈비츠 강제수용소는 [표 6]에서 보듯이 최초로 건설된 본래의 수용소(아우슈비츠 I)만이 아니라 절멸만을 목적으로 한 살육 수용소 비르케나우(동 II), 또한 IG-파르벤 관련의 부나 공장(동 III)과

[표 6] 아우슈비츠 강제수용소

출전 : 田村光彰, 「ドイツ企業の戦後反省—ダイムラー・ベンツとIG-ファルベンの場合—」, 『金沢大学
大学教育開放センター紀要』第17号, 1997年, 57쪽.

이것에 병설된 '사영' 강제수용소 모노비츠(동 IV)의 4개 부분으로 구성
된 복합 수용소가 됐다. 1942년 부나 공장에서는 14만 4,000명의 외국
인 강제노동자가 일했는데, 이 수는 이곳에서 일하는 전체 노동자의 3
분의 1 이상을 차지했다.

 IG-파르벤은 나치 친위대와 국방군이 끊임없이 아우슈비츠 I로 데
려오는 수많은 수용자를 모노비츠(IV)에 수용해 이 사람들을 부나 공장
(III)에서 일하게 했다. 숙련공의 경우에는 하루 4라이히스마르크의 노임
이, 강제수용자가 아니라 나치 친위대에 지불됐다. 친위대는 강제노동
에 사람을 투입할수록 자신들의 금고에는 돈이 쌓였고 노동자는 죽음
직전까지 갈 정도로 바짝 말랐다. 나치 친위대와의 밀월관계는 현저했

으며 회사 간부 암브로스는 같은 간부 프리츠 텔 메일에게 "친위대와 우리의 새로운 우정은 많은 결실을 가져다 준다"고[88] 편지에 썼다. 근대적인 설비를 갖춘 부나 공장을 경영하는 IG-파르벤의 기대는 다음과 같다. ①부나(합성고무)의 대량생산으로 블록경제 체제에서 수입에 의존하지 않고 나치의 자급자족 경제를 뒷받침하는 것, ②부나의 가격을 천연고무 가격 이하로 억제해 수출 촉진을 도모하는 것, ③이에 따라 유일한 생산자로서 전쟁 중만이 아니라 전쟁 후까지 전망해 시장 독점을 도모하는 것이었다.

이러한 기대는, 함부르크 사회조사연구소 연구원 베른트 볼의 지적에 의하면, 다음과 같이 판매와 시장의 확대에 나타나고 있다.[89] 부나 공장의 건설부터 1944년까지 매출액은 31억 라이히스마르크(57% 증가)로 성장했으며, 순이익은 3억 라이히스마르크 증가(25%), 투자액은 25억 라이히스마르크에 이르렀다. 25억 라이히스마르크의 출처는 3분의 2정도가 자기자본이며, 나머지는 국가로부터의 차입금이나 보조금, 세금 면제액 등이다. 1943년 무렵 합성고무와 연료는 생산물의 20%를 차지한다. 같은 해 국방군이 IG-파르벤의 생산물에 의존하는 비율은 다음과 같다. 알루미늄 8%, 화학섬유 25%, 연료 33%인 데 비해 합성석유·고무, 테트라에틸납, 메탄올, 폭약의 안정화제는 각각 100%를 기록하고 있다.

판매와 시장의 확대는 모노비츠 강제수용소의 수용자를 혹사시키는 정도와 비례하고 있다. 1943년 겨울 무렵부터 수용자의 육체적 피로는 현저해졌다. 혹사와 극도의 피로는 다음의 사실에 나타나고 있다. 즉

• • • • • • • • • • • •

88 Vgl. Bernd Boll, a.a.O., S.137.
89 Vgl. Bernd Boll, a.a.O., S.137.

IG-파르벤은 수용자를 정기적으로 대량으로 선별해 교환했다. '소모'된 노동자를 걸러내 절멸수용소 비르케나우(II)에 보내고, 대신 아우슈비츠 I에서 육체적으로 양호한 유대인을 모노비츠(IV)에 데려왔다. 1943년부터 44년에 걸쳐 3만 5,000명이 모노비츠에 새로운 '소모'품으로서 보내졌다. 그중 2만 5천 명이 살아서 돌아오지 못했다. 하루 평균 32명이 죽은 셈이다.

혹사와 피로의 일단은 인접한 IG-파르벤 소유의 광산에서도 여실히 엿볼 수 있다. 1942년부터 44년 사이에 이 광산에서는 약 6,000명이 모노비츠 수용소에서 동원돼 투입됐다. 『IG-파르벤사와 아우슈비츠 공장의 수용자 강제노동』의 저자 페터 하이에스에 따르면, 전쟁 말기에 수용자들의 생존기간은 고작 4~6주였다.[90] 이가 들끓는 3단 침대, 일본 홋카이도 북부, 사할린 중부에 해당하는 북위 50도의 하늘 아래에서 날씨에 관계없이 이른 새벽의 점호, 하루 11시간의 중노동, 뛰면서 하는 운반 작업, 겨우 살아남을 수 있는 식사──이러한 환경에서 노동을 강요당한 그들을 기다린 것은 과로·쇠약사나 가스실이었다. "경영진 중에 수용자 상황을 개선하려 한 사람들이 있었다는 지적은 전혀 없었다."[91]

(2)-3. 뉘른베르크 계속재판이란

(2)-3-1. 노선 대립

전후 IG-파르벤 콘체른의 해체는 미국 점령 지역에 입지하고 있던 IG-파르벤부터 시작해 연합국 측의 모든 점령 지역으로 확대해 간다.

90 Angela Martin, Eine "Geschäftsbedingung" im NS-Staat, ak, No.413, 1998.4.9.

91 Angela Martin, Eine "Geschäftsbedingung" im NS-Staat, ak, No.413, 1998.4.9.

연합국의 의도는 독일의 군수산업을 해체하고 평화산업으로의 전환을 꾀하는 것이었다. 한편 냉전의 시작과 함께 연합국 중에서도 특히 미국 정부는 반대로 군수산업을 온존시켜 가능한 한 빨리 재건하는 쪽으로 방향을 바꿔 간다. 이 점 또한 같은 패전국 일본에서도 방침 전환이 이루어졌다. 미국은 대일 방침에서 점령 초기의 '민주화 노선'을 소련에 대한 방파제 전략으로 변경해 일본의 구체제를 해체하는 것이 아니라 온존시켜 재건, 이용하는 쪽으로 방향을 전환한다. 미국 본국에서의 '해체파'와 '재건파'의 노선 대립은 점령지 독일에서의, 후에 언급하는 미군에 의한 계속재판뿐 아니라 재판받은 피고인들의 그 후의 운명과 처우에도 결정적인 영향을 준다.

(2)-3-2. 해체파의 패배

독일 패전 직전인 1945년 4월 미 합동참모본부는 독일 점령과 관련해 미 군사정부의 핵심 과제가 독일 경제의 비군사화와 관리라고 하는 선언을 정리한다. 이 선언에 근거해 합동참모본부는 점령정부에 지령 JCS1067을 내린다. 이 지령은 점령정부가 연합국 공동관리위원회에 영향력을 행사하고 독일의 무기, 탄약, 기타 전쟁 자재의 생산, 수입, 개발을 모두 금지하라는 내용이었다. 여기에는 IG-파르벤을 의식해 회사의 생산물에 해당하는 것이 구체적으로 예시되고 있다. 그것은 합성고무, 연료, 알루미늄, 마그네슘이었다. 더욱이 지령은 미 점령정부가 이러한 생산시설을 관리 하에 둬 배상 목적으로 철거, 해체하도록 명했다.

1945년 7월 5일 미 점령정부는 연합국 공동관리위원회법 제52호에 따라 철거, 해체 명령을 내렸다. 이 중에서 IG-파르벤에 대한 조치가 다음과 같이 나타나고 있다.

"IG-파르벤 콘체른은 독일 전쟁 경제에서 중요한 역할을 했으며, 국제적인 관련성으로 연합국 방위부대를 위기에 빠뜨렸다. 이 콘체른이 독일의 관리 아래 있는 한 세계의 위기다. 따라서 미국 지역의 IG-파르벤은 모두 (미국) 군사정권의 감독 아래 놓여지고 경영진과 그 밖의 관리직은 직에서 물러나며 주주의 권리는 무효가 된다."[92]

이러한 해체 노선을 미국 본국에서 추진하고 있던 사람은 재무장관 헨리 모겐소와 재무 부문의 책임자 버나드 번스타인이었다. 모겐소는 이미 1944년 9월 처칠, 루스벨트 회담에 대독 전후처리안을 제출한 상태였다. '모겐소안'은 결국 폐기됐지만 독일의 국방군, 거대 군수산업뿐 아니라 공업도 해체해 독일을 농업 소국으로 만들려는 목적을 가진 것으로 알려져 있다. 모겐소는 전전戰前 안의 정신에 입각해 독일 기업의 철저한 해체와 평화 산업으로의 전환을 추진하려 했다. 한편 미 본국의 군수부, 외무부는 전후에도 나치 정부에 남은 독일의 관료들과 함께 전후처리 작업에 착수했다. 모겐소의 영향력을 저지해 가능한 한 빨리 독일 산업계, 군수 산업계를 부흥시키는 것이 목표가 됐다.

양 노선의 갈등은 몇 달 뒤 해체 노선파의 패배로 마무리됐다. 이 패배는 미 점령정부 중의 재무 부문을 재편성하고 축소해 중심인물을 좌천하는 조치로 나타났다. 즉 1945년 9월 12일 점령정부 부장관 루시아스 D. 클레이에 의해 지금까지의 재무 부문은 해체되고 임무가 축소되어 업무는 예산과 외화 분야만으로 조정됐다. 또 해체와 탈나치화의 대상이 되는 산업계는 전 산업계가 아닌 독일의 은행업계에 한정됐다. 좌천에 관해서는 번스타인이 재무 부문의 하위 책임자로 재배치됐다. 이곳에서는 IG-파르벤의 해체에 힘을 발휘하지 못할 뿐 아니라 그는 1945년 말미에 이 부서에서도 배제됐다. 그리하여 군수부, 외무부를 중

92 Vgl. Bernd Boll, a.a.O., S.133.

심으로 한 온존·재건파가 이기고, 그들은 미군에 의한 뉘른베르크 계속 재판에도 결정적으로 영향력을 미치게 된다.

(2)-3-3. 냉전의 진행

미국 점령군에 의해 12개 사건을 다룬 뉘른베르크 계속재판은 1946 년 10월 25일부터 1949년 4월 14일까지 약 2년 반에 걸쳐 진행됐다. 국제군사재판이 1945년 11월 20일부터 1946년 10월 1일까지 11개월 남짓이었던 것에 비하면 장기화됐다. 가장 큰 차이점은 국제군사재판 이 행해지고 있던 기간이 지금까지 잠재적으로 존재하고 있던 동서 냉 전구조가 표면화하기 시작한 시기인데 반해, 계속재판은 냉전이 진행, 심화된 시기를 배경으로 한 점일 것이다.

독일이 항복(45,5,8)했어도 태평양 지역에서는 여전히 전쟁이 계속되 고 있었다. 일본에서는 1945년 4월에 오키나와 본섬에 상륙한 미군과 의 전투에서 9만 5,000명의 민간인을 포함한 19만 명이 희생자가 됐다. 여기에는 같은 편이라고 생각했던 일본군에 의해 집단자결을 강요당하 거나, 피란처인 동굴에서 쫓겨나거나, 간첩 혐의로 살육된 민간인도 다 수 포함돼 있다. 5월 12일 미·영·프는 얄타회담에 근거해 소련에 대일 참전을 요구하고 있었지만 트루먼 대통령은 소련에 대한 무기 대여의 정지 명령을 내린다. 6월 오키나와 수비대 전멸, 7월 소련에 대한 우위 가 목적의 하나였던 원폭을 미국이 완성해 히로시마와 나가사키에 투 하했다. 다음 해 46년 3월 5일 영국 총리의 '소련 봉쇄'의 전조가 되는 유명한 '철의 장막' 연설이 미국 미주리주 풀턴에서 행해졌다. 7월 12 일 중국에서 국민당과 공산당의 내전(국공 3차 내전)이 시작된다. 동서 냉 전이 표면화하는 가운데 국제군사재판의 판결은 이로부터 약 2개월 반 후에 내려진다.

한편 국제군사재판 종결 후, 49년 4월까지 이어진 계속재판은 미국의 지도 아래에서 트루먼 독트린(47,5), 마셜 플랜(47,6), 북대서양조약기구(NATO) 조인(49,4)에서 보듯이 소련과 공산권에 대한 강경노선과 동시에 진행됐다. 특히 트루먼 독트린은 제2차 대전 후 미국의 외교·군사의 기본 노선이 됐으며, 유럽, 중동, 아시아, 아프리카 등 각지에서 적용돼 '봉쇄 정책'의 근간을 이루었다. 동서냉전의 진행과 심화는 계속재판보다 큰 문제점을 노출시키게 된다.

(2)-3-4. IG-파르벤 재판

계속재판에서 심리된 사건번호 6의 IG-파르벤 재판은 1947년 5월 7일에 기소, 재판 개시가 8월 14일, 판결은 다음 해 1948년 7월 29, 30일에 나왔다. 1년 남짓한 재판에서 152일의 심리 일수가 기록돼 있다. 변호인은 60명이고 당시 독일에서 '가장 유능한 변호사'[93]가 IG-파르벤 편에 섰다. 이 중에는 국제군사재판에서 변호 활동을 한 변호인도 있었다. 오트 크랜츠뷔러 변호사는 히틀러 자살 이후 패전 때까지 7일간 나치당 총재에 임명된 되니츠 해군 총사령관(판결은 10년 유기형)을 변호했고, 루돌프 딕스 변호사는 국립은행 총재와 경제장관을 지낸 햐르마 샤하트(판결은 무죄)를 맡았다. 하인리히 레룬스너 변호사는 국방군 최고사령부(OKW)와 참모본부를 맡았다. 그들은 이러한 국제군사재판에서의 체험을 IG-파르벤을 재판하는 계속재판에서 활용할 수 있었다.

정치로부터의 압력 IG-파르벤 재판은 시작하자마자 진행 중인 미소 대립, 냉전의 현실이 판사의 발언에 나온다. 판사는 커티스 셰이크 재판장(미

----

93 Vgl. Bernd Boll, a.a.O., S.139.

국 인디애나 주 대법관)을 포함해 4명이었다. 판사 제임스 모리스(미국 노스다코타 주 대법관)는 제1회 심리일에 다음과 같이 발언해 소련에 대한 과잉 '경계'를 환기시키고 있다. "우리는 이제 러시아인의 일로 불안해하지 않을 수 없다. 우리가 준비를 못할 때 그들이 법정에 진군하는 사태가 생겨도 나는 놀라지 않을 것이다."[94]

미국의 정치인들도 이미 시작 이전부터 재판을 압박했다. 미시간 주 조지 A. 돈데로 의원은, 재독의 미 군사정부에는 공산주의 동조자가 들어 있다고 공공연히 말했다. 태프트 상원의원은 "피고인들이 재판에 회부된 것은 단지 전쟁에서 진 것일 뿐"이라며 근대 과학기술을 구사한 IG-파르벤의 독가스 제공, 인체실험, 강제노동과 노예화, 대량살육 등을 매장하는 모습을 보였다. 공화당 의원 존 E. 프랭클린은 의회에서 직접 거명하지는 않았지만 '소수파 인종'이라는 표현으로 유대인을 암시하면서 아래와 같이 연설했다. "전후 2년 반을 경과해 뉘른베르크의 소수파 인종은 독일군의 처형뿐 아니라 독일 사업가에 대한 재판도 하고 있다."[95] 이러한 반유대주의는 각국의 유대계 시민이 600만 명의 육친, 친구를 살해당하고 간신히 살아남은 사람들도 연행−직업의 상실−가족의 이산−해방된 수용소 내에서의 전염병, 상병, 트라우마로 고뇌하고 있는 현실에서 의도적으로 외면하는 역할만 수행한다.

판결 IG-파르벤뿐 아니라 산·군·관은 그 구성원이 멋대로 개인적으로 범죄를 저지른 것은 아니다. 계획하고, 공모하고, 거대한 나치 정체의 일부로 하나의 톱니바퀴로서 각기 범죄를 분업했다. 검사 측은 집단적

· · · · · · · · · · · ·

94 Vgl. Bernd Boll, a.a.O., S.139.

95 Vgl. Bernd Boll, a.a.O., S.140.

으로 범죄에 가담한 IG-파르벤의 책임을 추궁했다. 반면 변호인 측은 집단으로서의 행위가 아닌 개별적으로 각각의 행위를 옹호할 방침을 취했다. 예를 들면 친위대의 공격으로부터 유대인 조직의 간부를 지키려고 한 경영진이 있었다, 라고.

다음 장의 '국방군의 범죄전'에서 살펴보는 것처럼 국방군 모두가 민간인 살육에 가담했다고 판단하는 것은 잘못이다. 국방군 중에도, 나치 당원 중에도 이의를 제기하며 저항한 사람들은 있었다. 따라서 일률적으로 'A는 B다'라고 단정하면, 세부적인 것을 보지 못하는, 예외를 보려고 하지 않는 논리에 빠진다. 그러나 IG-파르벤의 간부 중에 유대인 조직을 지키려고 한 인간이 있었다, 라는 등의 '새로운 발견'은 이때도 그 후에도 증명되지 않았다. 또 오토 암브로스를 비롯한 7명이 아우슈비츠에 대해 몰랐다고 주장했다. 몇 번이나 자사의 프로젝트 시찰에서 이 절멸수용소를 방문했음에도 말이다. 소인訴因에는 평화에 반하는 죄(소인 I), 협의(통례)의 전쟁범죄(소인 II), 인도에 반하는 죄(소인 III), 국제군사재판에서 범죄적이라고 판단된 조직의 소속(예를 들면 나치 친위대, 소인 IV), 공동모의(소인 V)가 들어 있었다.

판결은 전원이 소인 I, V에서 무죄가 되고, C. 슈나이더, H. 뷰티피시, E. 폰 데어 하이데는 나치 친위대를 겸하고 있었는데도 소인 IV의 '범죄조직'에 대한 소속에서도 무죄를 선고했다. 유죄로 간주된 소인은 전쟁의 법규관례 위반과 해당하는 협의의 전쟁범죄와 인도에 반하는 죄뿐이며, 최고의 유기형은 [표 7]에서 보듯이 8년이었다. 부과된 형벌은 너무 가볍다고 하지 않을 수 없다.

피 고 명	판 결	비 고
Otto Ambros	유죄 8년	경영진 아우슈비츠 건설 지도 재판에서 "아우슈비츠에 대해 몰랐음"
Walter Dürrfeld	유죄 8년	경영진 재판에서 "아우슈비츠에 대해 몰랐음"
Fritz ter Meer	유죄 7년	경영진, IG-파르벤 기술자 Georg von Schnizler에 압력을 넣어 재판 개시 전에 증언을 거의 다 철회시킴 아우슈비츠는 "단순한 투자 실패"론자 재판에서 "아우슈비츠에 대해 몰랐음" 1956년 바이엘사의 감사위원회 위원장
Carl Krauch	유죄 6년	고압화학 전문가, 1935.9~베를린 IG-파르벤사 대국방 군의 신연락담당 부서에 근무, 감사위원회 회장 정부의 원재료 부국의 연구개발부문의 책임자이면서 IG-파르벤사 경영진
Heinrich Bütefisch	유죄 6년	경영진 아우슈비츠 건설 지도 재판에서 "아우슈비츠에 대해 몰랐음"
Georg von Schnizler	유죄 5년	경영진, 남작, IG-파르벤사 상업위원회 의장 재판 개시 전, 자신의 생각을 확실히 말함 재판 개시 후, 증언 철회
Hermann Schmitz	유죄 4년	사장
Max Ilgner	유죄 3년	경영진
Ernst Bürgin	유죄 2년	
Paul Häflinger	유죄 2년	경영진
Heinrich Oster	유죄 2년	경영진
Friedrich Jähne	유죄 1.5년	경영진 재판에서 "아우슈비츠에 대해 몰랐음" 1955년 헤키스트사 감사위원회 위원, 후에 사장이 됨
Fritz Gajewski	무죄	경영진
Heinrich Hörlein	무죄	경영진
August von Knieriem	무죄	경영진 재판에서 "아우슈비츠에 대해 몰랐음"

Christian Schneider	무죄	경영진 재판에서 "아우슈비츠에 대해 몰랐음"
Carl Lautenschläger	무죄	경영진
Hans Kühne	무죄	경영진
Wilhelm Mann	무죄	경영진
Karl Wurster	무죄	경영진
Heinrich Catteneau	무죄	경영진
Erich von der Heyde	무죄	
Hans Kugler	무죄	

(비서 Max Brüggemann은 건강상의 이유로 제외)

그 후의 경영진(1) : 사면 - 석방 그렇지 않아도 가벼운 판결에 더해 그 후의 경영진에 대한 처우 방법을 보면 한쪽의 희생자, 피해자의 잃어버린 생명, 입은 손해와 비교하지 않을 수 없다. 우선 뒤에서 설명하겠지만 1951년 1월 31일 재독 미국 고등판무관 J.H. 매크로이는 판결을 정지하고 사면해 '수용'돼 있던 전원을 석방했다. 1941년부터 45년 사이에 IG-파르벤이 소유한 강제수용소에서 강제노동자 3만 7,000명이 '수용'된 채 살아 돌아오지 않았다. 또한 7년의 유기형을 받은 전 사장 F. 텔미르는 판결로부터 5년 후에 다음과 같이 기록했다. "생존을 위해 싸운 국가에 대해 IG-파르벤은 전쟁의 비참한 최후까지 우리의 당연한 의무를 완수한 것이다."[96] 그리고 IG-파르벤의 사사를 보면 아우슈비츠는 특별히 논할 필요가 없는 사건이며, 잘못된 투자일 뿐이다, 라고 했다.[97] 아우슈비츠의 가스실에서 살해돼 소각된 사람들은 "하루에 6,000명 이상"에 이르고,[98] 1944년 여름에는 "6주 동안 25만 명 이상의 헝가

· · · · · · · · · · · ·

96 Vgl. Bernd Boll, a.a.O., S.142.
97 Vgl. Bernd Boll, a.a.O., S.142.
98 ジェームズ・テーラー, ウォーレン・ショー, 앞의 책, 11쪽.

리 유대인이 학살됐다. 납골당에서는 유골을 모두 처리할 수 없게 됐다. 가스실로 보내졌거나 총살된 희생자들을 도랑에 던져 그 위에 가솔린을 뿌리고 야외에서 소각"[99]했는데도 말이다.

그 후의 경영진(2) : 가스실과 원폭의 왜소화 현재도 자국의 소수민족이나 선주민, 이민자나 외국인을 배척하고 다문화 사회를 원하지 않는 사람들은 나치의 홀로코스트(특정 민족이나 집단의 대량학살)를 축소시키고 나치 범죄를 부정하거나 나치시대를 미화함으로써 자국의 마이너리티에 대한 정치적 제반 권리 부여에 반대한다. 1995년 2월 8일 오스트리아 극우 정당 자유당의 존 하이다 당수는 국회 연설에서 나치 독일의 강제수용소는 범죄를 저지른 사람을 응징하기 위한 '징벌수용소'라고 말했다. 이 표현은 강제수용소를 정당화하기 위해 나치 자신이 당시 사용했던 용어다.

프랑스 극우 정당 국민전선의 당수 장마리 르펜은 툭하면 "나치의 가스실도, 히로시마 원폭도 별거 아니다"라는 자세로 일관했으며, 1997년에는 독일에서 나치의 대량학살은 "역사의 한 부분에 지나지 않는다"라고 발표했다. 또 기자회견에서는 만약 2차 세계대전에 대해 쓰여진 1,000쪽 두께의 책이 있다면 나치의 "강제수용소에 할애된 것은 2쪽, 가스실은 15행에 불과하다"고 말했다.[100] 르펜도 F. 텔 미르도 아우슈비츠를 사소한 사건으로 삼는다는 점에서 공통점이 있다. 그러나 후자는 당사자고 체험자며 가해자다. 그런 만큼 죄는 무겁다고 하지 않을 수 없다.

• • • • • • • • • • •

99 ジェームズ・テーラー, ウォーレン・ショー, 앞의 책, 11쪽.
100 『北陸中日新聞』, 2002.4.25.

그 후의 경영진(3) : 후계 기업에서의 출세 연합국 공동관리위원회는 전후 공업화 계획을 작성해 '탈카르텔 계획'을 방침으로 정하고 독일 중공업의 해체와 카르텔 해소를 목표로 했다. 그러나 냉전 속에서 '탈카르텔 계획'이 무효화됐고 1948년 미영 점령 당국은 연합국 공동관리위원회의 '해체법'을 파기한다. 독일 중공업계를 재건할 방침이 강화된다. 이 가운데 IG-파르벤은 후계 기업 BASF, 헥스트, 바이엘 등 신 3대 콘체른으로 부활한다. 유죄판결을 받은 전쟁범죄인의 고용금지를 규정한 연합국 측의 금지 규정은 점령조약 철폐와 때를 같이해 파기된다. 1년 반의 유기형을 받은 F. 예네는 1955년 헥스트의 업무 집행을 감사·감독하는 감사위원회 일원으로 취임해 나중에 사장이 된다. 아우슈비츠를 단순한 투자 잘못으로 본 F. 텔 미르는 1956년 바이엘의 감사위원회 위원장이 된다. 후계 기업의 이익은 그 후 전성기의 IG-파르벤의 이익을 능가한다.

IG-파르벤은 군수경제를 지향하는 4개년 계획의 실체를 쥐고 추진역을 맡아 외국 기업을 횡령하거나 추방하고 친위대로부터 수많은 '노동노예'를 제공받았다. 1942년 전체 노동자의 3분의 1에 버금가는 14만명의 외국인 강제노동자를 혹사시켰다. 형이 가벼웠을 뿐 아니라 43년부터 다음 해에 걸쳐 모노비츠(아우슈비츠 IV)에 '소모'품으로서 보내진 3만 5,000명의 생명과 운명을 생각할 틈도 없이 석방된 간부들은 IG-파르벤의 후계 기업에서 다시 높은 지위에 오른다. 그들로부터는 그 시기에 '소모'된 3만 5,000명의 목숨도 포함해 강제동원·강제노동에 시달린 무수히 많은 사람들의 운명과 그 이후를 조사하고, '감사監査'할 사람은 나오지 않았다.

(2)-4. 플릭사

(2)-4-1. 제2차 세계대전 전

프리드리히 플릭은 1960년대 50~60억 마르크의 재산으로 세계 최고 부자의 한 명으로 꼽혀 유명해졌다. 그러나 전쟁 말기인 1944년 전체 종업원 12만 명 중 절반 이상을 외국인 강제노동자로 채우게 한 사실은 별로 알려져 있지 않다. 플릭은 독일 광산업계에서 핵심적인 역할을 한 기업이다.

프리드리히 플릭은 1920년대 중반부터 독일 철광석과 강철 생산의 5분의 2를 차지했던 통일제철주식회사를 지배 하에 둔다. 1932년 겔젠키르헨 시가 소유하고 있던 광산회사를 제3제국에 매각하고, 그 수익으로 광산 콘체른 중부독일철강회사를 설립한 뒤 이 회사를 기반으로 플릭의 거대 콘체른화가 시작된다. 이것을 경제면에서의 거대화라고 한다면 인적·정치적 측면에서의 거대화는 1932년 1월 26일에 열린 '뒤셀도르프 회의'에 참가할 때부터 시작한다. 이 회의는 신진 정치인 히틀러와 은행가 간의 회합으로 양자의 상호 의존은 강화된다. 세계 공황의 영향을 가장 심각하게 받아 위기의 정점인 1932~34년 프리드리히 플릭은 바이마르공화국 붕괴 직전에 부르주아 제정당과 함께 나치당에도 재정 지원을 한다.

'뒤셀도르프회의' 직후에 그는 히틀러를 직접 만나 나치당에 10만 라이히스마르크를 제공한다. 또한 히틀러의 권력 장악 이후 나치당이 독일 국가인민당과의 연합으로 가까스로 과반을 확보하게 되는 1933년 3월의 국회 선거에는 20만 라이히스마르크를 준다. 이후 나치당을 구성하는 여러 단체나 나치 간부들에 대한 헌금을 통해 이 당과의 연결을 강화해 간다. 간부 중에서도 특히 나치 친위대의 최고지도자 하인리히 힘러에게는 매년 거액의 자금이 입금됐다. 이 자금의 흐름은 플릭의 간부로, 동시에 나치 친위대 소장으로 승진하는 슈타인 브링크가 가입하는 '힘러를 지지하는 모임'이 중심적 역할을 했다.

1933년 히틀러의 권력 장악과 때를 같이하며 플릭은 군수생산을 시작한다. 경제부 등을 방문해 플릭사의 이점이 자원의 다양성과 공습을 견딜 수 있는 자원 기반에 있다는 점을 선전하고 자사의 군수제품을 구입하도록 한다. 이윽고 중부독일철강회사에 포탄, 포신 등의 주문이 들어온다. 히틀러 내각의 무임소장관으로 프로이센의 내무장관을 맡고 있던 헤르만 괴링에게는 생일에 또는 어떤 형태로든 자금을 제공해 그 대가로 플릭은 괴링의 도움을 받아 비행기 생산으로 분야를 확대한다.

제2차 세계대전 전의 플릭을 말할 때 꼭 기술해두고 싶은 점은 유대인 재산·공장의 몰수다. 동독의 대학·연구·교육사 전문가로 독일 통일 후 베를린의 저항기념관 연구원을 지낸 클라오스 드로비쉬는 플릭에 의한 유대인 재산의 '독일화', 즉 '아리안화'에 관한 세 가지 사례를 소개하고 있다.[101] 첫 번째 사례는 프리드리히 플릭과 오토 슈타인브링크가 몰수한 무기·차량공장이다. 이전부터 유대계 독일인들의 재산을 노렸던 두 사람은 군 무기담당 과장 쿠르트 리제의 문의에 관심을 보였다. 1934년 10월 "지몬상회의 무기와 차량공장을 인수할 의사가 있는지 어떤지"라는 생각하지도 못했던 조회가 플릭사에 왔다. 유대인이 무기 생산에 종사하는 것은 옳지 않다는 이유에서다.

이후 어떻게 유대계 독일인의 기업이 독일인 기업인들에게 빼앗기는지, 그 전형적인 사례가 여기 있다. 즉 회장 아르투르 지몬은 체포되고 공장을 포기하는 대신 석방이 허용된다. 슈타인브링크는 100만 라이히스마르크를 군에 제공한다. 이렇게 군은 돈을 벌고, 한편 무기·차

101 Klaus Drobisch : Fall 5 : Der Prozess gegen Industrie, In : Hrg. Gerd R. Überschär : Der Nationalsozialismus vor Gericht, Fischer Verlag, 2000, S.125~127.

량공장은 플릭 등을 중심으로 드레스덴 은행이나 나치당 등이 참여하는 공동의 경영체(컨소시엄)로 들어간다.

두 번째 사례는 루벡주식회사가 소유한 용광로의 몰수다. 1937년 플릭은 국가의 압력과 복잡한 외환업무를 이용해 거액의 주식, 유가증권을 통해 유대계 독일인의 용광로를 자신의 콘체른에 합병했다. 셋째는 유대계 체코인의 갈탄산업 약탈이다. 1938년 플릭은 갈탄공업을 하는 체코 기업인 유리우스 페첵의 소유 공장을 괴링의 사촌 헤르베르트 괴링을 통해 시중 가격의 절반 이하로 손에 넣는다. 이 중 일부를 IG-파르벤, 잘츠데트푸르트사 등에 팔아 이익을 챙겼다. 나아가 같은 갈탄산업을 영위하는 이구나츠 페첵의 공장을 인수할 때는 먼저 자사 고문변호사를 통해 조례를 만들게 하고 공장을 한 차례 국가 소유로 옮긴 뒤 나중에 국가에서 넘겨받았다.

(2)-4-2. 제2차 세계대전 기간

제2차 세계대전이 유럽 쪽에서 시작되자 6주 후에 플릭은 자사의 콘체른 산하 맥스튜테사, 안하르트 석탄광업주식회사에 폴란드에서 전시포로를 연행해 왔다. 대 소련전이 시작된 후 1942년 초까지 소련인 전시포로가 끌려왔다. 또 플릭은 국가기관에 대한 연줄과 영향력을 행사해 노동부, 직업안정소를 통해 민간인 노동력도 조달했다.

점령지에서의 기업 탈취는 전쟁 전과 같이 계속된다. 제2장 소련에서의 '강제노동 실태'에서 드러났듯이 대 소련 개전 직후인 1941년 후반에는 리가의 발록 차량공장과 7,500명의 노동자를 수중에 넣었다. 또 1942년 11월 헤르만 괴링사와 손잡고 소련의 6개 기업과 관련 기업을 획득한다. 경합 관계에 있으며, 촉수를 뻗치고 있던 독일의 다른 대기업보다 눈에 띄게 큰 성과를 얻었다. 아울러 회사는 소련 점령지에 도니에프루 철강유한회사를 설립하지만 목표 280만 톤의 조강 생산은 달성하지 못했다. 1943년 소련 적군赤軍이 이미 이 땅에 도달한 것이 큰 이유다.

1944년 플릭의 강제노동자 수를 클라오스 드로빗슈의 연구에서 보자. 드로빗슈는 우선 지금까지의 통설을 소개하고 있다. 전체 종업원은 12만 명 이상, 이 중 전시포로와 외국인 민간 노동력을 합쳐 6만 명이며 40%가 소련으로부터의 연행자였다. 이 외에 강제수용소 수용자가 1,000명이었다. 이 '12만 명' 설에 대해 드로빗슈는, 실태는 더 많았다고 한다. 그 근거는 가혹한 조건 아래 숙박하고, 위생설비와 의료 환경의 결여, 인체실험 등으로 노동 불능으로서 배제된 사람들, 죽은 사람들이 포함되지 않았기 때문이라고 한다.[102]

헤이그규칙이나 포로조약을 전혀 준수하지 않는 기업의 지배 아래, 앞으로 노동을 할 수 없게 되는 사람들이나 노동력의 재생산이 불가능해져 이른바 컨베이어 벨트 시스템에서 '불량품'으로 취급돼 배제된 사람들이 통계자료의 배후에 무수히 있는 것이다. 이렇게 해서 종전까지 갈탄과 역청탄의 산출량에서 각각 독일 제1위, 제2위를 차지했으며, 전차 생산에서는 제2위, 차량 생산에서도 지배적인 지위를 점해 온 플릭에서는 당시 '12만 명 이상'이라고 표기할 수 있을 뿐, 노동 실태를 정확하게 나타내는 숫자가 지금도 불분명하다.

독일의 패배가 확실해짐에 따라 플릭은 손해를 최소화하기 위해 약탈이나 몰수한 설비, 재산 등을 기업 재편을 통해 은폐했다. 또 진군해 오는 소련군에 의한 접수를 우려해 본사를 베를린에서 뒤셀도르프로 이전했다.

• • • • • • • • • • •

102 Vgl. Klaus Drobisch, a.a.O., S.123.

(2)-4-3. 플릭 재판

12개의 계속재판 중에서 프리드리히 플릭을 포함한 6명을 피고로 하는 '플릭 재판'은 산업계를 재판한 최초의 재판으로, '사건번호 5'로 불리고 있다. 재판 첫머리에서 검사장 텔포드 테일러는 '삼위일체의 재앙'론을 폈다. 즉 나치, 군국주의, 여기에 경제계의 3자가 일체가 돼 전쟁범죄를 저질렀다는 것이다. 수많은 외국인을 회사에 징발하고 생산에 투입한 것, 프랑스, 소련의 기업을 약탈한 것, 이미 전쟁 전 경제의 아리안화, 즉 독일인 자본가인 플릭 등에 의한 유대계 독일인으로부터의 약탈 등 인도에 반하는 죄에 해당하는 행위들이 열거됐다. 나치 친위대와의 연관성에 대해서는 경영진이 친위대를 지원하고 우대한 점, 또 그중에는 '범죄조직'인 친위대원이었던 경영진도 있었던 것으로 나타났다. 주목해야 할 것은 검사 측이 '평화에 대한 공모'를 소인訴因에서 누락시킨 점이다. 플릭의 방대한 자료가 검사 측의 손에 있었음에도 말이다.

변호인 측은 주로 뉘른베르크 국제재판에서의 주장과 같은 논리를 전개했다. 첫째, 피고인들은 책임 있는 지위에 없었다는 '지위'론이다. 피고들은 공적 지위에 없었던 사인私人으로 비즈니스맨에 지나지 않았다고 한다. 또한 책임 있는 지위에 있었던 것은 괴링과 힘러였으므로 그들에게 책임을 돌리려 했다. 둘째는 국가로부터 강요당한 것이며, 명령을 따르지 않을 수 없었다는 '강제명령'론이다. 세 번째 주장은 '무지 혹은 망각'론이다. 강제노동 계획은 몰랐고, 따라서 관계가 없으며 또 대량살육도 몰랐다고 하며, 그중에는 이미 잊어버리기도 하고 기억상실에 빠진 피고도 있다는 것이다. 넷째, 연합국 측도 같은 범죄를 저질렀다며 범죄의 상대화를 부각시키려 했다. 마지막은 미국의 재판에는 권한이 없고, 연합국 공동관리이사회법 제10조의 적용은 불가능하다는 논리다.

변호사 지멘스는 이 재판에 대해 "플릭 박사와 경영진에 대한 공격이 아니라 자본주의와 산업계에 대한 공격이다"[103]라고 주장하며 재판이 과거의 전쟁범죄를 심판하고 있는데도 관심을 미래 체제의 위기로 유도하는 전술을 구사했다. 또 명령한 것은 나치 고관들이며 피고들은 명령을 따른 것일 뿐이라는 '강제명령'론은 플릭이 명령에 의해 위협받은 '피해자'라는 주장과 직결된다. '피해자'관을 여실히 보여주는 예는 플릭이 1944년 7월 20일 히틀러 암살 미수 사건을 거론한 때다. 여기서 플릭은 이 사건에 연루된 반 히틀러파의 한 장군과 접촉했었다는 것을 근거로 자신도 나치 정부로부터 협박을 받았다고 주장했다. 즉 12년 동안의 나치시대 내내 반대파에 속해 있었으며 공포를 항상 안고 살았던 '피해자'라는 것이다.

검사 측은 피고인들이 "독일 경제계에서 가장 영향력 있고 우대받은 지위에 있었다"는[104] 점을 논증해 책임 있는 지위에 없었다는 '지위'론도, '피해자'관도 부정했다. 검사 측은 최후 논고에서 피고인들은 "늑대 떼와 함께 짖고 있던 것이 아니라 그 무리와 함께 사냥을 하고 있었다"고 주장하며 주범설을 펼쳤다. 또 "12년 동안 공포에 떨면서 몰래 울기도 하고 자신들이 원치 않은 일을 하지 않을 수 없었다"는[105] 피고인들의 주장을 가소롭기 짝이 없다고 했다.

판결은 1947년 12월 22일 내려졌다. 정부의 강제노동계획 참여로 유죄로 인정된 피고인은 플릭과 플릭의 조카로 회사의 포괄대리인을 맡고 있던 베른하르트 바이스만이었으며 다른 4명은 무죄였다. 프랑스

• • • • • • • • • • • •

103 Vgl. Klaus Drobisch, a.a.O., S.128.
104 Vgl. Klaus Drobisch, a.a.O., S.128.
105 Vgl. Klaus Drobisch, a.a.O., S.128.

와 소련의 기업 횡령과 약탈을 추궁 당한 것은 플릭뿐이며 그나마 '아주 작은 규모'라고 판단돼 문제라면 도덕상의 죄뿐이며, 헤이그육전규칙에는 위반하지 않는다고 결론 내렸다. 경제의 아리안화에서는 플릭까지 포함한 3명에게 그 죄를 묻지 않았다. 나치당과의 관계(나치당원, 친위대원, 돌격대원 등)에서는, 뉘른베르크 국제군사재판의 정의에 따라 범죄자 집단인 친위대에의 가입을 유죄로 인정받은 사람은 플릭의 비서에서 후에 회사의 포괄대리인으로 승진한 오토 슈타인브링크뿐이었다. 플릭(나치 당원)도, 회사의 포괄대리인인 오디로 부르크하르트(돌격대원)도, 플릭의 사촌이자 역시 회사의 포괄대리인이었던 콘라트 카레추, 나아가 경영진 총수였던 헤르만 테르베르거도 이 건에서는 죄를 묻지 않았다. 이렇게 플릭이 7년, 슈타인브링크가 5년, 바이스가 2년 반의 형에 처해지고 다른 3명에게는 무죄가 선고됐다. "강제수용소와 직접 동유럽 지역에서 연행한 4만 8,000명의 유대인 노예노동자를 사역"[106]하고 "그중 80%의 노동자가 사망"[107]했음에도 극히 가벼운 판결이 나왔다.

1950년 8월 25일 플릭은 석방된다. 형기 만료 전이었다. IG-파르벤, 크루프의 피고인들도 마찬가지였다. 플릭은 석방 후 자동차, 화학산업계라는 종전과는 다른 분야로 정력적으로 진출한다. 1972년 사망할 때까지 그는 전쟁책임이 없다고 했으며, 아주 가벼운 형만 받았음에도 그조차 인정하려 하지 않았고, 죽음을 면한 강제노동자들의 보상청구를 평생 거부했다. 단 1964년 그는 청구의 일부를 인정하기는 했으나 500만 마르크라는 조촐한 보상금 지급은 완강히 거부한 채 죽음을 맞았다.

반면 1950~60년대에 IG-파르벤과 크루프, AEG, 지멘스, 라인메탈

106 ジェームズ・テーラー, ウォーレン・ショー, 앞의 책, 245쪽.
107 ジェームズ・テーラー, ウォーレン・ショー, 앞의 책, 245쪽.

등이 사실을 인정했지만 사과를 수반하는 보상이 아닌 살아남은 사람들의 '고통을 덜어주기 위해서'라는 시혜적인 자세, 그것도 실태는 기업에 대한 비판을 피하고 제품 판매를 높일 목적으로 극히 소액의 금전적 지불에 응했다. 하지만 플릭은 이것에조차 가담하지 않았다. 그뿐이 아니다. 앞서 인용한 것처럼 플릭은 80%의 강제노동자를 사망시키는 노동 환경으로 동유럽 민간인과 나치 친위대가 관할하는 강제수용소에서 수용자를 차용해 혹사했지만 "전후 플릭은 이 노동자 사용을 위해 SS의 수용소에 이미 거액의 돈을 지불하고 있었다는 이유로 감쪽같이 배상청구를 면"했던 것이다.[108]

(2)-5. 크루프

오늘날 크루프는 루르 공업지대의 중심지 에센 시를 거점으로 생산재를 생산하는 거대 콘체른이다. 1811년 설립된 철강회사는 알프레트 크루프 시대에 세계 최대의 철강기업으로 성장한다. 그의 사후 크루프는 아들 프리드리히 알프레드로 이어진다. 프리드리히는 다른 기업과 조선소를 인수하고, 또 근대적인 정련소를 두이스블루크라인하우젠 지역에 신설해 기업 규모를 키웠다. 이 기업을 물려받은 것은 그의 장녀 베르타로, 그녀는 1906년 구스타프 폰 보렌 하르바흐('폰'은 원래 귀족이나 귀족으로 추대됐다는 뜻의 말)와 결혼했고, 기업은 남편 구스타프가 이어받았다. 막스 베버에 따르면 이러한 거대 기업과 귀족의 결혼은 독일 제2제정시대(1871~1918년) 이후 독일사의 '숙명적 성질'이라고 한다.[109]

・・・・・・・・・・・

108 ジェームズ・テーラー, ウォーレン・ショー, 앞의 책, 245쪽.
109 Friedhelm Kröll : Fall 10 : Der Krupp-Prozess, In : Hrg. Gerd R. Überschär : Der Nationalsozialismus vor Gericht, Fischer Verlag, 2000, S.176.

구스타프는 당초의 히틀러에 대한 비판적 자세를 수정해, 후에 열렬한 히틀러주의자로 변해 간다. 그 아들 알프리트 크루프 폰 보렌 하르바흐는 1943년 11월 아버지의 뒤를 이어 크루프 사장으로 부임한다. 크루프는 이 부자 2대에 걸쳐 "독일의 점령지대로 새 공장을 이전하고 징용한 노동자와 노예노동자 또는 강제수용소 등의 노동력을 사역했다."[110] 특히 아들 알프리트는 비스마르크 이후 계속된 독일 군국주의와 산업자본주의의 밀접한 연계와 동맹의 전형적인 인물 중 한 명이다.

(2)-5-1. 뉘른베르크 계속재판

독일 기업 옹호론과 피해자론 산업계 전체나 개별 기업은 뉘른베르크 양 재판 이후 유독 유대인과 강제수용소 수용자의 경우 분명히 노동은 시켰지만, 이들을 최악의 사태로부터 보호하고 옹호한 것이라는 주장을 펴왔다. 오스카 쉰들러처럼 '보호'한 사례가 없었던 것은 아니다. 하지만 이것은 예외 중의 예외였다. 이미 살펴본 것처럼 국제·국내법에 반한 환경에서 일하게 된 사람들은 '노동 중'에 또 '노동 외'의 빈곤한 식사, 비위생적 숙박시설 등으로 언제든지 목숨을 잃을 수 있었다. 강제노동에서는 '최악의 사태'가 나치에 의해 물리적으로, 폭력적으로 밀려오거나, 강제노동에 의해 병, 기아, 피폐를 통해 초래되거나 하는 차이일 뿐이다. 단 후자는 기업에 이익을 가져다주는 '황금알'이기도 했기에 수많은 사람들이 노동을 강요당했다.

'노동 후'의 운명은 어떻게 됐을까. 전황이 독일의 패배를 향해 치닫던 1945년 3월 7~8일 알베르트 슈페어 전시생산부 장관이 노르트라인 베스트팔렌 지역에서 제철·철강업계 핵심 인사들과 회담한 것은 앞에

---

110 ジェームズ·テーラー、ウォーレン·ショー、앞의 책, 67쪽.

서 다뤘다. 여기서 다시 확인하자. 핵심 인사들은 전황이 나빠져 생산이 불가능하므로 전시포로와 외국인을 '이송'해 달라고 당국에 요청하고, '이송'된 전시포로들은 직업안정소나 현지 경찰에 '돌려보냈다'. 포로들에게는 '최악의 사태' 즉 처형, 솎아내기가 기다리고 있었다. 기업은 처치 곤란한 강제노동자를 스스로 처분하지 않고 당국에 맡김으로써 자신을 가볍게 하고 사후처리를 하는 번거로움으로부터 스스로를 '보호'한 것뿐이다.

노동자를 '보호'했다는 주장에 이어 기업 측의 두 번째 허위는 강제노동자의 고용은 '강요당했다'는 이른바 피해자론이다. 그러나 오늘날 고용강제의 증거는 하나도 없다. 나치 친위대 경제관리본부장 오즈발트 폴은 계속재판인 '폴 재판'(사건번호 4)에서 재판을 받았는데 특히 강제수용소 수용자를 강제노동에 몰아넣은 핵심 인물로 이름을 남겼다. 재판 증언대에서 그는 다음과 같이 발언했다. "거의 모든 군수산업이 노동력을 강제수용소에서 얻기 위해 나의 부서로 왔다. 이미 수용자를 쓰던 기업은 대다수가 투입 인원을 더 늘려주길 원했다."[111]

'강요당한' 게 아니라 각 기업은 스스로 적극적으로 강제노동자를 모집해 나치 측과 직접 담판도 했다. 크루프는 1941년 말에 회사의 독자적인 노동력 보충사무소를 동유럽 점령지에 개설했으며 이후 이곳을 경유해 많은 시민을 에센 본사로 연행했다.

일본 기업의 경우 여기서 본론을 벗어나 일본 기업의 책임에 대해 언급해두고자 한다. 1937년 이후 중일전쟁이 확대됨에 따라 독일과 마찬가지로 일본도 석탄, 철광석 등 군수물자에 대한 수요가 급증하면서 동

· · · · · · · · · · · · ·

111 Vgl. Dietrich Eichholz : a, a.O., S.36.

[지도 4] NHK 프로그램, 『幻の外務省報告書 : 中国人強制連行の記録』

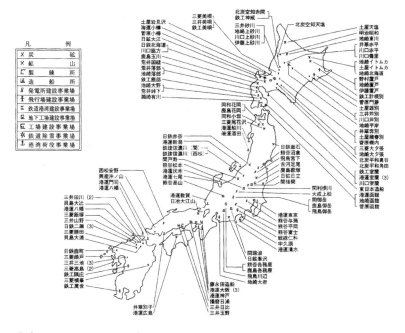

출전 : 日本放送出版協會, 1993년, 76~77쪽

시에 노동력 부족에 직면한다. 노동력은 초창기 식민지인 한반도에서 충당하려 했지만 예정대로 모이지 않았다. 그래서 일본 정부는 그동안 '만주국'으로 연행한 중국인을 일본 본토로 데려오는 정책으로 전환한다. 이 방침 전환은 산업계, 특히 대형 토목건설사와 재벌계 광산의 강력한 요청이 한 원인이다. 1941년 8월 가지마건설鹿島建設(도쿄), 철도건설흥업鐵道建設興業(도쿄), 하자마구미間組(도쿄), 히도시마구미飛島組(도쿄), 다이세이건설大成建設(도쿄), 니시마쓰구미西松組(도쿄), 미쓰비시광업三菱鑛業(사이타마), 미쓰이광산三井鑛山(도쿄)을 비롯한 산업계는 중국에서 노동력을 데려오도록 정부에 의견서를 제출했다.[112] 이렇게 해서 1942년 11월

27일 '화인 노무자 이입에 관한 建華人勞務者移入二關スル件'이 각의에서 결정됐다. 3만 8,935명이 중국에서 연행돼 6,830명(약 18%)이 사망했다 ([지도 4] 참조).

[표 8] 군, 정부, 기업이 일체가 된 강제동원

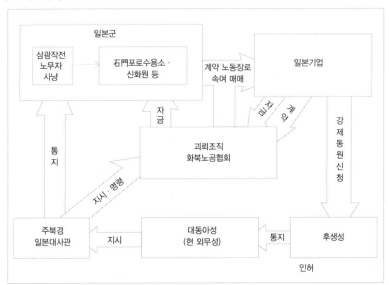

출전 : 戰爭犧牲者田を心に刻む南京集會編 『中國人強制連行』, 東方出版, 1995년, 40쪽

국책이었기 때문에 일본 각 성이 연행에서 귀환까지를 분담했다. 우선 기업의 135개 사업소가 후생성에 중국인 노동자의 알선을 신청한다. 이에 따라 후생성은 군수성, 운수성과 협의해 각 사업소에 할당 인원을 결정한다. 중국인의 연행, 공출은 중국 현지의 일본군과 일본 대사관,

112 NHK テレビ番組, 『幻の外務省報告書：中国人強制連行の記録』, 日本放送出版協會, 1993.8.14 방송.

노무통제기관인 화북노공협회華北勞工協會가 담당했다. 연행돼 온 사람들의 단속은 내무부가 맡았다(표 8] 참조).

독일 기업과 마찬가지로 일본 기업도 노동력을 충원하기 위해 이니셔티브를 발휘해 적극적으로 후생성이나 현지 기관과 접촉했다. 기업 측으로부터의 이러한 행동을 중국인 강제연행 니가타소송 판결(2004.3. 26)에서 니가타 지방법원은 다음과 같이 인정하고 있다. "일중전쟁 및 태평양전쟁의 확대와 격화로 노동력 부족이 현저해졌기 때문에 일본 기업으로부터 중국인 노동자의 이입을 요구하는 움직임이 나타났다."[113] 또 다나카 히로시는 일본광학공업 노무과장 노리토미 다케오乘富丈夫의 『징용노무관리徵用勞務管理』(1942년)에서 '사용자로서의 사업주 책임'이란 절을 인용해 연행·노동과 관련해서 기업 측의 동기와 책임을 설명하고 있다. 즉 징용 발동은 "정부를 대신해 시행 중인 사업주의 '징용 신청을 동기'로 하고 (중략) 따라서 징용실시 및 운영에 관한 사업주의 책임은 직접적이고 전면적이다."[114]

오늘날 강제동원·강제노동에 관한 기업 책임을 스스로가 인정하는 기업, 사업소는 지극히 소수며, 동원·노동의 사실조차 부정한다. 예를 들면, 니가타항운주식회사(현 린코코퍼레이션)는 "재판에서 이들 중국인의 강제노동 사실에 대해 '일체 모른다'는 등 답변"[115]하고 있다. 이것은 기업뿐 아니라 국가의 배상책임도 인정한 니가타지법 판결로 뒤집혔다. 또 독일 기업과 같이 "국가가 할당한"[116] 중국인을 사용했을 뿐이며

• • • • • • • • • • • •

113 張文彬裁判を支援する会, 中国人戦争被害者の要求を支える会·新潟県支部, 中国人強制連行強制労働事件　新潟訴訟弁護団　編集·発行, 『新潟地裁判決·特集』, 2004, 14쪽.

114 田中宏, 앞의 책, 152쪽.

115 中村洋二郎, 앞의 책, 213쪽.

"국책에 따랐을 뿐"[117]이라고 주장했던 니시마쓰건설은 재판 과정에서 일본 정부가 인정한 300명의 강제노동자 외에, 국가가 인정하지 않는 63명의 중국인을 기업이 독자적으로, 적극적으로 연행해 일하게 한 사실이 밝혀졌다. '할당'한 수 이상을 마음대로, 음성적으로 연행할 정도로 노동력 부족은 심각했다. 동시에 채찍과 곤봉 아래에서 공짜로 일하게 할 수 있어 간단히 자본을 축적할 수 있었다.

크루프 재판 1947년 8월 16일 아들 알프리트를 포함한 12명이 계속재판소에 기소돼 12월 8일 재판이 시작됐고 이듬해 7월 31일 선고됐다. 원래 아버지 구스타프야말로 뉘른베르크 국제군사재판의 피고석에 앉히려 했다. 검찰 측은 방대한 증거를 제출했지만 구스타프의 변호인이 병을 근거로 출정을 못한다는 요구를 국제군사법정은 인정했다. 국제군사재판에서는 검사를, 이어지는 계속재판에서 수석 검사를 맡은 텔포드 테일러는, 후에 재판에 대한 회고 기록에서 "이 피고에 대한 재판은 변론 능력이 회복할 때까지 일시 중지한다"는 판단을 내렸다고 했다.[118] 테일러에 의하면 미·영·프·소 4대국 의사위원회의 전문가 감정서도 "육체적으로도 정신적으로도 국제군사재판소에 출두할 수 없다"고 판단했다.[119] 이에 대해 국제군사법정의 수석 검찰관 로버트 H. 잭슨은 피고가 부재인 채 재판을 계속하거나 아들인 알프리트를 아버지 대신 피고석에 앉히거나 선택의 기로에 섰다. 전자에는 유례가 있었는

116 川原洋子, 「歷史的事実を隠して責任逃れ—中国人強制連行に積極的に関与した 西松建設」, 古庄正, 田中宏, 佐藤健生, 앞의 책, 169쪽.
117 川原洋子, 앞의 책, 169쪽.
118 Vgl. Friedhelm Kroell, a.a.O., S.179.
119 Vgl. Friedhelm Kroell, a.a.O., S.179.

데 나치당 사무장 마틴 볼먼은 체포를 면해 결석재판에서 사형선고를 받았다. 후자의 의도는 아버지의 재판을 연기한다면 적어도 크루프의 이해利害를 대표하는 누군가가 재판을 받아야 한다는 점에 있다.

결국 잭슨의 견해는 수용되지 않았고 변호사의 연기 신청이 수리됐으며, 이어지는 계속재판에서 아들을 재판한다는 판단으로 합의가 이뤄졌다. 제출된 아버지 구스타프에 대한 고발에 대해서는 "이어지는 심리를 위해 본 법정의 자료로 남겨두겠다. 만약 피고인의 육체적·정신적 상태가 심리에 지장을 주지 않는 날이 올"[120] 때까지라는 연기 조치가 취해졌고, 마침내 그날은 오지 않은 채 뉘른베르크 국제군사법정은 끝났다. 그는 방대한 전쟁범죄를 공식적으로 추궁받지 않은 채 1950년 세상을 떠났다.

계속재판에서는 테일러가 "바이마르공화국과 제3제국에는 많은 공통점이 있다. 그중 하나는 크루프 기업"[121]이라고 지적한 부분에서 검찰 측의 진술은 최고조에 이르렀다고 한다. 기소장에서는 '평화에 반하는 죄', '약탈과 착취', '유럽 점령 하에서의 국제법 위반의 약탈 행위', '연행, 노예노동의 착취, 학대'가 추궁 당해 크루프 콘체른 지도부 12명의 개인 책임이 추궁 당했다.

약 1년 후의 판결에서는 첫 번째로, '약탈과 착취'에서는 "피고들은 국가로부터 위탁을 받았을" 뿐이며 적극적으로 국제법을 위반한 것은 아니라는 변호인의 논리를 물리치고, 기소장의 생존자 증언을 받아 "그들은 사냥감에 몰려드는 독수리와도 같았다"라고 단죄해 12명 중 6명을 '약탈과 착취'로 유죄를 인정했다. 둘째, '연행, 노예노동 착취, 학대'

· · · · · · · · · · · ·

120 Vgl. Friedhelm Kroell, a.a.O., S.179.
121 Vgl. Friedhelm Kroell, a.a.O., S.176.

에서는 특히 소련인 전시포로 취급에 대해 국방군 최고사령부 장관 빌헬름 카이텔의 메모가 인용되면서 피고인들의 개인 책임이 강조됐다. '카이텔 메모'는 소련인 포로에 대해 국제법을 무시하고 잔학하게 취급하는 것을 우려하는 국방군 첩보부장 빌헬름 F. 카나리스 제독에게 쓴 글이다. 나중에 카이텔은 국제군사재판에서 사형 판결을 받았으며, 카나리스는 "히틀러에 대한 저항운동을 확산시키기 위해 목숨을 건 위험을 많이 감수"하기도 했으며,[122] 1944년 히틀러 암살 사건에 관여한 것으로 알려져 45년 4월 교수형에 처해졌다. '카이텔 메모'에는 "(이번 전쟁에서는) 기사도에 입각한 전쟁이라는 (종래의) 전쟁관은 의심스럽다. 이 전쟁에서는 통상의 전쟁관 그 자체를 살육하지 않으면 안 된다. 이 행위를 나는 긍정하고 옹호한다"[123]라고 적혀 있다. 요컨대 '기사도'나 국제법에 구애받지 말라는 지시다. 판결에서는 크루프 경영진이 나치 지도부와 밀월관계를 유지하고, 이러한 메모에 충실히 따른 점이 인정돼 '약탈과 착취'의 건과 같이, 위탁을 받거나 명령을 받은('강제명령') 것이라는 변호인 측 주장을 물리치고 경영자의 개인 책임이 지적됐다.

내려진 판결은, 카를 푸필슈 부사장을 무죄로 하는 것 외에 다른 기업가 재판과 비교해 비교적 무거운 형량이 부과됐다. 알프리트는 금고 12년과 전 재산의 몰수, 다른 10명은 각각의 개인 책임을 추궁 당해 유기형이 내려졌다.

(2)-5-2. 그 후의 경영진

문제는 여기서부터다. 판결 후 3년도 지나지 않은 1951년 1월 31일

. . . .
122 ジェームズ・テーラー, ウォーレン・ショー 著, 앞의 책, 47쪽.
123 Vgl. Friedhelm Kroell, a.a.O., S.183.

재독 미국 고등판무관 J.H. 매크로이는 판결을 수정해 알프리트의 석방과 재산 몰수를 취소했다. 그뿐 아니라 유기형을 받은 사람들에 대해서는 개개의 상황을 고려해 전원 사면했다. 뒤에 기술하는 바와 같이 50년대 초에는 나치 범죄자의 복권이 대규모로 이뤄졌다. 그 이유는 미국의 세계전략 변경이다. 냉전의 시작과 이미 발발해 '열전熱戰' 상태인 한국전쟁을 계기로 미국은 일본뿐 아니라 서독을 '민주화'하기보다 서방 진영에 편입시킨다는 전략을 세웠다. 계속재판의 판결을 그대로 실시해 나치 범죄를 물어 보상을 논하기보다 나치 체제의 체현자나 협력자를 복권시켜 서방 진영에 협력시킬 방침으로 전환했다. 이렇게 해서 크루프의 전쟁책임도 애매모호해져 재산과 회사 자체가 알프리트에게 반납됐다. 반면 이 기업에 목숨까지 잃은 사람들과 전후 간신히 목숨을 부지할 수 있었던 강제노동자들에게는 목숨에 대한 보상도, 임금의 반환도 되지 않았다.

(2)-6. 계속재판의 의의와 문제점

(2)-6-1. 의의

계속재판의 의의는 첫째, 국제군사재판과 마찬가지로 전쟁범죄를 밝히고 후속 세대를 위해 배우며 반복하지 않기 위한 소재를 제공했다는 점에 있다. 둘째, 전쟁 전, 전쟁 중만이 아니라 모든 민간인에 대한 범죄를 재판한 점이다. 특히 나치 정체에 의한, 전쟁 전(평시) 독일 내의 독일인에 대한, 또 연합국이나 점령지 민간인에 대한 범죄를 심판했다. 뉘른베르크 국제군사재판에서는 이들은 관할 외로 재판되지 않았다. 이 점에서의 전형적인 예는 사건번호 1의 의사재판이다. 인체실험이나 병원 내 살인, 우생사상優生思想에 근거한 살인, 불임수술, 단종 등이 대상이었다.

나치당은 권력을 장악하자 반년도 안 돼 '단종법'으로 알려진 '유전자병자손예방법'을 공포했다. "의학적 경험으로 판단해 그 자손이 육체적·정신적 결함을 이어받을 가능성이 매우 높은 경우에는 유전병자는 외과적 수술(단종)을 받을 수 있다."[124] 이후 33년 7월 14일부터 유럽의 제2차 세계대전 개시(1939.9.1)까지 37만 5,000명이[125] '고맙게도' 시혜로 '주어진' 단종의 희생이 됐다. 무엇이 유전병인지, 그 정의는 애매모호했고 따라서 인정하는 측의 재량에도 한도가 없다. 『장애인 '안락사' 계획』의 저자 휴 G. 갤러퍼에 따르면 "알코올 중독 환자나 '도착증 환자', 때로는 사고 피해자들도 단종의 대상이 됐다"고 한다.[126] 이렇게 주로 전쟁 전에, 특히 전쟁과는 관련이 없는 독일인에 의한 독일인에 대한 범죄가 의사재판의 대상이 됐다.

한편 전쟁 개시 후의 독일인이나 연합국 및 점령지 민간인에 대한 의사의 범죄에서는 암호명 'T4 작전'이 재판됐다.[127] 개전 당일 히틀러가 서명한 이 '작전'은 의학적으로 치장을 한 것으로, 사형에 해당하는 '범죄자'의 살육과 "회복이 불가능한 환자에게 특별한 자비로 주어지는" 안락사를 목적으로 했다.[128] 이 시혜로서의 안락사도 그 대상자는 '회복이 불가능'한 사람들에 머무르지 않고 특정 '인종'의 일원인 것으로 나치에 의해 판단된 사람들, 즉 유대계 독일 시민 등에게 그대로 이어져 대량 살육으로 규모가 확대됐다.

. . . .

124 ヒューG.ギャラファー 著, 長瀬治 訳, 『障害者「安楽死」計画』, 現代書館, 1996, 43쪽.

125 ヒューG.ギャラファー, 앞의 책, 43쪽.

126 ヒューG.ギャラファー, 앞의 책, 44쪽.

127 나치 친위대의 지시로 의사들에 의해 계획적 살인이 일어난 건물의 소재지가 베를린 '티아가르텐 가 4(번지) Tiergarten 4'였기 때문에 'T4계획'이라고 불렸다.

128 野村二郎, 앞의 책, 57쪽.

(2)-6-2. 문제점

다음으로 계속재판의 문제점에 대해 살펴보자. 계속재판에서 전쟁범죄의 소인은 네 가지였다. 평화에 반하는 죄, 협의의 전쟁범죄, 인도에 반하는 죄, 범죄조직에의 소속이었다. 우선 처음으로 침략전쟁의 준비, 계획, 수행이 문제가 된 평화에 반하는 죄에서는 사건번호 11(4개년 계획의 담당부서나 외무부 등 관청의 최고위급 그룹이 재판된다)을 제외하고 모든 재판에서 무죄를 선고받았다. 즉 IG-파르벤, 크루프, 플릭 등 거대 세 기업이 나치 정체와 일체화한 전쟁수행도 무죄가 됐다.

다음으로 사건번호 12로 재판된 국방군 최고사령부 장군들을 보자. 기소된 14명의 피고인 중 11명이 협의의 전쟁범죄와 인도에 반하는 죄가 제기돼 두 소인으로 유죄 판결이 나왔다. 그러나 범죄조직에 소속됐다는 소인은 무죄였다. 범죄조직이란 뉘른베르크 국제군사재판에서 ① 공통의 공유된 목적을 갖고 ②그 구성원이 자유의사에 근거해 ③처음부터 범죄적 목표를 갖고 행동하는 단체로 정의돼 있었다. 11명의 장군들은 국방군 최고사령부에 소속돼 있었지만 최고사령부가 범죄조직은 아닌 것으로 판단됐다. 전후가 돼, 서독은 나치시대의 국방군Wehrmacht을 바탕으로 새롭게 연방국방군Bundeswehr을 창설한다. 계속재판에서 나치시대의 국방군 최고사령부가 "범죄조직이 아니다"라고 판단돼 그 죄상을 추궁 당하지 않았던 것은 연방국방군의 탄생에 영향을 주었다.

기업가는 뉘른베르크 국제군사재판에서는 재판되지 않았다. 이어서 진행한 계속재판에서는, 기업가는 분명히 심판을 받기는 했지만 크루프를 제외하고, IG-파르벤도 플릭도 내려진 판결은 가벼웠다. 모노비츠(아우슈비츠 Ⅳ)에 보내진 만 단위 사람들을 '소모품'으로 취급했던 IG-파르벤도, 4만 8,000명의 노예노동자의 80%나 '살해한' 플릭도, 내려진 형량의 가벼움에 더해 전원이 형기 만료 전에 석방되고 그중에는 몰수

재산이 반환되거나 후계 기업에서 다시 고위직에 복직하는 사람도 나타났다. 아우슈비츠는 판단을 잘못한 '투자처'일 뿐이라면 엄청난 수의 사망자, 간신히 지옥에서 살아난 소수의 수용자, 강제노동자는 도대체 무엇일까.

그래서 다음 장에서는 독일 기업이 소홀히 해왔고, 거의 해결하려 하지 않은 강제동원·강제노동의 보상 문제를 다룬다.

제4장

〈기억·책임·미래〉 기금

이 장에서는 전후보상의 문제를 다룬다. 종전으로부터 약 55년이 지난 2000년 7월 6일 연방의회(하원)는 주로 동유럽 출신의 강제노동자에 대한 보상기금 창설안을 가결했다. 설립된 기금은 〈기억·책임·미래〉[1] 라 칭해져 2001년 6월 15일부터 모든 강제노동자에 대한 지급이 시작됐다. 이 장에서는 강제노동에 초점을 맞추면서, 전후부터 이 기금에 의한 지불에 이르기까지의 전후보상 추이를 5기로 나누어 검토한다.

1. 독일 전후보상사

1) 제1기 : 보상 문제는 주州가 먼저 추진

1945년 5월 8일과 9일 독일군은 서부전선과 동부전선에서 각각 무조건 항복문서에 서명했다. 6월 5일 연합국인 미국, 영국, 소련, 프랑스 4개국은 전역에 각 점령 지구를 설정했고 베를린만은 공동관리구역으로 정했다. 1947년 11월 미국 점령 지역인 여러 주(바이에른, 뷰텐베르쿠바덴, 헤센, 브레멘)에서 나치의 불법으로 생긴 피해를 보상하기 위한 법률이 시

----

1 이때 통과된 법안은 〈Gesetz zur Errichtung einerStung "Erinnerung, Verantwortung und Zukunft"〉라고 하며, 〈Stiftung '기억·책임·미래' 창설법〉이 된다. Stiftung은 일정한 공공의 목적(자선 목적이나, 기부로서 거출 등)으로 모음. 이 책에서는 유지운 영과 동시에, 거출방법(정부와 기업에 의해 어떻게 모아졌는가)에 보다 중점을 두고 있으므로, 〈재단〉을 항상 염두에 두면서도, 〈기금〉을 역어로 한다.

행됐다. 패전국이 전승국에 지불하는 국가배상과는 달리 피해를 입은 개인을 대상으로 한 국가에 의한 보상(개인보상)이라는 관점에 근거하고 있었다.

1949년 5월 23일 미국, 영국, 프랑스 3국 점령 지역에 독일연방공화국(서독)이 성립된다. 서독의 성립과 함께 정책은 국가 관할로 이행해 나가지만 신청부터 지불까지를 포함한 보상에 관한 정책은 각 주의 관할에 맡겨져 있었다. 각 주는 연방 차원의 통일법 통과에 기대를 걸지 않았다. 그 이유는 만일 통일법이 성립하면 지금 이상의 재정 부담을 주가 져야 했으므로 이것을 피하고 싶었기 때문이다.

한편 연방정부도 영국, 미국, 프랑스의 각 점령 지역에서 시행된 보상법, 특히 선례가 된 미국 점령 지역의 보상법을 참고해 단일 보상법을 책정하려 하지 않았다. 아데나워 정권의 관심은 외국인 강제동원·강제노동자나 유대계 독일인, 안락사나 강제 단종을 당했던 사람들과 그 유족, 탈주병들의 가혹한 운명이 아니라 우선 독일 내 자국민의 현상 타개에 있었다. 1949년 9월 21일 아데나워는 정부성명을 발표해 탈나치화Denazifizierung, Entnazifizierung에 반대 입장을 밝혔다. 그는 성명을 통해 생활에 중요한 산업시설 해체에 이의를 제기하고, 나치와의 관계로 배제된 관리와 군인의 명예 회복을 주장했다. 그리고 전상자, 상이군인, 유족에 대해 독일 내에서만 적용되는 원호법의 제정을 호소했다. 유대인 학살에 대해서는 아주 적은 몇 마디만 언급했을 뿐이다. 사회민주당의 쿠르드 슈마허는 다음 날 의회에서 아데나워 성명을 거론하며 "유대인의 가공할 비극"이 과소평가된 점을 추궁하며 이렇게 말했다.

"세계의 사회주의자들뿐 아니라 독일의 모든 애국주의자들의 의무는 독일과 유럽 유대인의 운명을 정면으로 응시하는 것이며 필요한 원조의 손길을 내미는 것이다. 히틀러의 야만은 6백만 유대인을 근절함으로써 독일 민족을 능욕했다. 우리는 능욕이 가져올 것에 언제까지 견디고 있어야 할지 예측할 수 없다."[2]

2) 제2기 : 초기 국제협약과 국내용 단일보상법

(1) 가해에 대한 침묵

앞서나간 각 주의 보상법에서 전국 단일의 보상법 제정을 위한 분위기를 창출한 것은 첫째, 나라 안팎에 있는 유대인 조직의 운동과 힘이며, 둘째로 사회민주당의 압력, 셋째로 미국의 압력이다. 1950년 10월 10일 설립한지 얼마 되지 않은 독일 유대인중앙평의회는 희생자의 존재가 잊혀져가는 현실을 걱정하며 이렇게 제안했다. "해방 후 5년 우리는 그대로 남아있는 무덤 옆에 서서 기억을 되살리면서 인간의 재가 뿌려진 끝없는 벌판 앞에 서 있습니다. 재는 바람에 날려 아우슈비츠와 트레블링카 대지의 비료가 됐습니다. 오늘 5년이 지났습니다. 우리는 이 독일에서 자기성찰을 하고 겸허하게 우리 공동체의 희생자를 위해 가장 먼저 어떤 죄라도 떠맡아야 합니다. (그러나) 희생자의 인지는 이전에도 거의 이루어지지 않고 있습니다."[3]

또 미국 고등판무관 매크로이는 보상할지 아닐지는 독일의 새로운 민주주의의 시금석이라고 말하고 있다. 1950년 여름 프랑크푸르트에서 개최된 유대인 세계대회에서 연방 차원의 단일 보상 입법의 필요성이 제기됐고, 이것이 독일의 국제사회 복귀 조건이라는 견해가 다수를 차지했다. 이후 서독의 전후보상은 첫째, 국제사회로의 복귀, 즉 피해를

2 Peter Reichel, Vergangenheitsbewältigung in Deutschland, C.H.Beck, 2001, S.83.
3 Vgl. Peter Reichel, a.a.O., S.84.

입은 주변 여러 국가, 특히 우선 서방 국가에 대해 가해국인 독일이 반성하고 사죄함으로써 신뢰를 얻으려는 자세가 기본이 된다. 제2의 근간은 개인 보상이다.

1951년 5월 건국 이후 3년째인 이스라엘공화국은 연합국들에 외교문서를 제출하고 포괄적인 보상액을 15억 달러로 산정해 10억 달러를 서독에, 5억 달러를 동독에 요구하는 의사를 처음 표명했다. 용도는 생존자의 심신 재활이며 유대인 난민을 이스라엘에 통합하기 위한 제반 비용이다. 반면 서독 정부는 앞선 아데나워 성명이 슈마허를 비롯해 나라 안팎에서 비판받은 점을 감안해 1949년에 유대인 희생자에 대한 보상을 공언했다. 그러나 아데나워 정권의 자세는 다른 측면의 모습으로 나타났다. 즉 1951년 9월 27일 아데나워 총리는 연방의회에서 나치시대에 대해 언급했다. 여기서 그는 국가사회주의시대의 나치에 의한 "필설로 다할 수 없는 범죄"[4]에 대해 이야기하면서, 자신의 목숨을 희생해 "독일인의 이름으로 저질러진 능욕을 부끄러워하고, 유대인 시민을 지원하고 있었다"[5]는 소수의 사람들을 거론했다. 그러나 본질적인 문제는 말할 수 없었던 점에 있었다. 그것은 독일인 자신의 나치 가담과 공범성이다. 목숨을 걸고 무명의 이웃에게 도움을 주던 사람들을 억압하고 탄압하는 데 가담했던 것도 무명의 많은 독일인이었다. 정치 지도자는 일반 시민이 유대계 독일인이나 사회민주주의자, 소수의 그리스도인, 그리고 용기를 갖고 가장 과감하게 나치에 저항한 공산주의자들에게 가해자로 행동한 측면에 대해서는 침묵을 지켰다. 이 또한 한 요인이 되어 많은 독일인은 홀로코스트에 가담하지 않았다고 자신을 긍정하고 죄의식을 느끼

4 Vgl. Peter Reichel, a.a.O., S.84.
5 Vgl. Peter Reichel, a.a.O., S.84.

지 못한 채 전후를 보냈다. 이러한 자세의 근간이 흔들리기 시작한 것은 제1장에서 말한 것처럼 TV 방영 사상 '가장 중요한 날'[6]이 된 〈홀로코스트〉 방영 후다. 이는 1980년대에 접어들 무렵까지 계속됐다.

독일 시민의 다수가 나치 범죄에는 가담하지 않았다고 하는 자세는 여론조사 결과에도 반영되고 있다. 1949년에 실시된 알렌스바흐 여론조사연구소의 조사에 의하면, 절반 이상의 시민이 피해자에 대한 보상을 더 이상 구체화하지 않았으면 한다고 답변했다.[7] 나치에 의해 약탈된 재산의 반환에 대해서도 명백하게 불법으로 획득된 유대인 상점의 변제 여부를 묻는 질문에, 반환 요구는 '정당하다'라고 답변한 시민은 40%뿐이며 절반 이상은 '부정' 또는 '모르겠다'고 대답했다.[8]

(2) 아데나워, 한발 나아가다

(2)-1. 이스라엘 의회 교섭 가결

1951년 12월 아데나워는 대독물적보상청구유대인회의Jewish Claims Conference 홍보담당자 네이엄 골드먼을 만난다. 그 자리에서 물품의 공여와 이스라엘 측 요구액(10억 달러)의 제공을 약속한다. 골드먼은 아데나워와 처음으로 서독의 전후보상에 대해 협상한 사람으로서 양국의 역사에 그 이름이 새겨진 인물이다.

대독물적보상청구유대인회의의 창설자는 골드먼 자신이며, 창설기는 1950년대 초반으로 거슬러 올라간다. 설립의 취지는 독일에 대해서 이스라엘 외의 모든 유대인의 요구를 대표하는 것이었다. 당시 22개 유

6 제1장 註 9와 본문 참조.
7 Vgl. Peter Reichel, a.a.O., S.85.
8 Vgl. Peter Reichel, a.a.O., S.85.

대인 조직이 결집하고 있었으며, 주요 업무로는 피해를 입어 보상금을 신청하는 유대인 수급 자격자를 심사하거나 심사 후 보상금 수령 창구 역할, 관리 등을 맡고 있었다. 아데나워와의 협상에서 보듯이 때로 이스라엘 국가의 대리로서 보상 문제를 담당하기도 했다. 서독과 이스라엘의 국교는 한참 뒤인 1965년이 돼서야 수립된다. 홀로코스트 피해자가 나라 안팎 곳곳에 그대로 방치돼 있던 1950년대 초반에 이스라엘이 의회나 국민의 사전 승낙 없이 가해 국가 서독과 직접 접촉을 하면 "살인 국가와의 어떤 대화에도 반대"[9]라는 강경 여론에 가로막혔다. 대독물적보상청구유대인회의는 이렇게 이스라엘 국가의 '대역代役'을 완수함으로써 그 뒤에 이뤄지는 양국 간 직접 협상의 기선을 잡았다.

이스라엘 정부는 대독물적보상청구유대인회의의 노력과 10억 달러의 수수로 마침내 서독 정부와의 직접 협상 조건이 마련됐다고 판단했다. 1952년 1월 이스라엘 국회는 서독과 협상을 받아들일 것인지 말 것인지로 큰 소란이 일어났다. 의회 첫날 국회 밖에서는 협상에 반대하는 격렬한 시위대가 몰려왔고, 의회 내에서는 투석, 난투로 수백 명이 다쳤다. 다음 날부터 회의장은 경찰이 계속 이중으로 포위하고 있었으며, 의회는 마침내 '서독과의 교섭'을 아슬아슬한 다수로 가결했다. 총리 다비드 벤구리온은 "협상은 독일과의 화해도 아니고 (독일의) 범죄를 잊는 것도 아니다"[10]라며 통과를 위한 여론몰이에 분주했다. 대독물적보상청구유대인회의는 협상을 위한 합의에 찬성한다는 의견을 표명했다.

· · · · · · · · · · ·

9 Vgl. Peter Reichel, a.a.O., S.86.
10 Vgl. Peter Reichel, a.a.O., S.86.

(2)-2. 독일·이스라엘 회합

서독·이스라엘 간의 공식 회담은 1952년 3월 21일 네덜란드 헤이그 근교에서 개최됐다. 이스라엘 대표는 펠릭스 시너르, 기올라 요제프탈이며, 서독 대표는 프란츠 베임, 오토 퀴스터다. 이스라엘의 요구는 첫째, 현존하는 서독 보상법의 개선으로 독일계 유대인 희생자의 보상 대상 확대였다. 둘째, 약 50만 명의 유대인 난민을 이스라엘로 이주시키고 정착을 위한 비용들을 포괄적 보상으로 확보하는 것이었다. 서독 대표단은 후자의 액수에 대해서는 회담 전부터 총액 45억 마르크로 정하고, 그중 30억 마르크를 부담하고 나머지 15억 마르크를 동독의 몫으로 할 예정이었다. 이스라엘 대표단은 이를 환영했다.

그러나 이스라엘 국내에는 여전히 '피 묻은 돈'[11]의 수취를 거부하는 강렬한 대중운동이 존재하고, 반면 지불하는 쪽의 서독 내에서도 재정부 장관 프리츠 셰퍼 등을 중심으로 보상 지불보다 제2차 세계대전 이전부터 지고 있는 외국 채무를 결산하는 것이 먼저라고 주장하는 사람들이 있었다. 지불에 반대하는 독일의 또 다른 기수는 거의 같은 시기에 런던에서 개최되고 있던 채무회의의 독일 대표 단장으로 은행가(독일은행)인 헤르만 아브스였다. 아데나워의 신임이 두터운 그의 주창으로 '45억 마르크' 안을 대체해 비공식적으로 매년 1억 마르크를 물품으로 이스라엘에 제공한다는 방안이 제시됐다. 이스라엘은 이를 즉각 거부했고 독일 대표단은 협상 결렬의 책임을 지고 사퇴했다. 난맥에 빠진 아데나워 정부는 당초 계획 '30억 마르크' 안을 들고 재협상을 벌여 마침내 이스라엘과 대독물적보상청구유대인회의에 대한 '보상'을 규정한

• • • • • • • • • • •

11 Peter Reichel, "Das zweite Wunder-Deutsche Schuld und israelische Entschädigung : Fünfzig Jahre Luxemburger Abkommen", Süddeutsche Zeitung, 2002.9.10.

첫 국제조약 룩셈부르크협정을 성립시켰다.

(2)-3. 룩셈부르크협정

이산 유대인의 이스라엘 통합 아데나워 정권이 전후 보상 문제에 관해 최초의 국제조약을 체결한 동기는 냉전구조에서 서방 제국의 일원으로 영입되는 것, 그리고 보상 문제에 임함으로써 나치시대의 '부負의 유산'에서 해방돼 명성을 얻는 것이었다. 그렇기에 앞서 언급한 서독 국내의 반대나 아랍 제국의 비판을 물리치고 조약을 체결한 것이다.

1952년 9월 10일 룩셈부르크협정은 아데나워, 이스라엘에서 외상 모세 샬렛, 대독물적보상청구유대인회의에서 골드먼이 참여해 조인됐다. 테러를 피해 외국에서 체결했다. 이 협정에는 우선 이스라엘과의 협정이 포함돼 있고, 서독은 서비스와 상품 공여로 이루어진 총액 30억 마르크를 1965년까지 14년 분할로 지불할 의무가 명기돼 있다. 용도는 홀로코스트의 생존자 약 50만 명이 이스라엘 사회에 통합되는 데 드는 비용이었다. 협정의 다른 하나는 헤이그의정서로 불리는 대독물적보상청구유대인회의와의 약속이다. 여기서는 첫째, 독일의 보상법 개정이 확정됐고, 둘째, 이스라엘 외의 유대인에 대한 4억 5,000만 마르크의 포괄적 보상을 규정했다.

룩셈부르크협정의 의미 룩셈부르크협정의 의미와 영향에 대해 알아보자. 처음에 이 협정은 국가와 국가 간의 배상이 아닌 그 후의 독일의 개인 보상의 길을 열었다는 점에서 획기적이었다. 즉 이 협정에 따라 서독은 1948년에 건국된 이스라엘에 30억 마르크 분을 제공하게 돼지만 원래 나치의 부정과 나치 범죄가 이루어졌을 때는 이스라엘은 존재하지 않았다. 따라서 이 지불은 히로토 세이고에 따르면 "이른바 '국가배상'이

아니다. (중략) 이 지불은 유대인 개인에 대한 보상을 유대인의 집단=
'유대 민족의 국가'에 대한 보상에 의해 보충하는 것으로 자리매김됐
다."[12] 게다가 대독물적보상청구유대인회의에 대한 약속에 대해서도 나
카마사 아키라의 지적에 따르면, 이 단체는 "원래 국가가 아닌 것이기
때문에 룩셈부르크보상협정에 근거하는 '보상'은 국가 간의 전쟁에서
귀결하는 '국가간 배상'과는 법적으로 성격이 다른 것이다."[13] 따라서
이 "협정에 의한 '보상'은 개인에 대한 '보상'으로 보아도 무방하다고
말할 수 있을 것이다."[14]

종래의 강화조약 체결에 의한 배상 지불에서는 패전국이 전승국에
지불한다, 라고 하는 것처럼 '승패'와 '국가'는 빼놓을 수 없는 요건이
었다. 나치 국가는 연합국들과 전쟁을 벌이고 유대인을 민족 집단으로
지목해 멸종시키려 했지만 '유대국가'와 전쟁을 한 것은 아니다. 국가
와 국가의 전쟁이라면 전황의 최종 결과인 승패를 따진다. 그러나 상대
는 유럽 전역에 사는 '국가를 갖지 않은 민족'이다. 문제가 되는 것은
국가도 승패도 아니며 무엇을 했는지, 어떠한 국내·국제법을 위반했는
지, 즉 전쟁의 질이며, 형태며, 내실이다. 비리가 있으면, 또 인도에 반
하거나 전쟁의 법규 관례를 위반했다면, 위반한 조직이 그 피해자에게
사죄를 담아 개인보상을 한다. 이 협정은 서독의 개인에 대한 보상 문
제로서 구조와 방향성을 정했다는 점에서 평가받을 만한 조약이 됐다.

다음으로 이 협정의 또 다른 의미는 국제사회에서 얻는 신망, 명성

∙∙∙∙∙∙∙∙∙∙∙∙

12 広渡清吾,「ドイツにおける戦後責任と戦後補償」, 粟屋憲太郎, 田中宏, 三島憲一,
   広渡清吾, 望田幸男, 山口定, 『戦争責任, 戦後責任』, 朝日新聞社, 1994, 189쪽.
13 仲正昌樹, 「『連邦補償法』から『補償財団』へ-ドイツの戦後補償の法的枠組み
   の 変化をめぐって」, 『金沢法学第43巻第3号』, 金沢大学法学部, 2001, 101쪽.
14 仲正昌樹, 앞의 책, 101쪽.

이다. 이는 분열 국가의 한쪽인 동독의 보상 문제에 대한 대응과 비교하면 선명하다. 이스라엘은 그동안 동독에 대해서는 연합국 4개국을 통해 직접 여러 차례 배상 청구를 해왔다. 그러나 동독은 어느 경우에도 1948년 건국된 이스라엘은 독일에 배상청구권을 가지지 않는다며 계속 거부했다. 이렇게 지불의 액수보다 개인보상을 실시하려는 의지를 나타낸 점에서 서독은 얻을 것이 있는 협정이었다. 타국과 비교해 특히 유대인 사회, 유대인 인구가 많은 미국 정계에서의 명성은 서독에도 이익이 됐으며 서방사회로의 복귀를 위한 호소가 됐다.

그러나 이 협정의 보상 대상은 이스라엘과 이스라엘로 귀환이 예정된 유대인 피해자뿐이다. 나치가 침략한 서유럽 국가와 동유럽 국가에서의 방대한 나치의 비리, 불법에 의한 피해자 보상은 제외된 상태다. 훗날 동서 양진영에 대한 보상이 서서히 실행돼 가지만, 우선 처음에 이뤄진 보상은 서유럽 사회에 대한 보상이었다. 이는 1959년부터 1964년 사이에 서유럽 11개국과의 '포괄협정'을 통해 정해졌다. 반면 동유럽 국가들의 피해자 보상, 특히 그 중심을 차지하는 강제동원, 강제노동자에 대한 보상 지급은 훨씬 뒤에 보상기금(〈기억·책임·미래〉 기금)의 설립을 거쳐 2001년 6월이 돼서야 시작된다. 종전으로부터 무려 56년 후의 일이다.

(3) 런던채무협정

(3)-1. 배상문제의 최종 규정

제2차 세계대전 이전부터 부채와 채무를 지고 있던 서독은 채권국들과 1953년 2월 27일 런던채무협정에 조인했다. 특히 미국에서 받은 원조에 대해서는 73억 마르크를 12년 분할로 반납하게 됐다. 연간 국가예산이 약 200억 마르크 시대였다. 또 하나 이 협정에는 이 책의 주요 주제에 관해 지극히 중대한 규정이 포함돼 있었다. 즉 강제동원·강제노동 문제는 '나치에 의한 비리'로 보지 않고, '전쟁에 의한 조치'며 국가배상에 속하는 문제라고 한 점이다. 강제동원·강제노동을 포함해 "제2차 대전이 원인으로 (중략) 독일과 교전상태에 있던 국가들과 이들 국민에 의해 제출되는 요구에 대한 검토는 배상 문제 관련 최종 규정까지 연기된다"(런던채무협정 제2편 제5조)고 했다.

1953년 무렵이면 외국인 피해자들의 보상 청구가 서독에 접수되고, 특히 강제노동자들로부터 체불임금의 지급 요구가 이어져 왔다. 이에 대해 서독은 이행조약과 파리채무협정 두 조약을 맺어 이러한 요구를 거부한다. 두 조약 모두 배상 청구는 인정하지만 그 행사는 연기한다는 내용으로 일치하고 있다. 즉 "독일과 교전상태에 있었는가" 혹은 "독일에 점령됐던 국가들과 이들 국민의 보상요구는 배상 청구로서 인정된다." 그러나 그것은 독일과의 평화조약이 성립될 때까지 연기한다고 돼 있다. 런던채무협정은 이 방식을 그대로 인정하고 조약에 넣었다.

일반적으로 전쟁에 기인하는 국가배상은 전후가 돼 전쟁 당사국 간에 강화(평화)조약이 체결되고, 그 조약에서 규정된다. 런던채무협정을 놓고 봤을 때, 강제동원·강제노동 문제가 만약 '나치에 의한 비리' 문제라면 이미 이뤄진 것처럼 개인에 대한 보상 문제로 다뤄지지만, 국가배상에 속한다고 규정되면 다음에 물어야 할 것은 '배상 문제의 최종 규정' 즉 강화조약 체결이 언제 이뤄질 것인가이다. 배상 지불은 한층 더 그 후의 일이다. 연합국 측 국가에 있어서 대독평화조약은 통일된 독일과의 체결을 의미한다. 서독과 동독으로 분열된 채 동서냉전 속에서 간신히 각각 서방 진영과 동방 진영의 일원으로서 걷기 시작한 1953년 단계에서는 통일 독일의 성립은 꿈같은 이야기였다. 이 단계뿐 아니라 그 후에도 동서독의 통일은 영원히 오지 않는 상상의 '상상의 나라never-never land'였다. 이렇게 해서 서독의 국가와 기업 등에 의한 강제동원·강제노동의 책임과 보상은 추궁 당하지 않았다. 한편 일찍이 노동을 강제로 하게 된 사람들은 언제 생길지 모르는 '상상의 나라'가 출현할 때까지 지금 다시 '강제'로 해결을 기다릴 수밖에 없게 됐다.

(3)-2. 아우슈비츠에 융자한 독일은행

헤르만 아브스 이번에는 강제노동의 문제를 선행하는 두 개의 조약과 대조해 국가배상 문제에 포함시키고, 그것에 의해 강제노동자들의 구체적인 보상, 고뇌, 그 후의 생활고 등을 런던 채무회의의 회의 일정에서 제외하는 획책을 강구해 성공한 인물에 대해 살펴본다.

그 인물은 런던채무협정 체결의 독일 대표로 독일 최대 민간은행인 독일은행장 헤르만 아브스다. 1999년 일본 신문들은 이 은행과 나치시대의 관계를 다음과 같은 제목으로 보도했다. "아우슈비츠 수용소, 독일은행의 융자 판명"(니혼케이자이신문 2.6), "아우슈비츠 수용소 건설, 독일은행 관여 인정, 내부 조사, 중간보고"(아사히신문 2.9). 『아사히신문』 기사에 따르면 "독일은행은 그동안 수용소 건설에 관여하지 않았다고 하는 한편 학자들에게 위탁해 내부에 역사연구소를 만들어" "조사를 진행해 왔다. 연구소의 중간보고에 따르면 아우슈비츠 수용소를 건설한 10개 이상의 건설사나 희생자의 사체를 태운 소각로의 설치 업자에 대해, 당시의 여러 독일은행 지점이 사정을 알면서 융자를 한 사실이 밝혀졌다"(본 2.8, 사쿠라이 하지메 특파원). 『니혼케이자이신문』는 "수용소가 대량학살을 위한 시설인 것을 '당시의 독일은행은 당연히 알고 있었다'라고 (역사)연구소는 단정"하고 있다(프랑크푸르트 2.5, 스즈키 야스히로 특파원).

나중에 기술하는 것처럼 기업 자신에게 스스로의 기업사를 쓰게 해 자신의 역사를 마주하게 해 기업 자신에게 전후 반성을 재촉하는 방법은 서독의 전후보상을 요구하는 많은 시민이나 노동운동, 정당이나 피해자들이 도입해 온 수법이다. 보다 정확하게 말하면 기업은 나치와의 관계를 나타내는 증거에 밀려 어쩔 수 없이 스스로가 '자신의 역사'를 편찬하지 않을 수 없는 상황에 몰렸다. 그래서 자사가 소장하고 있는 방대한 자료에 대면한 결과, 위와 같은 신문기사에서 드러난 사실이 판명된 것이다. 은행장 헤르만 아브스는 전후 미국 군사정권의 수사에 대해 "나치당과는 정식으로 거리를 두고 있었다"[15]고 허위 답변을 했다.

나치와의 밀월관계   히틀러가 수상에 취임한 1933년 1월 이후 기업들은 유대계 독일인 이사를 해고하거나 사무 절차상 자진해서 퇴직원을 낸 것처럼 해서 퇴직을 강요했다. 독일은행도 1933년 5월, 이사 테오도르 프랑크와 야코브 버서먼 2명의 '퇴직원'을 수리했다. 대신 경영진은 나치게 이사가 차지한다. 이후 히틀러나 친위대 최고지도자 힘러와의 관계를 강화해 나간다. '독일 경제계 아돌프 히틀러 기금'에 매년 90만 마르크를 출연했고 '하인리히 힘러 친우회'에는 매년 7,500만 마르크를 기부한다. 경영진은 이 '기금'과 '친우회'를 통해 나치 장교들과의 만남을 거듭해 협력관계를 강화해 갔다. 이후 1938년까지 독일 최대 민간은행인 멘델상회를 병합한다. 아브스의 증언과는 완전히 반대로 '나치당과는 정식으로 밀월관계를 유지하고 있었'기 때문에 병합도 원활히 진행되고 나아가 독일이 폴란드를 침략하자 곧바로 비에리츠, 포젠, 크라카우, 로즈, 카트비츠 등에 지점을 개설할 수 있었던 것이다.

서방국도 환영   헤르만 아브스를 행장으로 하는 독일은행은 수용소가 살

· · · · · · · · · · ·

15 Die Augen fest zugemacht, Der Spiegel, No.6, 1999.2.8, S.143.

육시설이라는 것을 알면서도 그 건설에 자금을 빌려줬다. 전후 아브스는 이를 반성하기는커녕 정치권에 다시 영향력을 행사했고, 이번엔 런던채무협정 협상 때 아데나워 측 대표자로 등장했다. 자신의 은행이 자금을 대출해 만들어진 복합수용소 아우슈비츠의 생존자들, 또 강제노동자와 유족들이 ①체불임금을 청구하고 ②강제노동의 결과 고뇌하고 피해를 입었다는 사실을 인지하고 ③사죄와 보상을 하도록 목소리를 높여온 데 대해, 그는 사안들을 국가 간 배상 문제로 간주하고 해결을 위한 시도를 언제가 될지 알 수 없는 강화(평화)조약 체결 때까지 동결하고 말았다. 강제노동자들이 기업에 직접 요구해온 '미지불 임금 청구'는 이로써 합법적으로 거부된다. 민·형사 두 사건에 관한 대법원격인 서독의 연방통상법원의 재판부도 이를 강력히 지지했다. 런던채무협정은 아브스의 수완으로 분명히 독일 기업과 국가를 피해자들의 환불 요구로부터 지키는 역할을 했다. 그러나 이 협정을 환영한 것은 독일 국가와 기업뿐은 아니었다.

이 협정은 체결에 참여한 서방 20개국(나중에 12개국이 추가로 체결한다)에도 바람직한 것이었다. 왜냐하면 체결 당시인 1953년 무렵은 서독의 고도 경제성장기가 시작되기 이전이었으며, 전후의 혼란기를 간신히 빠져 나오기는 했지만 경제발전의 전망은 아직 명확하지 않았기 때문이다. 따라서 서방 20개국의 판단에 따르면 방대한 수와 양의 보상 청구를 실현해 서독에 지극히 많은 보상을 하게 한다면 서독 경제에 과도한 부담이 될 가능성이 있다. 지불 능력을 넘어 위기에 빠지면 본전도 못 건진다. 그래서 서방 국가 피해자들의 요구는 배상청구로 인정되지만 그것은 지금이 아니라 동결한다는 조치에 동의한 것이다.

서방 세계는 역사의 교훈으로부터 배웠다. 제1차 세계대전의 패전국 독일은 1919년 베르사유조약에 조인했다. 잘 알려져 있듯이 "이 조약의 조항은 가장 현실적인 독일 정치인들의 예상을 넘는 가혹한 것이었다."[16] 즉 독일과 오스트리아의 합병 금지, 또 모든 해외식민지 등의 몰수, 육해군과 군함의 제한 등에 더해 1921년에는 배상액이 천문학적인 1,320억 금마르크로 정해졌다. 바이마르공화국 정치인들이 체결한 이 조약에 대한 국민의 불만을 수렴해 이 조약을 파기하는 주장을 정책의 하나로 내걸고 등장한 것이 나치당이며 히틀러였던 것은 역사가 가르치는 바이다. 서방 제국에 있어서도 서독 본정부나 기업의 배상 지불 능력을 온존시켜두는 것은 현명한 방법이었다. 본을 바이마르로 만드는 것이 득책은 아니었던 것이다.

(4) 연방보상법

(4)-1. 나치의 불법

이렇게 해서 미 점령 지역인 여러 주에 이미 시행된 보상법을 제외하면 1950년대 들어 서독은 이스라엘과 대독물적보상청구유대인회의 양측에 보상하고, 한편으로 강제동원·강제노동은 '나치의 불법'으로서 보상받는 것이 아니라 국가배상 문제로 동결했다. 언제 봄이 찾아와 '해동'될지, 즉 동서독의 통일이 언제 올지 아무도 예상하지 못한 채, 특히 동유럽 측 강제노동자는 2000년 전후 즈음에 매년 만 명이 사망하고 있었다.

서독에서는 강제노동이 '나치의 불법'으로 분류되지 않는다면 '무엇이 나치의 불법'인지, 그리고 그 보상을 어떻게 할 것인지 문제였다. 1956년 6월 29일 연방의회에서 '나치에 의한 박해 피해자에 대한 보상에 관한 연방법'(약칭 연방보상법)이 성립됐다. 이 연방보상법은 전문에서

. . . .

16 リチャード·オウヴァリー, 앞의 책, 16쪽.

무엇이 '나치의 불법'인지, 그리고 어떤 역사인식에 기초해 이 법을 의결했는지 말해준다.

"국가사회주의의 폭력지배 아래에서 국가사회주의에 대한 정치적 반대를 이유로 또는 인종, 신앙 혹은 세계관을 이유로 박해받은 사람이 부당한 취급을 받은 사실, 신조 또는 신앙 혹은 양심 때문에 국가사회주의의 폭력지배에 대한 저항이 독일 민족 및 국가의 복지에 공헌한 사실, 그리고 민주적·종교적 및 경제적 단체도 국가사회주의의 폭력적 조치로 위법하게 손해를 입은 사실을 인식하고 연방의회는 연방상원의 동의를 얻어 다음 법률을 의결했다."[17]

이 전문에서 '나치의 불법'이란 정치적 입장, 인종, 신앙 그리고 세계관을 이유로 '박해'하고 '부당한 취급'을 한 것으로 정의하고 있다. 계속되는 제1조에서는 이러한 '불법' 아래에서 사람들이 어떠한 '박해'와 '부당한 취급'을 받았는지 기술하고 있다. 그것은 "생명, 신체, 건강, 자유, 재물, 재산상의 이익, 직업 활동 또는 경제활동"[18]에서 "손해를 입은 자(피박해자)"[19]다. 여기에는 다양한 박해와 부당한 취급이 열거돼 있다. 그럼에도 연방보상법은 다음에서 보듯이 보상 대상자를 제한하거나 제외했다.

(4)-2. 제한, 제외된 사람들

첫째, 보상 대상자는 서독에 주소를 가진 자로 한정됐다. 어떤 국적을 가지고 있든지 지금 살고 있는 나라의 법을 적용하는 원리를 속지주

17 国立国会図書館調査立法考査局, 『外国の立法―特集 戦後補償』第34巻 3·4号 (通巻第197·198号), 1996, 57쪽.
18 国立国会図書館調査立法考査局, 앞의 책, 57쪽.
19 国立国会図書館調査立法考査局, 앞의 책, 57쪽.

의라 하는데 이 속지주의에서 약간의 예외(예를 들어 독일과 관계가 깊은 지역의 거주자)가 있기는 하지만 대상자는 한정됐다.

다음으로 배제되거나 제한된 사람들에 대해 기술하겠다. 속지주의에 의해 빠진 사람들, 즉 서독 외의 서방 거주자는 정치적 이유건 종교적 이유에서건 손해를 입었다 하더라도, 예를 들어 프랑스에 거주했다면 보상 대상자에서 제외됐다. 또 동유럽 국가의 피해자도 마찬가지다. 동유럽에 사는 강제동원·강제노동자는 이미 런던채무협정에서 '상상의 나라'가 도래할 때까지 참으라고 '강제' 당하고 있으며, 또한 지금 강제노동은 '나치의 불법'에 해당되지 않는다는 큰 틀이 씌워져 속지주의에 의해 다시 고려되지 않았다. 단 서방 피해자에게는 이후 양자 간 협정 체결로 보상이 이루어진다.

연방보상법이 배제한 두 번째 사람들은 공산주의자들이다. 제6조에서는 배제되는 대상자를 "1949년 5월 24일 이후에 기본법에서 말하는 자유로운 민주주의 기본 질서를 무너뜨리려 한 자"[20]라고 규정하고 있다. 이전에 '나치의 불법'에 대해 '정치적' 신념에 따라 저항하고 탄압받은 사람도 전후 기본법(헌법)에 규정된 '자유와 민주주의의 기본 질서를 무너뜨리려고 한 자', 즉 공산주의자이거나 독일 공산당원인 경우에는 보상에서 배제됐다. 이러한 '공산주의자 배제 조항'[21]에서 공산주의와 관계된 사람들을 제외함으로써 전쟁 전 목숨을 건 저항, 불복종에 대한 정당한 평가를 하지 않는 사태와 역사관을 조장했다. 이것은 런던채무협정이나 속지주의로 특히 동유럽에 사는 강제노동자를 배제한 것과 동시에 나치 정체가 가진 폭력 범죄의 총체와 전체성, 부정의 복합

• • • • • • • • • • •

20 国立国会図書館調査立法考査局, 앞의 책, 59~60쪽.
21 広渡清吾, 앞의 책, 197쪽.

성을 해명하는 작업에 부정적 영향을 끼쳤다.

배제된 세 번째 사람들은 유대인과 마찬가지로 민족으로서 집단적으로 박해받은 '집시'들이다. 이들은 나치시대 내내 '집시'로서 민족차별을 당하고 강제 수용됐으며 50여만 명이 살해됐었다.[22]

(5) 2국간 협정에 의한 서방 국가에 대한 보상

(5)-1. 연방보상법의 국외 적용

이스라엘과 대독물적보상청구유대인회의에만 보상하고, 동서 강제노동자에 대한 보상 동결, 주로 서독에 거주하는 피해자에 한정된 보상이라는 서독의 방침에 대해서는 이에 해당되지 않는 피해자와 유가족을 중심으로 항의가 이어졌고 서방 정부들도 비판을 쏟아냈다. 룩셈부르크협정 비준 후 이미 1953년 말경 연합국 3국 고등판무관의 합의체인 고등판무관회의는 서방의 나치 피박해자가 보상 유자격자에 포함되지 않은 점을 문제 삼았다. 한 예로 프랑스인 강제노동자, 즉 프랑스인으로 강제수용소에 수용된 사람들의 보상이 이루어지지 않았다고 지적했다. 또 서방 8개국 정부도 서방의 피박해자에 대한 보상 결여를 들었다. 서독 정부는 쏟아지는 비판은 누그러뜨리고 싶지만 이스라엘에 준하는 액수의 보상을 서방 측에도 한다면 동유럽 국가의 보상 요구에도 응해야 한다. 정부는 이를 1억 마르크의 지불로 마무리하려 했다. 이에 대해 서방 세계가 반발했으며 액수가 적은 것에 대해서는 '빈자에 대한 시혜'[23]로 간주해, 받은 피해·희생·빼앗긴 인간의 존엄성에 비해 모욕

---

22 이 소수민족에 대한 보상 문제에 관해서는 小川悟, 『ジプシー 抑圧と迫害の轍』, 明石書店, 1990 ; 金子マーチン, 「ロマ民族のナチス被害に対する国家補償」, 磯村英一 編, 『増補, 現代世界の差別問題』, 明石書店, 1985를 참조.

23 Peter Reichel, Der lange Weg zur Zwangsarbeiterentschädigung, In : Vergangen

적이라며 거부했다. 교섭을 몇 번이나 거듭한 끝에 합계 11개국과의 2
국간 교섭으로 총액 약 10억 마르크의 보상에 응하기로 합의했다.

2국간 협정에 따른 서방 국가에 대한 지불은 국가마다 일괄적으로
지급하고, 이를 어떻게 피해자에게 배분할 것인가는 일괄적으로 그 국
가의 정부에 위임했다. 그래서 포괄협정으로 불린다. 2국간 포괄협정의
특징을 정리하면, 첫째, 이 지불은 런던채무협정에 따라 동결된 국가배
상이 아니라 나치의 불법에 대한 보상으로 "특별한 불법에 대한 조속
한 보상의 필요성을 고려해 연방보상법의 기준을 국외 희생자들에게도
원용한다는 취지"[24]로 시행됐다. 둘째, 보상 대상자는 '모든' 나치의 불
법 피해자가 아니라 대상 자격자의 범위가 좁아져 '전형적인' 나치의
불법 피해자로 한정됐다. 서독의 재정 사정과 급부 능력을 감안한 대상
자의 축소였다. 이 결과 서방 국가에 사는 약 20만 명이 해당자가 됐다.
셋째, 이 포괄협정은 동유럽 국가들과는 체결되지 않았기 때문에 강제
노동자를 비롯한 동유럽 피해자에 대한 보상은 전혀 전망이 없는 상태
였다. 넷째, 이 협정에 따라 서방 피해자들이 직접 독일 기업에 호소하
는 등의 보상을 요구하는 운동은 봉쇄됐다. 새로운 사실이 밝혀지고 새
자료가 발견돼 피해 정도가 더 심각하거나 새로운 피해자가 생겨도 기
업은 이미 일괄 보상이 됐다며 요구를 묵살할 수 있게 됐다.

서독 보상법의 기본이 되는 연방보상법이 만들어지고 또 룩셈부르
크와의 포괄협정이 체결되는 1959년부터 마지막으로 스웨덴과 체결하
는 1964년 무렵에는 당시 정치인들의 예측에 따르면 보상을 위한 지출
은 총 50억~100억 마르크가 될 것으로 산출됐다. 그러나 실제 지불액

• • • • • • • • • • •

heitsbewältigung in Deutschland, C.H.Beck, 2001, S.92.

24 広渡清吾, 「ドイツにおける戰後責任と戰後補償」, 粟屋憲太郎, 田中宏, 三島憲
一, 広渡清吾, 望田幸男, 山口定, 『戰爭責任, 戰後責任』, 朝日新聞社, 191쪽.

은 1990년대가 끝날 즈음까지 총액 1,000억 마르크에 이르고 있다.[25] 극단적으로 굳이 바꿔 말한다면, 21세기에 들어가기 전까지 서독은 일본 엔화로 약 7조 엔을 지불한 것이 된다. 내역을 보면 80%가 연방보상법에 의한 개인보상이다. 또 '민족'에 주목한다면 유대인 홀로코스트 생존자에게 80%가 지출되고 그중 절반은 이스라엘 거주자다.

(5)-2. 서방국가에 대한 보상의 의미

제1차 세계대전은 이전의 말과 대포와 보병의 전투를 대신해 육·해·공 모두를 전장으로 삼아 대량의 무차별 살육을 했으며 사상 최대의 사상자를 낳았다. 전략폭격의 사상에 기초해 1937년 나치에 의한 게르니카 공습과 일본 해군의 무방비도시(상하이, 난징, 충칭)에 대한 국제법을 위반하는 폭격을 함으로써 많은 일반 시민들을 사상死傷시키고 건물들을 불태웠다.

전쟁의 뒤처리를 할 때 전통적으로는 강화조약을 체결해 전승국은 패전국으로부터 노동이나 재화, 금전으로 배상을 청구해 왔다. 배상을 얻는 것이 전쟁 목적 중 하나이기도 했다. 그러나 수많은 일반 시민들이 피해를 보는 대량살육의 시대에는 이 같은 국가 간 배상 외에 일반 시민의 생명, 재산의 피해, 손해를 어떻게 보상할 것인가를 묻기 시작했다.

1907년 서명된 헤이그조약(육전의 법규관례에 관한 조약)은 다가올 대량살육의 시대를 예견하고 이 조약의 체결국이 "문명국 사이에 존립하는 관습, 인도의 법칙 및 공공양심의 요구에서 발생하는 국제법의 원칙"[26]

. . . .

25 Vgl. Peter Reichel, a.a.O., S.88.
26 小田滋, 石本泰雄 編, 앞의 책, 494쪽.

을 지켜야 한다고 강조했다. 이 조항은 2차 대전 후 정식화되는 인도에 반하는 죄의 원형이 됐다. 이어 1919년 조인된 베르사유 강화조약에서는 가해국이 피해 국민에게 처음으로 손해를 보상하는 장치를 마련했다. 일본도 전승국의 일원으로서 "일본 국가 및 피해자 개인의 손해를 계산해 독일에 청구했다."[27] 베르사유조약은 "개인 보상의 시스템을 만들고 실행한 최초의 국제조약"[28]이 됐다. 이렇게 국가가 국가에 지불하는 (전후)배상과는 별도로 가해국(과 기업)이 피해자 개인에 대해 보상하는 (전후)보상의 인식이 국제적인 원칙이 됐다.

제2차 세계대전 이후 이 같은 국제법의 구조 변화와 함께 피해자 개인에 대한 보상을 촉구하는 계기가 된 것은 나치 범죄의 중대성이었다. 나치 범죄는 이미 기술한 것처럼 1939년 2차 대전 개전 이전으로 거슬러 올라간다. 공산주의자나 사회주의자를 정치적 신조의 차이로, 또 유대인과 '집시'를 종교적, 민족적 차이로 억압하고 탄압한 것은 전후뿐 아니라 전전까지 포함한 나치시대 전반에 걸친 문제였다. 국가 간에 전쟁이 없었던 때의 범죄, 즉 전쟁 전 범죄에는 당연히 국가 간 배상은 해당되지 않는다. 그러나 고통 받고 있는 피해자는 분명히 존재한다. 이렇게 하여 특히 나치 범죄의 보상을 어떻게 할까, 이로부터 피해자 개인에 대한 보상의 중요성을 인식하게 됐다.

여기서 서방 제국에 대한 지불 문제로 돌아가자. 서독은 런던채무협정에서 강제노동자에 대한 보상은 국가 간의 배상 문제로 타결하는 것에 성공하고, 배상 지불은 강화조약 체결 이후로 미룬 것은 앞서 말했다. 그러나 특히 서방 제국의 피해자, 희생자, 유족들의 보상 청구는 런

• • • • • • • • • • • •

27 高木健一, 『戰後補償の論理』, れんが書房新社, 1995, 115쪽.

28 高木健一, 『今なぜ戰後補償か』, 講談社現代新書, 2001, 199쪽.

던채무협정 이후에도 계속돼 재판에 호소하는 일도 그치지 않았다. 이렇게 하여 서독은 국가배상을 동결하고 뒤로 미루는 패러다임(구조)을 지키면서 피해자들의 목소리에 답하기 위해 서방 11개국에 '개인보상'을 실시해 나간다.

3) 제3기 : 동유럽 국가들과의 보상 추진

냉전구조가 유지되는 가운데 1970년에는 분열 국가 동서독 사이에 이전까지와는 다른 관계가 생겼다. 1969년 서독에 탄생한 브란트 연립정권은 잇달아 새로운 동방정책을 폈다. 1970년 3월 동서독 정상회담에 이어 12월 오델 나이세Oder-Neisse 선을 국경으로 한 폴란드와의 국교정상화 조약(바르샤바조약)이 성립한다. 화해와 정상화를 목표로 삼았다. 72년 5월 서독 연방의회는 동방조약(대 소련, 폴란드)을 비준한다. 12월 동서독은 상호 주권국가로서 서로 승인하는 기본조약에 서명한다. 이러한 타협을 바탕으로 73년 9월 양국은 유엔에 동시 가입한다. 나치시대의 1938년 뮌헨협정으로 체코슬로바키아의 스데텐 지방은 독일에 할양되었으나, 1973년 서독은 이 협정을 무효로 하는 조약을 체코슬로바키아와 체결했다. 이러한 일련의 긴장완화와 관계개선을 기둥으로 하는 브란트 외교를 배경으로 한 제3기는 동유럽 제국과의 보상 문제에 진전이 있었던 시기였다.

포괄협정은 이미 기술한 것처럼 동유럽 제국을 제외했다. 나치시대의 희생자는 동유럽에 훨씬 많다. 그곳에서 런던채무협정의 배상 '연기'는 그대로 준수하는 한편, 이 범위 밖에서 "과거의 불법을 보상하는 서독 측의 태도를 보여주기 위해 (중략) 의학실험이라는 미명 하에 자행된 나치의 불법 피해자에 대한 보상"[29]이라는 명목으로 1972년까지 유고, 헝가리, 체코, 폴란드에 보상금이 지급됐다. 이들은 역사적으로 서방 국가들과 관계가 깊은 나라들이다.

이후 서독은 다시 폴란드와의 협상을 통해 합의에 이르렀으며 두 가지 방법의 지불에 응하고 있다. 지난 보상으로는 이미 1억 마르크가 지급됐다. 그러나 독일 거주자를 대상으로 한 연방보상법 기준에 비춰보면 보상 대상은 1,000만 명, 총 1,800억 마르크로 산정됐다. 1975년 여름 슈미트 연립정권(사민당-자민당)이 폴란드 정부와 합의한 지불 방법은 두 가지였다. 하나는 현행 연금에 얹어주는 방법으로 13억 마르크가 배정됐다. 다른 하나는 10억 마르크의 차관 제공으로 이자가 낮다. 그러나 이러한 '경제협력'은 본래의 보상이라고 보기는 어렵다. 이 액수를 제외하면 서독은 앞의 1억 마르크와 합계 14억 마르크로, 즉 산정액 1,800억 마르크의 약 0.8%로 해결하려 했다. 슈미트 정부는 더 이상의 개인보상 권리는 런던채무협정을 근거로 거부했다. 이후 계속되는 보수정권도 이 거부 자세를 답습해 나간다.

4) 제4기 : 녹색당의 노력과 잊혀진 희생자

(1) 보상은 '자부심'

1980년대 중반이 되면 보상이라는 개념에 변화가 생겨 종전 이래 40년 동안 어둠 속에 방치돼 온 피해자와 희생자, 그리고 강제동원·강제노동 문제가 수면 위로 떠오르기 시작했다. 동방외교로 동유럽의 피해자, 희생자, 유족의 목소리가 서독에 닿게 됐는데, 제1장에서 거론한 것처럼 1979년에 방영된 〈홀로코스트〉의 충격이 순풍으로 작용했다.

----

29 広渡清吾, 앞의 책, 193쪽.

1980년대 중반에 보상사를 처음으로 다룬 책이 연방 재무장관의 협력으로 발터 슈바르츠에 의해 출판됐다. 여기에는 보상하는 것이 독일인에게 마이너스가 아니라 오히려 "자긍심을 갖게 한다"고 하는,[30] 지금까지는 없었던 관점이 나타나 있다. 오히려 적극적으로 임해야 한다고 주장한다.

이 책에서 이러한 관점의 변화를 가져온 요인은 첫째, 나치시대에 대한 반성과 전후보상에 임하는 사회적 운동단체와 시민운동이 각지에 만들어지기 시작해 활발해지고 동시에 성립기에 있던 녹색당이 이들 및 피해자 단체와 공동으로 적극적인 활동을 시작했다는 점이다. 둘째, 정부 측도 앞으로 예상되는 '잊혀진 희생자', 즉 안락사나 강제 단종의 희생자, 공산주의자, 도망(탈주)병, 동성애자, '집시'에 대한 보상, 그리고 엄청난 수에 이를 것으로 추정되는 동유럽 강제노동자에 대한 보상을 모두 무시할 수 없어 보상책 마련을 여론에 환기시킬 수밖에 없는 상황이었다. 제5기에서 논하는 강제노동 보상기금은 기금 출연을 꺼리는 기업에 이 제4기 때 생긴 "독일을 자랑스럽게 할 수 있다"는 메시지를 보내 기업이 그렇게 함으로써 기업 이미지를 좋게 하는 기초를 스스로 준비하게 하는 중에 탄생했다.

(2) 녹색당

'잊혀진 희생자'와 강제노동자 보상 문제는 녹색당이 중심적인 역할을 했다. 녹색당에 대해 간단히 살펴보자. 1975년 스위스와의 국경 인근 마을 뷔르는 원전 건설 예정지였는데 프랑스, 독일, 스위스에서 원전을 반대하는 사람들이 몰려들어 예정지 점거를 계속했다. 이 운동은

----

30 Vgl. Peter Reichel, a.a.O., S.93.

기존에 개별적으로 전개되던 시민운동을 전국 규모의 에콜로지 운동으로 결집시켰다. 1976년 11월 함부르크 인근 브로크도르프 원전 반대운동은 세계의 주목을 받았으며, 다음 달 12월 행정법원은 '건설 일시정지' 판결을 내린다. 그 달에 녹색의 이념과 운동에 공명하는 사람들은 하멜른, 힐데스하임 두 시에서 '녹색리스트·환경보호'라는 단체명으로 시의원 선거에 입후보한다. 77년 2월 슈레스비히·홀슈타인 주의 군의회 선거에서 '녹색리스트'가 첫 의석을 획득한다. 이후 의회 밖 운동과 의회 활동을 제휴시키면서 차례차례로 지방의회에 진출한다. 1978년 2월 같은 주 군의회 선거에서 6.7%, 3석을 얻는다. 6월 함부르크 시(주와 동격), 니다작센 주에서 주의회 선거에 처음으로 참가한다.

79년 1월 슈미트 정권은 미·영·프·독 4개국 정상회담에서 NATO의 미 신형 핵미사일 배치를 요청하는데, 이를 계기로 반핵, 평화, 에콜로지 운동은 전국 규모로 확대된다. 이 운동단체에는 3월 17~18일 페트라 켈리, 로란트 포크트 등 500명이 모여 '그 외의 정치결사─녹색사람들'이 결성된다. 그 직후 미국 펜실베이니아 주 스리마일 섬 원전에서 전례 없는 사고가 발생해 3월 31일 서독 최대의 반원자력 집회가 열려 고어레벤과 하노버 사이를 10만 명의 시위대가 행진한다. 6월 브레멘 시의원 선거(주와 동격)에서 '브레멘 녹색리스트'가 5.6%를 얻어 주차원의 선거로는 처음으로 의원을 주의회에 보낸다. 11월 기성 정당과는 다른 조직원리를 지향해 '당'을 명칭에 넣지 않고 '녹색사람들'이라는 이름으로 전국 조직의 결성준비회를 개최한다.

12월 12일 NATO 이사회는 서독에 핵미사일 퍼싱 II와 순항미사일을 각각 108기, 96기의 배치 계획을 결의한다. 1980년 '녹색사람들'은 전국 정당의 결성대회를 열었다. 3월 자르브뤼켄 시에서 열린 연방대표자회의에서 강령 전문에 4원칙을 두었다. 즉 철저한 민주주의를 지향하는 '저변 민주주의', 착취와 수탈의 경제, 자연 파괴를 막는 '에콜로지', 인권을 지키고 사회적 소수자에 대한 차별을 없애나가는 '사회성' 그리고 '비폭력'을 내세웠다. 또한 임금이 동일한 상태에서 35시간 노동하는 데 합의한다.[31] 10월 '녹색사람들'은 연방의회 선거에 첫 참가해 1.6%의 득표율을 기록한다. 1981년 3월 지방선거에서 핵연료 재처리 공장 건설 예정지인 폴크스마르젠(헤센 주)에서 41.6%를 기록한다. 1983년 1월 연방대표자회의를 열어 경제정책을 논의했고 자본주의도, 현존하는 동유럽 사회주의도 함께 무너지고 있다는 데 합의해 자율관리형 기업 형태를 지향하는 방향이 다수를 차지했다. 국정 차원에서 의석을 획득한 것은 1983년 3월 연방의회 선거며 5.6%의 득표율로 27명(여성 10명)을 의회에 보냈다.

일본에서는 '녹색당'의 초창기에 관한 기사에서 흔히 '환경보호' 정당이라는 수식어가 붙는다. 그러나 이 환경이 자연환경만을 의미한다고 본다면 잘못된 것이다. 이 당은 그 원류 중 하나로 지구를 자연 파괴로부터 지키려는 사람들이 있었다. 원자력발전도 운동의 극히 초기에는 자연환경에 대한 부하負荷로 받아들여지기도 했지만, 곧 시민자치, 분권과는 정면으로 대립하는 원자력 제국을 만들어내는 시스템이라고 생각하게 됐다.

원전 사고가 터질 때마다 기술, 구조상의 문제점뿐 아니라 항상 인위적인 실수가 지적된다. 사고 방지는 인위적 실수를 없애는 것이다. "원자로뿐 아니라 우라늄 채광·제련, 핵연료 운반, 폐기물 처리·재처리 공장에서의 플루토늄 회수 작업 등 모든 것에서 인위적 요소를 없애려

----

31 이 시기의 강령(『자르브뤼켄 연방 당강령』)은 ハンス=ヴェルナー・リュトケ, オラーフ・ディネ 共編, 荒川宗晴, 石井良, 佐々木正昭, 樋口純明, 相沢正己 訳, 『西ドイツ緑の党とは何か―人物・構想・綱領』, 人智学出版社, 1983에 게재돼 있다.

한다. 원전 노동자에 대한 감시와 컨트롤은 실수를 범하지 않는 인간 만들기의 필수 요건이 된다. 핵 탈취 등 외부인의 침투에 대비해야 한다. 감시 체제는 외부에 대해서도 강화돼 보이지 않는 벽이 둘러쳐져 있다. 원자력 시설이 단지 경비 대상이 될 뿐 아니라 주변 지역이 경비망에 들어가 주변 주민의 데이터 작성이 추진된다. '원전의 벽'이 겹겹이 쌓여 감시 체제가 구축된다. 이것들은 국가와 경찰의 힘을 더욱 더 거대하게 해 원자력 제국을 만들어낸다."[32] 이렇게 하여 녹색당은, 원전은 자연환경의 파괴뿐 아니라 시민자치, 분권을 저해하는 관점에서도 '즉시 정지'를 호소했다.

자동차 사회의 재검토와 근거리 교통망의 확대, 남녀 동수화를 위한 모든 영역에서의 철저화, 성 차이에 따른 역할 분담의 철폐, 노인·장애인·외국인·동성애자에 대한 차별과 억압이 없는 사회의 건설, 서독과 개발도상국의 엘리트끼리의 음모를 은폐할 뿐인 '원조'의 중지 등을 내세웠다. 주 35시간 노동과 함께 무엇이(생산물), 어떻게(방법), 어디에서(장소), 무엇을 위해(목적) 생산되고, 누가 이것을 결정하는가에 대해 집중을 배제한 자주관리와 자기결정에 기초한 사회의 창출을 주장했다. 기성 사회에 대한 유토피아라고 할 정도의 이러한 대안은 단순한 자연의 '환경보호' 정당을 의미하지 않는다. 자연과 노동의 두 환경, 문명론에 기초한 사회정책이 제시됐다.

국정 차원에서 의석을 획득한 전후의 신문 제목을 통해 이 당이 일본에서 어떻게 수용되고 있었는지를 열거해 보겠다.

'저변 민주주의 철저'(호쿠리쿠주니치신문 83.1.6), '환경보호와 실업구제, 자체 경제 프로그램'(마이니치신문 83.1.19), '신선한 감각의 녹색당, 근저에

----

32 田村光彰, 「東ドイツの新野党とフェミニストたち」, 『新日本文学』, 新日本文学会, 1990 年秋号, 第45巻 第10号, 153쪽.

전원 참가 발상'(요미우리신문 83.2.26) '녹색의 도전, 흔들리는 3당 구도'(마이니치신문 83.3.3), '반핵 호소, 녹색선풍'(아사히신문 83.3.8), '미사일 배치로 저지를 위해 전력을 서약하는 녹색당'(아사히신문 83.3.9), '반핵, 젊음으로 부딪치다'(요미우리신문 83.3.9), '서독 녹색당 연방의원단, 여성이 모든 임원 차지하다'(아사히신문 84.4.5) '부패를 폭로하는 서독 정치, 녹색당이 잇달아 적발, 부정 헌금 총리까지 소환'(마이니치신문 84.10.28).

그 후 1990년 10월에 동독이 서독에 병합되는 형태로 동서독이 통일되자 '또 하나의 통일', 즉 서독 녹색당과 동독의 '90년연합'('동맹90'으로도 번역됨)과의 통일이 이루어졌다.[33] '90년연합'은 동독의 '시민의 봉기'에서 시작된 민주화운동을 짊어진 4개 조직으로 구성돼 있었다. '신포럼', '민주주의를 지금', '평화와 인권 이니셔티브', '독립여성동맹'이다. '또 하나의 통일'로 탄생한 정당이 '90년연합/녹색당'이다. 80~90년대 전후 보상을 정당 차원에서 추진한 곳은 탄생한 지 얼마 안 된 이 젊은 정당 녹색당이었고, 통일 후에는 동유럽의 민주화운동을 포함해 다양한 시민운동을 내포한 90년연합/녹색당이었다.

(3) 잊혀진 희생자

잊혀진 희생자에 대한 보상을 요구하기 위해 연방의회에서는 녹색당과 사민당의 발의로 공청회가 여러 차례 열렸다. 1986년 유럽의회에서는 녹색당의 제안으로 의회 사상 처음으로 강제노동자 보상 문제가 논의됐다. 런던채무협정으로 후순위로 밀려나고 그 후 완전히 '잊혀져' 버린 보상 문제가 독일 한 나라의 차원을 넘어 유럽의회의 의사일정에

<hr />

33 田村光彰, 「解題·もう一つの統一」, トーマス·エバーマン, ライナー·トランペルト 著, 杉谷真佐子, 菊池悦朗, 田村光彰, 名執基樹, 林敬, 木村育世, 大滝敏夫 訳, 『ラ ディカル·エコロジー』, 社会評論社, 1994.

오른 것은 큰 의미를 가진다. 의회는 독일 산업계에 강제노동자 보상기금 창설을 요청하는 결의를 했다. 이 배경에는 강제노동에 대한 시각의 변화가 있었다. 종래 강제노동은 전시 경제에서 노동력 부족을 보충하기 위한, 말하자면 어쩔 수 없는 조치로 간주돼 왔다. 그러나 이러한 '노동력 부족'론 대신 녹색당이 호소한 것은 역사인식에 뒷받침된 '강제노동=부정'론이었다. 또한 수십 년 간 속지주의로 보상 대상자를 한정해 독일에 거주했어도 '반사회적'으로 단정된 사람들, 안락사나 강제단종 희생자, 호모섹슐스, 나치와 가장 치열하게 싸우고 그 희생이 가장 많았던 공산주의자, 도망(탈주)병이나 동성애자, 국방군의 전투능력을 방해한 것으로 알려진 '방위력 훼손자', '집시'에 대한 보상이 '잊혀진' 현실의 '부정'을 재인식하게 했다.

이들을 구제하기 위해서는 연방보상법에 규정된 보상 대상자의 범위를 확대해야 한다. 이렇게 해서 1988년 피해자의 가혹한 실정을 고려해 '과혹완화기금'이 제정됐고, 호모섹슐스, 안락사 희생자, '반사회적'이라던 사람들에게 대상이 확대됐다. 1937년 7월 14일 '유전적 질환아 예방법'[34]에 따라 강제 단종을 당한 피해자에 대해 연방의회는 1988년 6월 단종 조치를 탄핵하고 "피해자에 대한 보상을 확충하기 위한 하나의 큰 계기"[35]가 되는 결의를 채택했다.

(4) 노이엔가메 강제수용소

독일 북쪽의 항구도시 함부르크에서 남하하면 교외에 베르겐도르프

• • • • • • • • • • •

34 望田幸男, 「ナチス優生学の撰んだ悲劇の道とは」, 『ヒトラーハンドブック』, 新人物往来社, 1997, 109쪽.

35 市野川容孝, 「ドイツ-優生学はナチズムか?」, 米本昌平, 松原洋子, 勝島次郎, 市野川容孝, 『優生学と人間社会』, 講談社現代新書, 2000, 57쪽.

[사진 1]

라는 마을이 있다. 이곳에서 버스를 타고 30여 개의 정류장을 지나면
벽돌이 아닌 초가지붕 농가가 가끔 보인다. 길가의 개울물은 거의 흐르
지 않는다. 시간이 멈춘 것 같다. 이쯤 되면 상점 등은 하나도 없으며,
펼쳐진 녹지 너머로 지평선이 끝없이 이어진다. 이 끝없는 지평선 일각
에 갑자기 노이엔가메 강제수용소가 모습을 드러낸다. 초원은 계속된
다. 도망치려 했던 사람들을 절망으로 몰아넣기에 충분한 입지 조건이
다. 몸을 숨기는 나무도 인가도 없다. 시의 중심까지는 걸어서 4~5시간
은 걸린다.

수용소는 현재 잘 보존돼 공원으로 활용하고 있으며 [사진 1]에서
보듯이 기념관도 병설돼 있다. 기념공원 입구에 전체 개요를 알 수 있
는 설명문이 적혀 있다. 공원 설립 취지에는 "의회와 자유 한자Hansa도
시 함부르크 시민은 노이엔가메 강제수용소 기념의 장(공원)을 마련했다.

나치 정체의 범죄를 밝히고 이러한 부정을 다시 반복하지 않기 위해서" 라고 기술돼 있다. 함부르크는 지금도 유럽 유수의 항구도시고 나치시 대에는 특히 군수물자의 하역작업을 했던 중심 항구였다. 이 하역작업 을 맡은 사람들이야말로 수용자들이었다.

히틀러는 권력 장악 후 즉시 호모섹슐스의 협회를 금지 처분하고 1935년 이들을 처벌하는 형법 제175조를 강화한다. 35년 10월 호모섹 슐스와 임신중절을 '박멸하는' 중앙본부가 설립돼 밀고자에 의해 자그 마한 의심을 받기만 해도 체포됐다. 노이엔가메 강제수용소에는 공원 모양의 부지 안에 패널이 설치돼 있고 방문객들은 산책하면서 호모섹 슐스의 강제노동을 알 수 있게 해 놓았다. 이 전시에 따르면 1933년부 터 45년 사이에 5만 명의 남성이 형법 175조로 유죄 판결을 받았고 그 중 1만 명이 강제수용소에 수감됐다. 수용소에서는 최하층의 서열로 편 입돼 특히 고된 노동에 종사해야 했다. 하역작업과 같은 중노동은 진흙 탕에 빠지면서 삽을 들고 벽돌을 만드는 일이었다고 한다. 대부분 전후 까지 살아남지 못했다. 간신히 살아남은 사람들도 이 법이 1969년까지 유효했기 때문에 사회적 차별의 현실에 계속 직면했을 뿐 아니라 보상 에서도 배제된 상태였다.

노이엔가메 강제수용소에는 모든 희생자를 추모하기 위해 큰 비석 이 세워져 있다. 그 비에는 다음과 같은 문장이 새겨져 있다. "당신의 고뇌, 당신들의 싸움, 그리고 당신들의 죽음을 결코 잊어서는 안 된다." '잊혀진' 사람들에 대한 생각이 들었고, "당신의 고뇌, 싸움, 죽음"이 사 회적으로 인지된 것은 이렇게 전후 40여 년이 지나서였다.

1988년 '가혹완화기금'의 대상에서 제외된 사람들 중에 병역거부, 탈주, 방위력 훼손으로 유죄 판결을 받은 사람들이 있다. 이 사람들의 명예를 회복하고 보상금을 지급하는 법안(일률적으로 7,500마르크, 일본 엔으로 약 52만 5,000엔)이 독일 연방의회에서 가결된 것은 동서독 통일 후인 1997년 5월로 전후 52년이 지난 때였다. 그리고 이때 여전히 구제받지 못하고 그 후에도 계속 방치돼 온 사람들은 그중에서도 강제동원·강제노동의 피해자들이었다.

제5기에서는 이 사람들에 대해 논한다.

5) 독자 재판과 탈나치화

제5기로 넘어가기 전에 서독의 사법이 독자적으로 재판한 나치 범죄에 대해 언급해 두고자 한다. 나치시대의 전후처리를 검토할 때 종전으로부터 10년까지의 특징을 키워드 형식으로 4개 기술하면, ①뉘른베르크 재판(국제군사재판과 미국에 의한 12개 계속재판), 독일 국내 영·프·소의 점령지역, 독일이 점령했던 지역에서의 재판, ②룩셈부르크협정부터 연방보상법, ③독일의 기존 형법에 의한 재판, ④탈나치화를 들 수 있을 것이다. ①, ②에 대해서는 이미 설명했으므로 다음에서는 ③, ④의 문제를 다루고자 한다. 국제군사재판은 미·영·프·소의 연합국이, 또 각 점령지역에서는 각각의 점령군이 뉘른베르크 계속재판으로 대표되는 전범재판을 실시했지만, 서독 자신이 독자적으로 나치를 추궁해 처벌한 조치에는 기존의 형법에 의한 재판과 '탈나치화법'의 제정이 있다. 전자는 '폭력적 실질범'[36]을, 후자는 '지능적 형식범'[37]을 대상으로 했다. 일본의 전쟁범죄와 비교하면 극동군사재판(도쿄재판)과 아시아 각지에서 행해진 일본군을 재판하는 전범재판이 ①에 해당한다고 할 수 있

---

36 野村二郎, 앞의 책, 92쪽.
37 野村二郎, 앞의 책, 92쪽.

다. 그러나 ②이후 보상법 제정도, 독자적인 재판도 일본에서는 이뤄지지 않았다. 마지막 키워드에서는 사면 문제를 포함해 '탈나치화와 사면'에 대한 검토를 통해 왜 유죄를 선고받은 사람들이 그 죄를 면책 받고 풀려났는지 밝히고자 한다.

(1) 서독의 기존 형법에 의한 재판

뉘른베르크 국제군사재판과 각 점령 지역에서의 전범재판에 대해서는 이미 말했다. 이제 서독 자신이 독일인 및 무국적자의 나치 범죄를 처벌한 재판에 대해 다루고자 한다. 이는 원래 1945년 8월 30일 연합국 공동관리위원회의 지시에 따라 이뤄졌다. 그러나 서독의 사법은 연합국의 군사재판이 적용한 모든 규정을 받아들이지는 않았다. 특히 인도에 반하는 죄라고 하는 국제법상의 범죄 요건은 인정하지 않고 기존의 형법으로 재판할 방침을 채택했다.

(1)-1. 나치범죄규명센터

수사는 두 기관이 담당했다. 하나는 각 주의 검사국이 일반 형사사건과 함께 나치 범죄도 담당했으며 전후 곧 활동을 시작했다. 다른 하나는 신설된 '나치범죄규명주검사국중앙센터'다. 후자는 각 주 검사들로 구성된 합동의 수사추적기관으로 1958년 10월 설립돼 12월 1일부터 활동을 시작했다. 각 주 검사국은 매년 수사, 추적, 체포, 기소 등의 결과를 나치범죄규명센터에 보고하고, 이를 토대로 센터는 독일 전체 통계자료를 작성한다. 1993년 1월 1일 통계에 따르면[38] 사형이 12명, 종

---

38 Heribert Ostendorf, Die Widersprüchlichen-Auswirkungen der Nürnberger Prozesse auf die westdeutsche Justiz, In : Gerd Hankel/Gerhard Stuby(Hg.) : Strafgerichte

신형 163명, 유기형 6,199명, 벌금형 114명, 소년법 훈계 1명 등 총 6,489명이 유죄 판결을 받았다. 10만 5,059명이 수사 대상이 됐으므로 유죄율은 약 6.2%다. 이 시점에서 수사 속행 중과 재판 중인 인원은 8,145명이다.

두 기관에 의한 나치 범죄의 수사, 고발에는 기복이 있어서 진척과 정체를 몇 번이고 반복하고 있다. 연합군에 의한 재판이 진행되고 있던 전후 초기에는 주민으로부터의 고발도 많아 범죄규명 활동은 활발했다. 1950년대 들어 전쟁범죄자들이 속속 석방되고, 이들이 사회 요직에 복권하자 활동은 정체기를 맞는다. 이렇게 된 가장 큰 요인은 동유럽 국가들의 사료를 열람할 길이 막혀 수사 자료를 구할 수 없게 된 점이다.

그렇게 된 이유는, 서독은 과거 침략·점령지인 동유럽 제국과의 외교관계를 스스로 단절했기 때문이다. 1955년 9월 아데나워 총리의 외교정책 고문을 맡고 있던 외무차관 발터 할슈타인은 그 후 약 15년간 대외정책의 기본 방침이 되는 '할슈타인 독트린'을 발표한다. 이는 서독이 전 독일 민족을 대표하는 민주주의적인 유일한 정체라는 전제에서 현재 동독을 승인하고 있는 국가들과 또 향후 승인을 예정하는 국가들 간의 외교관계를 단절한다는 내용이었다. 냉전시대의 이 조치는 서방 국가와 아시아·아프리카 국가들이 동독과 외교관계를 수립하는 움직임을 저지하고, 동시에 서독은 이미 동독과 외교관계를 맺고 있는 동유럽 제국의 역사적 자료를 열람할 기회를 잃었다. 그러나 타국에 대한 소위 '쇄국'을 강제할 방침은 동독 승인국의 증가와 브란트 정권의 동방외교의 개막과 함께 1969년 10월 종식된다. 1958년 나치범죄규명센터가 설립돼 나치 범죄 규명이 지금까지 이상으로 진전됐으나 그 배

. . . .

gegen Menschheitsverbrechen, Hamburger Edition, 1995, S.73. 서독의 모든 주와 동독의 작센 주의 합계 숫자가 제시돼 있다.

경이 된 '할슈타인 독트린'은 범죄 추궁 활동에 어두운 그림자를 드리웠다.

(1)-2. 시효의 폐지

반면 서독은 시효에 관해 처음에 기산점을 낮추고 다음에 시효기간 연장을 거쳐 1979년에는 시효 자체를 폐지했다. 나치에 의한 살인은 이미 언급한 것처럼 주로 공모적, 계획적이다. 돌발적이고 무의식적인 살인(고살)과 구별해 모살이라 일컬어진다. 이 모살의 시효는 20년이다. 따라서 패전으로부터 20년 후인 1965년에는 공소시효가 완료된다. 방대한 나치 범죄자는 독일 국내뿐 아니라 여러 나라에서 그대로 생존해 있다. 이에 서독은 형법 개정을 실시해 시효의 기산 연도를 서독의 성립 연도인 1949년의 다음 해인 1950년 1월 1일로 바꿨다. 그러나 1970년에는 시효가 완료된다. 그래서 이번에는 시효기간을 연장해 30년으로 늘려 나치 범죄는 놓치지 않는다는 자세를 내외에 표방했다. 다음에는 1979년 7월이 되자 마침내 모살죄에 대한 공소시효 자체를 폐지했다. 이 폐지 여론몰이에 크게 기여한 것 중 하나가 TV 영화 〈홀로코스트〉였음은 이미 언급했다. 나치 범죄는 영구히 추궁 받아 처벌되게 됐다.[39]

(1)-3. 사법은 전후보상을 한다

시효 폐지를 배경으로 1986년 가을 유엔전쟁범죄위원회(UNWCC)는 3만여 명의 용의자가 게재된 자료를 나치범죄규명센터에 넘겼다. 센터

----

39 이 시효 폐지의 과정에 대해서는 野村二郎, 『ナチス裁判』, 講談社現代新書, 96~109쪽에 자세히 설명돼 있다.

는 이 자료에 근거해 1988년까지 2만 2,000건을 수사하고, 5,500건의 예비수사 절차를 진행하고 있었다. 1990년대에 들어서면 이미 전후 45년이 지나 용의자의 발견 자체가 어려워졌으며, 설령 용의자가 새로 발견되더라도 증거가 충분하지 않거나 증인이 기억을 되살리지 못하거나 사망해 나치 폭력범죄의 형사소추는 매우 어려워지고 있었다. 전후 41년이 지난 1986~1992년에 확정판결을 받은 피고는 10명에 불과하다.

그래도 가해자의 범죄를 증명하는 활동은 자금과 인력 부족에 시달리면서도 계속됐고, 최근에는 나치범죄규명센터의 노력으로 2001년 라벤스부르크 지방법원은 83세의 전 친위대 장교 율리우스 필에게 12년형을 선고했다. 그는 1945년 테레지엔슈타트 게토에서 유대인 수용자 7명을 사살했다. 전후에는 슈투트가르트에서 편집인으로 일했고 1983년에는 대통령 카를 카르스텐에게 연방십자훈장을 받았다. 체포 계기는 사이먼비젠탈Simon Wiesenthal센터에 캐나다에서 보낸 1통의 엽서였다. 그것은 필의 전 부하가 보낸 '고발장'이었다. 엽서는 나치범죄규명센터로 이송됐고 센터 소장 쿠르트 슈림 등의 노력으로 규명이 시작돼 결실을 맺었다. 전후 60년이 흐른 현재 센터 소장은 자기 자신과 동료들의 업무 의미, 의의를 묻자 이렇게 답했다. "희생자에게 사법은 전후 보상을 실시한다고 알리는 데에 있다."[40]

(2) 탈나치화와 사면

(2)-1. 민주주의를 철저히 하는 교육

다음으로 탈나치화 문제를 다룬다. 시효를 폐지하면서까지 독일 자신이 재판한 기존 형법에 의한 재판과는 달리, 탈나치화는 철저하지 못

● ● ● ● ● ● ● ● ● ● ●

40 Die Zentrale Stelle für NS-Verbrechen, taz, 2005.5.17.

한 채 끝났다. 연합군은 전후 즉시 전범재판과는 별도로 가능한 한 신속히 나치 조직의 해체와 국가, 경제계, 문화·교육계 등으로부터 나치 당원과 지지자 등을 배제한다는 방침을 정했다. 이는 이미 1945년의 얄타, 포츠담회담에서 결정됐던 것이었다. 방법으로는 18세 이상의 국민 전원에 대해 소속 정당의 유무, 활동 경력, 나치당 지지 경력 등을 자진 신고하도록 하고 이를 심사했다. 가장 대규모로 치러진 지역은 1945년부터 시작된 미국의 점령 지역이었다. 이에 따르면 나치와의 관계를 5단계로 분류해 답변하도록 했다. 즉 ①주요 범죄자 ②활동가 ③경범죄자 ④나치당 지지자, ⑤무죄(반나치 포함)가 5개의 등급이다. 이듬해 10월부터 영·프 점령 지역에도 미국 모델이 적용된다. 각 점령 지역에서 '탈나치화법'이 제정됐으며 구체적인 심사는 독일인으로 구성된 탈나치화위원회가 담당했다.

처벌에는 금고나 징역 등 자유 박탈, 재산 몰수, 직업 금지, 공무원 신분이나 연금 자격 및 선거권 상실, 그리고 벌금 등의 방법이 취해졌다. 그러나 실체는 원래 자진신고를 기본으로 했기 때문에 허위신고가 끊이지 않았고 이 시도는 유명무실해져 1949년경부터는 의미를 잃었다. 사토 다케오는 탈나치화의 의도로서 공직 추방과 재교육을 들고 후자에 대해 다음과 같이 말하고 있다. "Reeducation이라고 하는 말이 있습니다만, '재교육'이네요. 나치와 나치즘의 재래를 막기 위해 시행된 민주주의를 철저하게 하는 교육입니다."[41] 나치와의 관계를 국민에게 의식하도록 하고 '민주주의를 철저하게 하는 교육' 시도도 1955년에는 폐지됐다.

· · · · · · · · · · · ·

41 佐藤健生,「戦後ドイツの『過去の克服』の歩み」, アジア民衆法廷準備会 編, 『問い直す東京裁判』, 緑風出版, 1995, 144쪽.

(2)-2. 사면

탈나치화 정책 시행 후 4년이 돼가지만 성공하지 못하게 된 것은 허위신고에만 이유가 있는 것이 아니다. 냉전이 시작된 가운데 탈나치화 정책을 무용지물로 하고 이를 사장시킨 것은 첫째, 우파 세력의 활동으로 아데나워 정권이 이를 뒷받침했기 때문이다. 둘째, 이미 언급해 온 것처럼 서독을 서방진영에 편입시키는 측과 편입되는 측 모두 처벌보다는 재건을 원했다. 셋째, 특히 미국은 자신의 점령 경비를 줄이기 위해 서독의 조기 '자립'을 희망해 탈나치화 정책으로 처벌받은 사람들의 복권을 기대했기 때문이다.

(2)-2-1. 연방사면법

1949년 가을 연방의회에서 우파 정당이 공세를 펼치면서 기존 형법에 따라 독일 자신이 재판하고 있는 재판의 중지 및 탈나치화에 따른 처벌 중단을 요구했다. 특히 경범죄자와 지지자에 대한 처벌 폐지를 주장했다. 앞에서 인용한 용어를 따르면 '폭력적 실질범' 그리고 '지능적 형식범' 중에서도 '가벼운' 형의 면제를 호소했다. 반면 자유민주당(FDP), 독일당(DP) 등은 추가로 주요 범죄자까지 포함시키라고 주장했다. 1949년 12월 31일 제1차 연방사면법이 연방의회에서 의결됐다.

정책상의 이유로 또 동서 독일의 통일 등 정치적·역사적 대사건을 계기로, 이미 확정된 형을 변경할 때(예를 들면 형의 변경, 경감, 혹은 집행정지 등) 일반적으로 두 개의 방법이 취해진다. 하나는 사람마다 범죄를 검토해 개별적으로 판단을 내리는 사면Begnadigung이며, 다른 하나는 일반적인 조치로 행해지는 사면Amnestie이다. 결의된 연방사면법은 사면에 해당하는 사람의 조건을 1949년 9월 15일 이전의 범죄와 최장 6개월을 선고받은 경우로 했다. 심지어 탈나치화위원회나 경찰의 추궁을 피한 사람들도 사면에 포함시켰다. 이에 따라 다른 한편으로 전쟁범죄나 나치 범죄의 피해자는 방치된 채, 또 역사의 해명도 피해자에 대한 보상도 되지 않는 단계에서 가해자 80만 명이 방면되고, 나치시대의 범죄, 전후 지하경제에서의 암약 등이 마치 잊혀진 것처럼 불문에 부쳐졌다. "앰네스티(사면)와 앰네지Amnesie(건망증)가 동시에 일어났다"[42]는 비판이 제기됐다는 것은 당연하다.

1951년 10월 슈타트 오르덴도르프라는 조그만 지자체에서 그곳 의원들과 명사를 초대한 이벤트가 열렸다. 여기서 탈나치화 문제로 과거 논란이 됐던 8,000명의 이름이 게재된 600건의 자료가 소각 처분됐다. 지자체장을 비롯해 의회 의원이 모두 이 현대판 '분서'에 참석하고 있었다. 히틀러는 권력 장악 후 즉시 주로 마르크스주의 관련 책과 유대계 작가들의 서책을 공공연히 소각시켰으며, 오래전 일로는 중국의 진시황이 서책을 불사르고 학자들을 생매장시킨 것이 전해지고 있다.

권력자 측이 '위험'하다고 판단한 사람들의 저작이 화염에 휩싸였고 살아있는 학자가 땅 속으로 자신의 사상과 함께 줄줄이 사라졌다. 정신과 육체가 말살됐다. 현대판 '분서' 버전에서는 나치 당원증이나 전력이 게재된 자료가 재로 변했다. 이곳은 영국 점령 지역에 있었으나 영국 점령군 고위 관리는 소각 처분을 묵인했고 마을 명사들은 이를 점령으로부터의 해방 행위라고 칭찬했다. 전력이 문제가 되는 탈나치화의 대상자들이야말로 이 명사들이었을 것이다. 이들은 '점령으로부터의 해방'이 아니라 '나치 범죄로부터의 해방'에 안도한 것이다. 이후 '과거를 잊고 미래지향을'이라는 표어가 종종 나온다. 권력자 측이 '미래지향'이라고 할 때 자신이 저지른 '현재'의 실정이나 범죄로부터 사람들의 눈을 돌려 마치 '미래'에 대한 꿈과 희망이 있는 것처럼 환상을 퍼뜨린다. 이러한 괴이한 미래를 향해 나아가려 하고 있지만 그 바로 밑에는 신음하고 비통의 고함을 지르며 억압의 트라우마로 고뇌하는 피해자가 있다.

(2)-2-2. 제2의 사면법

제2의 사면법은 1954년에 제정됐다. 대상이 되는 범죄자의 범행 시기는 1944년 10월 1일부터 1945년 7월 31일까지로 하며, 최장 3년까지 형을 선고받은 사람들의 형이 면제됐다. 이 혜택을 받은 사람은 약 25만 명이었다. 첫 번째 사면법과 마찬가지로 지하에 잠행해 추궁을 피한 사람들도 사면 대상에 포함됐다. 가짜 이름을 사용해 가공의 사람으로 위장한 8만여 명이나 해당됐다. 첫 번째의 '최장 6개월'에서 이번 '최장 3년'으로 바뀐 것에서 알 수 있듯이 대상자는 더 무거운 형벌을 받은 사람들에게까지 확대됐다.

(2)-2-3. 전 나치 관리 원직 복귀

나치시대 관리, 즉 공무원이나 직업군인 등은 탈나치화 조치에 해당할 경우 자리에서 쫓겨났다. 그러나 1950년대에 이 관리들은 원직 복귀를 이루고 연금의 수급자격도 회복한다. 여기서는 사면 조치와 마찬가지로 피해자가 방치된 채 가해자의 원직 복귀가 실현되는 문제에 대해 논한다.

민주국가로의 재생 이 문제는 두 가지 측면에서 중요하다. 하나는 새로운 독일의 부흥과 재건은 관리(공무원)의 자질에 달려 있다는 점이다. 독일이 나치시대를 반성하고 어떤 민주국가로 재생할 수 있는지, 그 열쇠를 쥐고 있는 사람들 중에 관리가 있었다.

19세기 후반부터 1990년까지의 독일사를 거시적으로 보면, 제2제정→제1차 세계대전→독일혁명→바이마르공화국→제3제국(나치시대)→제2차 세계대전→점령기→독일연방공화국(서독)과 독일민주공화국(동독)으로 이어지며 제3제국은 두 공화국 사이에 끼어있다. 독일혁명을 거쳐 설립된 바이마르공화국은 주권재민을 헌법에 수용했다("국가 권력은 국민으로부터 나온다"는 바이마르 헌법 제1조 제2항). 그러나 히틀러는 1933년 3월 24일 "민족과 제국의 위급을 배제하기 위한 법률"(통칭 수권법, 전권위임법)을 '위급의 배제'가 아닌, '반대파 의원의 배제' 하에서 가결시켰다. 한 달 전인 3월 13일 이미 독일 공산당은 존재 자체가 금지됐고 국회의원 81명은 의원직을 박탈당했다. 사회민주당은 의회 등원 전에 체포돼 구속된 의원이 15명이나 됐다. '수권법'에 따라 입법권이 의회에서 행정부로 넘어갔고, 이후 바이마르헌법에 저촉되는 법률이 속속 발포되면서 '주권재민' 이념은 묻혀 사라졌다. 점령기를 거쳐 1949년 제정된 독일연방공화국 기본법(헌법)은 제20조에서 "모든 국가권력은 국민으로부터 나온다"(제1항)고 바이마르의 이념을 다시 규정했다.

연합국 측은 '시체'가 된 주권재민을 소생시키고 생명의 숨결을 불어넣는 역할을 관리에게 기대했다. 이를 위해 독일연방공화국 기본법(헌법)이 성립하기 전에 관리법을 제정하려 했다. 연합국 중에서도 미 점령군은 명성있는 유대계 독일인인 헌법·정치학자 카를 레벤슈타인을 관리의 전면적 개혁을 목표로 하는 작업의 고문으로 맞이했다. 이렇게 해서 여성 차별을 없애거나, 관리 모집, 직업 교육 등으로 개혁한다는 내용을 골자로 하는 방안을 검토했다. 주로 사회민주당(SPD)과 노조가 이를 지지했다. 사회민주당의 쿠르드 슈마허는 독일 관리의 반민주주의적 정신을 강력히 비판했고, 노조지도자 한스 벡러는 관리의 특징을

"위에는 충실하나, 밑에는 짓밟는다"며, 각각 개혁안에 찬성했다.

1948년 미영 점령군은 각 점령 지역 행정당국과 주 의회의 여러 정당으로 구성된 경제평의회에 민주주의적 관리법을 제정하라고 촉구했다. 그러나 이들 조직은 원래 나치시대인 1937년의 관리법에 향수를 품고 있었기에 점령군들의 압력을 어떻게든 회피해 자신들의 이권을 지키려 했다.

나치시대의 관리로부터 '역습'도 전개됐다. 탈나치화 조치 등으로 배제된 예전 관리들은 ①재고용과 ②재고용됐을 경우 해직 기간의 봉급 지불을 요구하며 이익단체를 결성해 관리보호연맹, 관리중앙보호연맹 등으로 결집했다. 또 이들은 나치시대의 종식과 함께 나치가 점령 지배하고 있던 동유럽 제국에서 추방된 독일인들이 설립한 고향추방자동맹과 공동 투쟁하면서 독자적인 정당도 창설했다.

43만 명 이상 현직 복귀 민주국가로의 재생에 관한 또 하나의 중요한 점은 제정된 기본법(헌법) 제131조에 있다. 제131조는 전후 예전 프로이센이나 독일제국의 관리로서 해고된 사람들, 또 전직 직업군인과 그 사무국에서 일했던 사람들, 또 탈나치화 조치로 직장을 잃은 관리 등의 법률관계를 "다시 연방의 법률로 규정한다"고 했다.[43] 이 조항의 요청에 따라 입법자는 이들의 원직 복귀를 가능하게 하는 법 제정에 착수했다. 서독 정부는 이에 해당하는 사람들의 어림수를 조사해 1950년 보고서를 작성했다. 총수는 43만 명 정도로 추산되며, 그 내역은 직업군인이 15만 명, 배제된 관리가 약 20만 명이다. 관리들을 추가로 분류하면 탈나치화 조치의 해당자가 5만 5,000명, 동유럽 점령지에서 추방된 독일

· · · · · · · · · · · ·

43 広渡清吾, 앞의 책, 189쪽.

인 관리가 7만 6,000명 등으로 돼 있다. 단, 실제는 이 숫자보다 많을 것으로 생각된다. 이 조사는 조사된 사람의 자기신고에 근거하고 있으며, 게다가 조사 기준도 통일된 것은 아니기 때문이다.[44]

이러한 조사와 경과를 거쳐 1951년 5월 11일 과거의 관리를 복직시키는 '131조법'이 발효됐다. 이 법에 따라 복직 청구권이 부정된 사람들은 국가비밀경찰(게슈타포) 조직원과 나치 친위대 중 무장친위대원으로 정해졌다. 단 예외를 두어 두 조직에 '직무상 배치전환된 자'에게는 복직 가능성이 주어졌다. 되도록 많은 사람들을 관리로 복귀시키려는 것이다. '131조법'은 1953년 8월 개정을 거쳐 나치 관리의 대부분을 원직으로 복귀시켰으며 해직 중 봉급의 지급도 실현시켰다.

관리의 복직 문제에 대해서는 후에 유명해진 '프란츠 슈레겔베르거의 경우'를 한마디 언급해두고 싶다. 슈레겔베르거는 뉘른베르크의 계속재판에서 종신형을 선고받은 전 법무차관이다. 그러나 '건강상의 이유'로 풀려났고 탈나치화 조치로는 혐의를 둘 수 없어 전전의 죄는 불문에 부쳐진 채 1959년까지 연금을 지급하고 있었다. 왜 1959년인가. 그해 사회민주당이 그의 연금청구권 취소 요구를 내면서 인정받았기 때문이다. 슈레겔베르거는 여기서 물러선 게 아니었다. 그는 이후 잃어버린 연금 대신 금전 보상을 획득했다.

이렇게 탈나치화 조치 자체가 도중에 좌절됐을 뿐 아니라 탈나치화 조치의 해당자, 즉 '가해자 측'에 있던 100만 명 이상의 사람들이 한꺼번에 사면을 받아 방면됐다. 역시 가해자 측에 속해 있던 전직 나치 관리가 줄줄이 복직하면서 보상금을 챙기는 사람도 생겼다. 한편 피해자 측, 특히 동유럽 출신의 강제노동자에게 보상은 전혀 없고 방치된 채

----

44 Peter Reichel, Bewältigung der Vergangenheitsbewältigung, In : Vergangenheitsbewältigung in Deutschland, C.H.Beck, 2001, S.112.

있었다. 나중에 다시 언급하지만 무엇보다도 우선 가해자 측을 우대하고 극진하게 보호하고, 본래 피해자 측에 지급돼야 할 보상금이 가해자 측에 지급된 사실이 밝혀진 점도 강제노동 보상기금 〈기억·책임·미래〉를 설립한 한 요인이다.

6) 제5기 : 〈기억·책임·미래〉 기금 설립

1990년 10월 서독이 동독을 병합하는 형태로 두 독일이 통일됐다. 아무도 실현을 상정하지 않았던 '상상의 나라never-never land'가 거출했다. 정부와 법원은 종래 강제노동은 '전형적인 나치의 불법'에는 들지 않고 '전쟁에 의한 조치'며, 바꿔 말하면 항상 전쟁에 부수되는 현상이라고 보았다. 따라서 국가배상에 속하는 문제기 때문에 강제노동자들의 요구에 대한 검토는 "배상문제의 최종 규정까지 연기된다"(런던채무협정 제2편 제5조)는 견해를 계속 취해 왔다. 그러나 이제 두 독일이 통일돼 '배상 문제의 최종 규정', 즉 통일 독일과 연합국 간의 강화조약 체결이 일정에 들어가 통일 독일은 배상 지불에 응하지 않을 수 없게 됐다. 다음에서는 '연기'해 온 국가와 기업 등의 강제노동자에 대한 보상을 염두에 두고 구체적으로 〈기억·책임·미래〉 기금 창설을 다룬다.

(1) 독일·폴란드 화해기금

동서독 통일과 동유럽 민주화는 특히 동유럽 피해자의 보상청구 요구에 힘을 더했다. 두 독일은 통일 시에 구독일의 점령국 미·영·프·소의 4개국과 '2+4 조약'을 체결하고, 이것이 강화조약에 상당하다고 간주됐다(본지방재판소에 의해 나중에 '강화조약'에 해당한다고 판단된다). 이 시점에서 본래 동결되고 연기돼 온 배상 지불을 위해 한 걸음 내디

더야 했다. 폴란드에서는 당연한 일로 여겨져 피해자와 가족들로부터 지급청구가 연일 강하게 제기됐다. 그러나 통일 독일 정부는 이 같은 청구에 직접 응하지 않고 저액의 기금을 창설함으로써 보상 문제를 종결지으려는 태도를 취했다.

폴란드 정부는 당시 소련권에서 벗어나 서방 조직인 북대서양조약기구(NATO)와 유럽공동체(EC)에 가입하길 원하고 있었다. 폴란드 정부는 두 조직의 중심국인 통일 독일의 지지를 기대할 수밖에 없었다. 독일에 대한 강경한 배상 요구가 가입 협상에 악영향을 미쳐서는 안 됐다. 결국 1991년 양국 정부는 독일 정부가 5억 마르크를 거출하는 '독일·폴란드 화해기금' 설립에 합의했다. 목적은 "나치 독일에 박해받은 유대계를 포함한 폴란드인으로 강제수용소 수용자, 전쟁포로 등 생존자에게 금전적 보상을 하겠다"[45]는 것이었다. 다만 실질적인 기금 대상은 그동안 방치돼 온 강제노동자였다.

"박해를 받은 폴란드인은 300만 명에 이르는 것으로 추정되지만 (중략) 1998년까지 신청자는 약 72만 명이었고 그중 52만여 명이 보상을 받았다."[46] 이는 강제노동에 대한 보상을 방치해서는 안 되는 단계에 이르렀음을 보여준 것이다. 그러나 강제노동 보상기금 〈기억·책임·미래〉가 창설되는 데는 10년을 더 기다려야 한다.

(2) 강제노동 보상기금 〈기억·책임·미래〉에 앞선 기업의 보상사

여기서 〈기억·책임·미래〉 기금이 성립되기 전에 정부와 기업이 실

---

45 木佐芳男, 「戰後補償ードイツの場合」, 秦郁彦, 佐瀬昌盛, 常石敬一 編, 『世界戰爭犯罪事典』, 文藝春秋社, 2002, 698쪽.
46 木佐芳男, 앞의 책, 698쪽.

행한 각각의 보상에 대해 정리해두자.

(2)-1. 독일 정부에 의한 보상

1998년 8월 27일까지의 보상 지급액은 다음과 같다.

연방보상법 Bundesentschardsgesetz	783억 마르크
(이 중 연금 지불 1953.10~1997.12.31	637억 마르크)
연방상환법 Bundesrurckerstattungsgesetz	39억 마르크
보상연금법 Entscharddigungsrentengesetz	9억 마르크
이스라엘조약 Israelvertrag	34억 마르크
포괄협정 Globalvertrge	25억 마르크
연방 각주의 지불 Leistungen der Bundeslnder	25억 마르크
가혹한 규정 Härteregelungen	17억 마르크
기타	88억 마르크

계   1,020억 마르크

(약 8조 1,600억 엔)

(출전 : Die Zeit 1998.8.27)

(2)-2. 기업에 의한 보상

소수이긴 하지만 기업이 지불한 역사를 연표 형식으로 요약해 보자.

(2)-2-1. 1990년대 중반까지

1951년   IG-파르벤에서 강제노동을 한 수용자가 회사를 제소해 1957년 화해가 성립. IG-파르벤은 대독물적보상청구유대인회의에 화해금을 지불한다. 회사는 강제노동자를 "할당됐다"라고 주장.

1957~66년   5개 사(크루프, AEG, 지멘스, 라인메탈 등)가 총액 5,196만 마르크를 지불.

1986년 후반 프리드리히 플릭 사망(1972년), 플릭 콘체른 해체(1986년)를 거쳐 핵심을 인수한 신회사 펠트 뮐레 노벨사가 대독물적보상청구유대인회의(뉴욕)에 500만 마르크(약 4억 엔)를 지불한다. 인도적인 이유로 지불해 법적 책임을 인정하지 않고, "제3제국의 노예노동 계획에 참가했다는 비난은 근거가 없다"라고 주장.

1988년 다임러 벤츠가 2,000만 마르크를 유대인 단체에 지불.

1991년 폭스바겐이 대독물적보상청구유대인회의 등에 1,200만 마르크의 보상금을 지불하기로 결정. "이 회사의 공장부지 내에 강제노동을 당한 수용소 사람들을 위해 기념비를 세웠다."[47] 여기에는 "VW공장에서 군수와 범죄적인 제도인 전쟁을 위해 고통 받은 수천 명의 강제노동자를 기리기 위해"[48]라고 쓰어 있다.

1994년 함부르크전기산업이 폴란드 강제노동자에게 "매우 큰 돈"[49]을 지불.

독일 기업의 전후 책임을 다룬 벤자민 페렌츠의 『노예 이하』는 1979년에 독일에서 발행됐다. 이 책에는 위 연표의 연대에 대입하면 '1986년 후반' 이후는 포함되지 않는다. 그런데도 그 서술은 그 이후부터 현재까지도 전망하고 있는 듯하다. 페렌츠에 의하면 "전후 지금까지 스스로 자진해서 생존자에게 보상을 하자고 신청한 기업은 없었(다)"기 때문이다.[50]

• • • • • • • • • • •

47 内田雅敏, 『「戦後補償」を考える』, 講談社現代新書, 1994, 146쪽.

48 内田雅敏, 앞의 책, 147쪽.

49 Vgl. Thomas Hanke, Klaus-Peter Schmid, a.a.O.

50 ベンジャミン・B・フェレンツ 著, 住岡良明, 凱風社編集部 訳, 『奴隷以下』, 凱風社, 1993, 339쪽.

그렇다면 위의 연표에 있는 기업들은 왜 지불에 응했는가. 그 동기를 페렌츠는 다음과 같이 설명하고 있다. 보상금을 지불한 몇 안 되는 기업의 경우에도, 그 이유는 "노예를 구하는 것에 있었던 것이 아니라 오히려 자사에 이익이 된다고 생각되는 상황이 돼 처음으로 지불에 응한 것이다."[51] '자진해서' 전후처리를 하려고 한 것은 아니었다. "해외에서의 기업 이미지와 판매계획"[52]이 노림수였으며, 그것을 위한 지불이었다.

(2)-2-2. 폭스바겐의 경우

1998년 9월 11일 폭스바겐(VW)은 볼프스부르크 본사에서 성명을 내고 "강제노동자에 대한 인도적인 급부를 위한 기금" 설립을 발표했다. 이것도 페렌츠가 말하는 '기업 이미지와 판매계획'의 일환으로 볼 수 있는 기금일 것이다.

VW는 원래 나치 정권의 국민차 정책에 따라 1937년에 설립됐다. 본사나 이전을 한 여러 지역의 공장에서 1941년부터 45년 사이에 합계 약 1만 7,000명의 외국인 강제노동자를 일하게 했다. 이 중 전후까지 생존할 수 있었던 사람은 불과 2,000명에 지나지 않았다. 근로자 10명 중 9명 가까이가 숨지는 노동현장이었다. 제3제국 시기 독일의 기업은 전시(전쟁) 포로, 강제수용소의 수용자, 그리고 침략·점령지에서 붙잡은 민간인(시민)에게 강제노동을 시켰다. 이 중 민간인이 수용된 '민간 노동자 수용소' 실태의 한 사례를 [표 1]로 나타냈다. 어느 기업은 다하우, 노이엔가메 등의 강제수용소를, 또 어느 기업은 기존의 공장을 '민간

• • • • • • • • • • •

51 ベンジャミン・B・フェレンツ, 앞의 책, 339쪽.
52 ベンジャミン・B・フェレンツ, 앞의 책, 339쪽.

노동자 수용소'로서 사용하고 있는 것을 알 수 있다. VW의 경우 수많은 수용소 중 하나가 노이엔가메 강제수용소다.

다음에는 기금 설립 성명문을 약간 길지만 전문을 인용하기로 한다.(밑줄은 필자)

"강제노동자에 대한 인도적 급부를 위한 기금

폭스바겐(VW) 주식회사는 1998년 7월 7일의 성명에서, 제2차 세계대전 중 당시의 VW사를 위해 강요로 노동을 한 사람들에게 <u>인도적으로 원조</u>하는 것을 공식화했습니다.

연방정부의 보상급부는 지금까지 광범위하게 계속되어 왔습니다만, 이로 인해 나치 독재의 비인간적인 강제조치 그 자체를 없던 것으로 할 수 없었습니다. VW주식회사는 <u>법적으로 의무가 없지만</u> 도의상 앞으로도 계속해서 인도적인 기여를 하도록 요청받고 있다고 생각합니다.

이러한 전제로서 VW사는 오늘날까지 강제노동자의 조국이 추진하는 인도에 근거한 프로젝트나 역사학, 사회·교육 정책과 관련된 기획에 대해 2,500만 마르크 이상의 자금을 제공해 왔습니다. 이뿐이 아닙니다. VW사는 이스라엘이나 최근에는 사라예보에 평화를 조성하기 위한 자금을 투입해 왔습니다. 당사가 현재 미래에 걸쳐 책임있는 행위를 하도록 의무화하고 있다는 것을 역사의 체험에서 끌어내고 있음을 보여주고 있습니다.

우리는 제2차 세계대전 중 과거의 VW사에서 강제로 일한 노동자에게 원조를 함으로써, 이미 진행돼 온 길을 계속 가고, 또 이미 고령에 이른 사람들의 생활설계를 하는 데 기여하고 싶습니다. 우리 회사는 다음과 같이 결정했습니다. <u>당장 성과가 나타나도록</u> 사적 기금을 창설하고, 이 기금은 출신(국가)이나 국적에 관계없이 강제노동에 종사한 사람들에게 신속하고 직접적으로 반드시 지원을 하게 됩니다.

VW사는 향후 개인에 대한 지불액을 결정하는 역할을 담당하게 되는 관리기관의 창설을 목표로 저명한 사람들과의 논의를 시작하겠습니다. 금년 중에 기금에서 해당자에게 최초의 지불을 할 수 있도록 청취하기 시작하겠습니다. 기금에는 우리가 현재 알고 있는 범위의 상황에 따라 자금이 충분히 거출됩니다. 2,000만 마르크(약 16억 엔. 필자)의 예산이 계상될 것입니다.

관료적으로는 되지 않을 것이며, 신속한 자금 수여가 이루어지도록 VW사는 경제의 조사를 담당하는 독일신탁회사(KPM)에 사무적인 일과 지불 업무의 수행을 의뢰했습니다. 이 운영기관은 곧 발표될 것입니다. 강제노동자는 이곳에 문의하면 <u>인도적 지원</u>을 신청할 수 있고, 심사를 받은 후 가능한 한 빨리 급부를 받을 수 있을 것입니다."[53]

이 기금의 특징은 첫째, 법적 의무는 없다고 선언하고 있는 점이다. 앞의 연표에서 극소수의 기업에 의한 지불의 역사를 보여줬는데, 이들 기업을 포함해 오늘날까지 독일의 기업 중에서 법적 책임을 인정한 기업은 한 곳도 존재하지 않는다. VW는 이미 언급한 것처럼 '10명 중 9명이나 죽이는' 직장환경으로 국제법과 국내법을 위반했다. 이 법적 책임을 인정하지 않는 자세는 후에 논하는 〈기억·책임·미래〉 기금에도 관철돼 있다. 둘째, 지불의 근거는 도의적인 문제며, 따라서 '인도적 원조'라고 한다. 독일어로 28줄인 성명문 안에 인도적humaniturer이라는 단어와 원조Hilfe, 지원Untersturzung이라는 말이 각각 4번이나 나온다. 일반적으로 자신의 행위를 돌아보고 양심에 따라 반성할 때 그것을 사죄

• • • • • • • • • • • •

53 Volkswagen AG, Hilfsfonds für Zwangsarbeiter, taz, 1998.9.12~13.

라고 한다. 사죄를 근거로 금전적 보상이 이뤄진다. 그러나 이 성명문의 기조는 사죄가 아니라 원조. 자신이 과거에 무엇을 했는가 하는 사실은 지적해도 반성은 없으며 곤란하기 때문에 원조를 한다는 것이다. 자신의 선의를 강조하고 있다. 〈기억·책임·미래〉 기금은 이러한 사죄의 관점이 결여돼 있는 점도 VW의 기금과 공통된다. 셋째 특징은 "'즉시' 성과가 날 수 있도록" 기금을 만들고, 또 "강제노동에 종사한 사람들에게 '신속히' 지원한다"라고 하는 문구에 나타나 있듯이 '즉시' '신속히' 하지 않으면 안 된다고 하고 있는 점이다. 그렇다면 지금까지 53년 동안 무엇을 하고 있었는지가 문제된다.

기금 설립을 결정적으로 촉구한 가장 큰 요인은 나중에 보듯이 폭스바겐뿐 아니라 독일 기업이 소송을 제기당해 시장 상실 우려가 속출한 사태다. 피해자단체와 시민, 학자의 진상 규명 노력으로 사료가 속속 발굴되면서 "강제노동은 나치 정부의 책임이고 우리는 강요당했을 뿐"이라는 등의 책임 전가가 통하지 않았기 때문이다. 이윤을 위해서는 기꺼이 살육도 하는 기업 체질이 드러났다. VW도 미국에서 집단소송을 당해 홀로코스트에 적극 가담했다는 오명에서 벗어날 수 없게 됐다. 그런 의미에서 이 기금의 네 번째 특징은 기업 측으로부터의 반격, 즉 페렌츠가 말하는 '기업 이미지와 판매계획' 전략의 일환으로 인식될 것이다. 다섯째로, 단독의 민간기업이 기금 설립에 의한 보상 방식을 처음으로 도입했다는 점에서, 앞의 연표에서 언급한 소수의 기업이 추진한 보상과는 다르다. VW에 이어 1998년 9월에 지멘스도 같은 2,000만 마르크의 보상기금 설립을 공표했다.

여기까지 되돌아보니 법적 책임과 사죄를 누락시키고, 의도가 판매 전략이고, 기금 방식을 도입한 것 등은 〈기억·책임·미래〉 기금에 모두 계승됐다. 이러한 의미에서 개별 기업인 VW와 지멘스의 기금은 국가와 기업 6,300개 사(2001년 단계에서 기금에 참여한 기업 수)의 공동 거출에 의해 설립된 〈기억·책임·미래〉 기금의 선구가 됐다.

(3) 진상 규명

1990년대 초반부터 21세기에 접어든 오늘날까지의 기간과 그 이전과의 차이 중 하나를 든다면 역사의 진상 규명, 진실의 발견 노력이 지금까지 이상으로 이뤄지고 있다는 점이다. 지난 10여 년 동안 많은 진상이 밝혀져 왔다. 규명만 된 것이 아니다. 그 성과는 각 분야의 지도자층에게 받아들여져 반성이나 사죄 발언을 이끌어내고 있다. 일본에서 보도된 기사를 참조하면서 몇 가지 예를 들어 보자.

(3)-1. 오스트리아 : 침략전쟁에 가담

1938년 3월 13일 나치 독일에 병합된 오스트리아는 종래 조국을 빼앗긴 희생자라는 역사인식이 국시였다. 그러나 월트하임 전 대통령의 나치 잔학행위 참여 의혹이 불거진 이후 시민운동, 학회, 나치 피해자들의 진상 규명을 위한 노력은 속도를 높였다. 1995년 4월 마침내 크레스틸 대통령은 전후 50주년 기념식에서 침략당한 피해의 측면뿐 아니라 나치 독일과 함께 전쟁에 가담한 책임을 인정하고 '가해 측면'을 언명했다. 같은 해 6월 오스트리아 의회는 나치 희생자에게 "전후보상을 위해 5억 실링(약 45억 엔)의 기금을 창설하는 법안을 가결했다."[54] 또한 2000년 2월 슈셀 신임 총리는 의회에서 나치 정권 하에서 관여한 강제노동자에 대한 보상 문제에 최우선으로 임한다는 소신을 표명했다.

• • • • • • • • • • •

54 『朝日新聞』, 1995.6.3, 宮田謙一 특파원.

(3)-2. 프랑스 : 비시 정권, 파퐁 재판, 가톨릭

프랑스는 1940년 6월 나치 독일에 항복했다. 국토의 북측은 독일과 이탈리아의 점령지구로, 남측은 친독일 정부가 지배하는 페탱 정부(비시 정권)로 분단됐다. 전후 프랑스 정부는 나치의 괴뢰정권인 비시 정부가 저지른 범죄를 기본적으로 계승할 필요는 없다는 입장을 보여 왔다. 그러나 한편으로 비시 정부의 요인뿐 아니라 일반 국민의 대독 협력 사실이 점차 드러나고 있었다. 1995년 7월 시라크 대통령은 "나치 독일의 끔찍한 범죄가 프랑스인, 프랑스 국가의 도움으로 실행된 것은 사실이다. 프랑스 국민은 집단으로 잘못을 저질렀다. 이 오점은 결코 사라지지 않는다"[55]고 말해, 전후 처음으로 대통령으로서 국가 책임을 인정했다.

친독일 비시 정부 하의 지롱드 주에서 1942년부터 2년간 사무국장을 맡은 모리스 파퐁의 재판이 97년 10월 8일부터 보르도 중죄원(징역·금고 10년 이상의 형사 사건을 담당하는 법원)에서 시작됐다. 그는 전후 파리 경찰서장을 거쳐 예산 장관까지 올라간 경력을 갖고 있다. 쟁점은 파리 경찰서장 시절 알제리인의 독립운동을 탄압하고 200명의 희생자를 낸 것, 또 비시 정부하에서 "독일 측은 요구하지 않았는데도 어린이까지 연행하도록 명령해"[56] 약 1,700명의 유대인(200명 이상의 어린이 포함)을 강제수용소로 이송하는 지시를 내린 점 등이었다. 『주니치』 신문사 계열의 우스다 특파원은 어린이의 강제연행에 대해 "주인이 원하는 것을 미리 알아채고 요구했던 것 이상의 일을 하게 하는 것이 나치의 점령 정책이었다"[57]라고 지식인의 견해를 소개하고 있다. 독재 체제는 일반적으로

55 『朝日新聞』, 1995.7.18, 磯松浩滋 특파원.
56 『北陸中日新聞』, 1997.9.28, 臼田信行 특파원.
57 『北陸中日新聞』, 1997.9.28, 臼田信行 특파원.

'주인이 원하는 것을 미리 알아채고' 주인 이상의 잔학함으로 주인에게 아첨해 충성을 다하려는 무수한 추종자에 의해 유지되고 있다. 국가도 그렇고 기업도 그렇다. 그리고 나중에 그 책임을 추궁 당하면 하나같이 ①'속았다' 또는 ②'모른다' 혹은 ③'단지 명령에 따랐을 뿐', '직무였다'라며 자신의 개인 책임을 회피하려 한다.

일본에서도 전후 아시아태평양전쟁에의 가담과 협력의 책임이 추궁 당했다. 많은 사람들이 ①에서 ③의 언동을 반복하며 전쟁 책임을 인정 하려 하지 않았다. 패전 다음 해 이타미 만사쿠는 '전쟁 책임자의 문제' 라는 제목으로 "많은 사람들이 이번 전쟁에서 속아 넘어갔다고 한다. 내가 알고 있는 한 자신이 속인 것이라고 한 인간은 아직 한 명도 없 다"[58]고 주장하며 "속은 사람의 책임을" 문제시 했다. "속이는 것만으 로 전쟁은 일어나지 않으며"[59] "그렇게 간단히 속아 넘어갈 만큼 비판 력을 잃고, 신념을 잃고 가축처럼 맹종해 자기 자신을 맡긴"[60] 자세를 비판했다.

주 사무국장 파퐁은 강제수용소의 존재 자체를 몰랐고 유대인의 강 제수용소 연행도 몰랐다고 주장했다. 전형적인 ②'모른다'론이다. 그러 나 한 증언자에 의해 이 주장은 뒤집힌다. 아이였던 증언자는 아우슈비 츠로 가는 어머니와 누이에게서 떼어졌고 나중에 수도원으로 들어가 살 아남았다. 그를 어머니의 팔에서 뺏으라고 명령한 사람은 파퐁으로 판 명됐다. 이 점을 공판에서 질문받은 파퐁은 빼앗은 사실을 인정했으나 "수용소로 보내지 않고 구하기 위해서였다"[61]라고 하며 선의를 강조했

58 伊丹万作, 「戦争責任者の問題」, 1946.8; 魚住昭, 佐高信, 『だまされることの責任』, 高文研, 2004, 7~8쪽.
59 伊丹万作, 앞의 책, 7~8쪽.
60 伊丹万作, 앞의 책, 7~8쪽.

다. 하지만 동시에 "알고 있었다"고 토로했다. 우스다 특파원은 다음과 같이 쓰고 있다. "프랑스에서도 반세기가 지나서야 비로소 대전 중의 대독일 협력이나 유대인 박해의 문제가 본격적으로 논할 수 있게 됐다."[62]

독일의 가톨릭교회가 나치에 협력했듯이 프랑스 가톨릭교회도 "종교교육의 부활, 가정의 가치를 설파한 비시 정부를 환영했다고 한다."[63] 유대인을 아우슈비츠 등 강제수용소에 보내기 위해 드랜시에는 한때 수용소가 존재했다. 파리 북부에 위치한 이 역사적 마을에서 1997년 9월 유대인 희생자 추모 행사가 열렸다. 말하자면 '죽음 앞의 임시휴게소' 드랜시에서 프랑스 가톨릭교회는 연행되는 사람들을 보고 있었던 것을 부끄러워하며 "'침묵은 잘못이었다'라는 '회개성명'을 발표했다."[64] 이전에 종교인 개인의 회개나 사죄는 있었지만 교회 단위로, 또 조직으로서는 하지 않았다. 종교인이라면 일반인들보다 투철한 눈과 진실을 꿰뚫어보는 힘이 필요하다. 일반인과 같을 수는 없을 것이다. 교회는 이타미 만사쿠의 말을 빌리면 "신념을 잃고 가축처럼 맹종해 자기 자신을 맡긴" 자세에 대해 자기 비판했다. 하시모토 특파원은 앞의 시라크 발언이나 파퐁 재판을 포함해, 다음과 같이 보고하고 있다. "과거의 잘못을 직시하고, 뒤늦은 전후를 맞이하려는 분위기가 프랑스에서 조성되기 시작했다는 것을 반영하고 있다."[65]

또한 제2차 세계대전 중에 비시 정부가 유대인으로부터 접수한 자산이 현재 가치로 총계 88억 프랑에 이른다는 사실이 2000년 4월에 밝

· · · · · · · · · · · ·

61 『北陸中日新聞』, 1997.12.26, 臼田信行 특파원.

62 『北陸中日新聞』, 1997.12.26, 臼田信行 특파원.

63 『每日新聞』, 1997.10.10, 橋本晃 특파원.

64 『每日新聞』, 1997.10.10, 橋本晃 특파원.

65 『每日新聞』, 1997.10.10, 橋本晃 특파원.

혀졌다. 이것은 "시라크 대통령이 추진하고 있는 역사 재검토 정책의 일환으로서 변호사와 역사가 등으로 구성된 특별위원회가 3년에 걸쳐 조사한"[66] 결과다. 이에 대해 프랑스유대인대표자회의의 앙리 아쥬덴베르크 의장은 다음과 같이 말하고 있다. "프랑스 정부의 약탈과 반환에 대해 최초로 총괄이 이뤄졌다는 의미에서 획기적인 보고서다."[67]

(3)-3. 스위스 : 반세기 후 역전 무죄

반유대주의는 병합 지역인 오스트리아에서도 잔인함을 더한다. 유대인 시민은 망명을 피할 수 없게 된다. 하지만 인근의 체코, 헝가리, 스위스, 이탈리아는 모두 국경을 폐쇄했다. 이 상황에서 스위스 정부의 추방 정책에 항거해 제2차 세계대전 직전에 "서류를 약간 조작 등을 해서 유대인을 입국시켜 약 3,000명의 생명을 구한"[68] 사람이 있었다. 그는 직장에서 쫓겨났으며 1939년 유죄 판결을 받았다. 스위스 상트갈렌 주 법원은 이 '생명의 비자'를 발행한 전 주 경찰국장 파울 그뤼닝거를 재심해 1995년 11월 30일 반세기가 지난 후 역전 무죄를 선고했다. 본인 사후 23년이 걸렸다.

스위스 정부는 재판에 앞서 1994년 6월 당시 정책의 잘못을 공식 인정하며 이미 그의 명예를 회복한 상태였다. 1995년 5월 필리거 대통령은 국경을 폐쇄한 당시 정책에 대해 사죄 표명을 했다. 게다가 같은 달의 대독일 전승기념일을 앞두고 "코티 외상은 '스위스는 필설로 다할 수 없는 야만적인 행위에 관여했다'라고 처음으로 인정했다."[69]

. . . .

66 『朝日新聞』, 2000.4.19.
67 『朝日新聞』, 2000.4.19.
68 『北陸中日新聞』, 1995.12.1, 공동.
69 『読売新聞』, 1995.6.9, 大塚隆一 특파원.

(3)-4. 스웨덴 : 중립정책 재검토

스웨덴에서는 2000년 1월 페르손 총리가 의회에 보낸 성명을 통해 이 나라가 제2차 세계대전 중 독일에 협력했음을 공개적으로 인정했다. 스웨덴이 19세기 초 이래 견지해 온 '일관된 중립정책'이라고 하는 국시에 대한 재검토 필요성이 제기되고 있는 시점에서의 성명이었다. 진상 규명은 스웨덴 현대사의 개서로 이어진다.

(3)-5. 일본 : 일본군'위안부'

1993년 8월 4일 미야자와 내각은 일본군'위안부' 문제에 관해 구 일본군의 관여와 모집, 이송, 관리의 강제성을 인정한 위안부 관계 조사 보고서(이하 보고서)와 고노 관방장관 담화(이하 담화)를 발표했다. 보고서에서는 『요미우리신문』의 요지[70]에 따르면 ①위안소의 경영과 관리에 대해서는 구 일본군이 "직접 경영한 경우도 있다", 민간업자가 운영하던 경우에도 "구 일본군이 개설 허가를 내주거나 시설을 정비했다." 또 구 일본군은 이용시간, 요금, 주의사항을 정한 규정을 작성해 "위안소 설치나 관리에 직접 관여했다." "위안부들은 전쟁터에서 상시적으로 군 관리 아래 군과 함께 행동하게 했고 자유도 없이 참담한 생활을 강요받았다." 또 ②모집에 관해서는 "업자들이 감언으로 속이고, 두려움을 일으키는 등의 형태로 본인 의사에 반해 모집하는 사례가 많고, 관헌 등이 직접 가담하는 경우도 있었다." ③이송에 대해서는 "구 일본군은 특별히 군속에 준한 취급"을 했다. ②의 '의사에 반'한 모집, 즉 강제모집 실태는 담화에서도 다음과 같이 언급돼 있다. "감언, 강압에 의하는 등 본인들의 의사에 반해 모집된 사례가 많았으며, 또한 관헌 등이 직접

---

70 『読売新聞』, 1993.8.5.

가담하기도 했다." "군이 관여해 많은 여성의 명예와 존엄을 심각하게 손상시켰다"고 설명하고, "대체로 본인들의 의사에 반한" 사실, 즉 강제동원 사실을 처음으로 공식적으로 인정했다.

그러나 일본군'위안부'의 전체상이 제시되지 않은 점, 불과 이틀간의 조사 예정이었다는 점(연장됐으나 그래도 5일), 책임소재를 명확하게 하지 않고 가장 중요한 보상 문제에 대해서는 '검토' 과제로 삼았던 점, 보상하지 않을 경우의 '구제조치'의 전망을 제시하지 않은 점, 북한의 같은 처지에서 고통당하고 있는 여성들에 대한 관심이 없다는 점 등 문제점이 많다. 이 보고서와 담화는 본질적인 문제가 빠져 있지만 그래도 정부에 조사시켜 강제동원을 공식 인정하게 한 힘의 상당 부분은 진상을 규명하라는 일본 안팎의 항의 행동, 이름을 밝힌 일본군'위안부' 할머니들의 존엄성 투쟁, 재판에서의 호소, 변호사들의 노력, 지원하는 사람들의 운동이다.

원래 일본 정부는 1년 전인 7월 6일 최초의 조사 결과를 공표하고 강제동원은 부인하면서도 정부와 군의 관여를 인정했다. 이 시점에서 역사의 해명보다 "당장 금전 보상으로 문제를 옮기려 했으"나[71] 한국 측의 항의로 재조사를 하지 않을 수 없게 됐다. 그때의 항의를 사카키 기자(마이니치신문)는 다음과 같이 기술하고 있다. "요구하는 것은 돈이 아니라 역사의 진실 규명이다."[72] 그 외에 유고, 르완다의 인도에 반하는 죄 등을 둘러싼 국제법정 개최, 한국 정부가 일제강점기 징용자 피해 실태조사를 시작해 '강제동원피해진상규명위원회'를 설립(2004.11)하는 등 1990년대 이후 진상 규명을 요구하는 세계의 움직임은 일일이 셀

••••••••••

71 『毎日新聞』, 1993.8.5.

72 『毎日新聞』, 1993.8.5.

수 없이 많다.

(4) 기금 성립의 요인

강제노동의 개인보상을 목표로 하는 〈기억·책임·미래〉 기금은 정부와 기업의 공동출자로 성립됐다. 그 배경에는 반세기가 지난 1990년대 이후의 진상을 규명하기 위해 노력하는 세계 각지의 운동과 사상이 있었다. 또 이 기금은 소수이면서도 강제노동 보상기금 설립을 단행한 기업의 선례를 따르는 방식으로 이뤄졌다. 독일 정부가 피해자 단체와 협상을 시작할 때부터 12개 대기업의 재단 설립에 관한 합의(1999.2.17), 독일 상원에서의 기금 법안 가결(2000.7.14), 그리고 첫 지불 개시(2001.6.15)까지 약 3년이 소요됐다.

진상 규명의 요구와 그 성과가 그 분야 지도부의 발언에 반영되는 세계적 경향을 배경으로 기금의 성립을 촉진한 요인에 대해 8가지를 들어 설명한다.

(4)-1. 기업사 집필

독일 대기업들도 자사 역사의 고비를 기념해 기업사와 기념간행물을 출판해 왔다. 1990년대 이전 각사의 기념지에는 나치 체제 가담이나 강제노동 등의 서술이 전혀 없다. 기업들은 연구자들에게도 자료실 출입을 거부해 왔다. 그러나 진실 규명을 위한 사람들의 노력과 운동은 '열리지 않는 문'을 서서히 열고, 기업 자신을 그 문 안의 사료에 대면시켜 왔다. 기업은 과거에 자사가 저지른 방대한 범죄와 피해자의 신음, 고뇌, 죽음의 외침에서 벗어날 수 없게 됐다.

전형적인 예로 다임러 벤츠와 지멘스를 다루겠다. 두 회사는 〈기억·책임·미래〉 기금의 창설을 제창한 12개 회사에 포함된다. 다임러 벤츠는 1983년 머지않아 다가올 창립 100주년 기념사업의 일환으로 사사의 집필을 쾰른 기업사협회에 의뢰했다. 완성된 간행물은 자화자찬의 책으로, 특히 1933년부터 45년의 항에서는 강제노동이나 학대에 관한 서술은 없는 것과 마찬가지의 내용이었다. 강제노동 생존자와 지원자들은 이 기업에 대한 비판을 계속했다.

다임러 벤츠는 독일 산업·은행사 전문가 카를 하인츠 로트에게 기업사 집필을 위탁할 수밖에 없게 됐다. 1987년 그는 함부르크에 있는 20세기사회사재단의 협력을 얻어 연구 성과를 발표했다. 이렇게 해서 이 기업과 나치의 관계가 밝혀져 지금까지의 '청결한 과거'는 의문시되게 됐다. 그러나 이 연구자에게는 중대한 한계가 존재했다. 그것은 이 기업이 소유하고 있는 사료의 열람이 허용되지 않았던 것이다. 다시 비판과 항의를 받은 회사는 '열리지 않는 문'을 열 수밖에 없었다. 열리지 않는 자료실 공개와 함께 다시 한번 사사 집필을 로트에 의뢰했다. 이렇게 해서 1994년『다임러 벤츠에서의 강제노동』이 완성됐다. 자신도 사료의 열람을 몇 번이나 거절당해 온 역사가 울리히 헤르베트는 이 연구 성과에 대해 다음과 같이 말하고 있다. "독일 기업에서의 강제노동에 대해 지극히 광범위하게, 정확하게 서술돼 있다. 과거에 이렇게 쓰여진 적이 없었다."[73]

'열리지 않는 문'이 열린다고 해서 기업사를 자유롭게 쓸 수 없었던 사례도 있다. 지멘스 사례가 그것이다. 1990년 코롤라 자크세는『지멘스, 나치와 근대 가족』을 저술했다. 확실히 회사의 사료는 열람할 수 있었다. 그러나 그녀를 기다리고 있었던 것은 회사의 검열이었다. 원고는 사전에 제출돼 승인을 얻어야 했다. 저작의 서론에서 그녀는 다음과

· · · · · · · · · · ·

73 Volker Ulrich, Deutsche Unternehmen und ihre braune Vergangenheit, Die Zeit, 1995.2.24.

같이 말하고 있다. "나는 몇 군데에서 허가받지 않은 문장을 삭제하는 쪽을 택했다. 내 생각과는 맞지 않는 문장을 다시 쓰기보다는."[74]

비판받은 지멘스는 이후 경제사 전문가며 지멘스 자료관장인 빌플레이트 페르덴키르헨에게 다시 한번 사사를 서술하도록 했다. 나치시대의 사사에서 오점을 모두 털어 버리거나, 사람을 '노에 이하'로 다룬 역사를 누락시킨 서술은 역사가와 시민, 피해자의 날카로운 눈을 속일 수는 없었다. 진상 규명을 요구하며 몇 번이나 개서를 강요하는 운동이 확산됐다. 이렇게 해서 1,000쪽이 넘는 한스 모무젠과 만프레트 그리거 공저의 『제3제국에서의 폭스바겐사와 노동자』[75]가 1996년 저술됐다. 그 후로도 이러한 경향은 계속돼 노먼 핀켈스테인의 『홀로코스트 산업』[76]이 영어판 원본으로 2000년에, 또 독일어 번역판이 다음 해인 2001년에 출판됐다. 지멘스와 함께 12사를 구성하는 독일은행에 대해서도 해롤드 제임스가 집필한 『제3제국에서의 독일은행』[77]이 2003년에 출판됐다. 90년대 중반부터 현저히 증가하고 있는 사사의 출판으로 기업은 전후 50년이 지나서야 자사가 나치와 공범에 있었던 사실을 대면하지 않을 수 없게 되고, 침묵과 미화가 비판 받으면 받을수록 전후 반성의 증거로서 기금 창설이 촉진됐다.

· · · · · · · · · · ·

74 Volker Ulrich, Deutsche Unternehmen und ihre braune Vergangenheit, Die Zeit, 1995.2.24.

75 Hans Momsen, Das Volkswagenwerk und seine Arbeiter im Dritten Reich, ECON, 1997.

76 Norman G.Finkelstein, The Holocaust Industry, Verso, 2000, 독일어 번역은 Die Holocaust-Industrie, Piper, 2001.

77 Harold James, Die Detusche Bank im Dritten Reich, C.H.Beck, 2003.

(4)-2. 다른 사람의 인생

1995년 4월 네덜란드 TV팀은 전후 50주년을 기념해 충격적인 사실을 방영했다. 리버럴파로 저명한 독일 아헨대학 학장 한스 슈베어테의 본명은 나치 친위대 간부인 한스 에른스트 슈나이더다, 라고 밝혔다. '어느 대학 학장의 기만적인 인생'이라는 부제가 붙은 클라우스 레게비의 저서 『나치로부터의 회심』[78]에 의하면 슈나이더는 1910년 케이니히스베르크에서 태어나 하인리히 힘러의 '사설참모본부' 친위대 대위를 거쳐, 점령 후 네덜란드에서 '게르만 과학 대작전'에 종사했다. 전후에는 '베를린 친위대 간부 슈나이더'를 봉인하고 에어런겐대학의 강사로서 독일 문학자 '한스 슈베어테'로 살아남았다. 1970년대에는 독일과 '네덜란드와의 화해 주역'[79] 역할을 맡았다.

슈베어테가 다른 나치 범죄자와 상이한 점은 친위대원이었던 것과 살해나 인체실험에 관여한 바 없지만 저지른 범죄에 공동책임이 있다는 사실을 자진고백하고 증언한 점이라고 한다.[80] 독일사회는 과거를 살짝 덮어두고 전후 50년을 '다른 인간'으로 살아온 남자를 통해 사회의 표면을 감싸고 있는 가죽을 한 장 벗기면 나치시대가 순식간에 모습을 드러내는 현실을 알게 됐다. 이렇게 통일 독일의 '최초의 대스캔들'[81]은 50년 전 과거에 눈을 부릅뜨고 현재의 피해자와 유족들의 고뇌를 마주하는 시대사조를 만드는 데 일조했다.

⋯⋯⋯⋯⋯⋯

78 クラウス·レゲヴィー 著, 斉藤寿雄 訳, 『ナチスからの回心』, 現代書館, 2004.
79 クラウス·レゲヴィー, 앞의 책, 16쪽.
80 クラウス·レゲヴィー, 앞의 책, 18쪽.
81 クラウス·レゲヴィー, 앞의 책, 16쪽.

(4)-3. 스위스의 전쟁 책임

1997년 1월 C. 메일리라는 스위스 UBS은행 경비원이 취한 행동으로 스위스의 전쟁 책임이 널리 세간의 주목을 받기 시작했다. 이 은행은 제3제국 시절 은행업계와 나치의 밀접한 관계를 보여주는 서류를 처분했다. 경리문서 폐기는 "스위스법상 불법으로 돼 있다."[82] 메이리는 그중 일부를 보관해 미국으로 가져갔다. 미국에서는 은행에 대해 거래의 금지를 강요하는 "제재를 예고하는"[83] 지자체가 나타났다. 또한 이러한 제재가 실행되면 "등급 부여기관인 무디스가 (중략) UBS은행이 AAA의 등급을 잃게 될 것이라고까지 언명"했다.[84] 그렇게 되면 거래 감소라는 직접적인 경제적 손실뿐 아니라 기업 이미지의 실추로 이어진다. 은행은 범죄와 책임에서 더 이상 벗어날 수 없게 됐다.

독일의 유대계 시민들 중에는 히틀러가 정권을 장악하기 이전부터 장래의 불안에 대비해 각종 보험과 은행 예금에 의존하는 사람들이 증가하고 있었다.[85] 스위스의 은행법은 예금자의 신원을 밝히지 않기 때문에 특히 1930년대에는 이 나라의 은행에 계좌를 가진 유대계 시민의 수가 증가했다. 그러나 나중에 나치는 유대인이 은행 계좌를 가지는 것을 금지했다. 심지어는 살육당한 계좌의 소유주를 대신해 전후에 유족이 계좌로부터의 인출을 요구했지만 스위스의 은행은 사망증명서를 내

• • • • • • • • • • •

82 高橋融, 「対日強制労働訴訟が問うもの―カリフォルニア州・ヘイデン法の背景と波紋」, 『世界』 2000년 11월호, 264쪽.

83 高橋融, 앞의 책, 265쪽.

84 高橋融, 앞의 책, 265쪽.

85 田村光彰, 「ドイツ企業の戦後補償と EU の市場拡大」, 『技術と人間』, 技術と人間社, Nr.290 27(8), 1998 ; 田村光彰, 「半世紀後の『方向転換』は謝罪なき補償―米国を舞台に展開する日独戦後補償」, 『論座』, 朝日新聞社 通巻 65号, 2000년 10월호 참조.

지 않으면 예금을 인출할 수 없다는 자세를 계속 취했다. 나치가 수용소의 수용자에게 사망증명서를 발행하고 있지 않은 것은 누구나가 알고 있는 사실이었다. 수용되기 직전 혹은 살해되기 직전에, 자신은 죽더라도 딸이나 아들이 어떻게든 살아남았을 때 찾을 수 있도록 구두 혹은 쪽지로 계좌번호를 알려준 사람들도 있었다. 전후 부모나 친척의 유품인 계좌번호를 은행에 알려도 사망증명서를 제출하라는 것이다.

은행은 계좌번호를 단서로 살펴보면 된다. 그래서 수수료를 받는 것 아닌가. 이렇게 상속인이 예금을 인출하지 못하게 한 계좌, 휴면계좌가 각 은행에 생겼다. 예금이 스스로 적극적으로 잠자고 있는 것은 아니다. 예금을 돌려주지 않으려고 은행 경영자가 사망증명서를 핑계로 역사를 정지시키고 방대한 피해자들의 고뇌를 외면한 채 졸고 있을 뿐이다. 반환을 청구하는 유족이나 상속인이 사망하면 은행의 몫이 되고, 계좌는 '휴면'에서 '사망'으로 변하고, 득보는 것은 살아남은 은행뿐이다. '휴면'이란 타면惰眠을 탐함으로써 예금을 은닉하고 약탈하는 것이다. 보다 정확하게는 은닉계좌라고 해야 할 것이다.

스위스 은행의 문제는 휴면계좌 건만이 아니다. 약탈 금괴도 거론된 책임의 하나다. 약탈 금괴의 출처는 두 가지다. 그중 하나는 주로 수용소다. 나치 친위대는 수용자가 갖고 있는 재산과 귀금속을 공출시켰을 뿐 아니라 수용자의 금니를 마취도 없이 뽑았다. 출처의 다른 하나는 주로 1940년 이후 유럽 점령지 주민이나 각국 중앙은행을 약탈한 금괴다. 벨기에나 네덜란드 등의 여러 나라에서 빼앗은 금괴는 베를린에서 녹여 금 연봉으로 다시 주조했다. 그리고 마치 제2차 세계대전 이전에 취득한 것처럼 위장해 '1937년'이라고 각인했다.[86]

· · · · · · · · · · · ·

86 『每日新聞』, 1997.6.10, 福原直樹 특파원.

독일의 약탈 목적은 첫째, 금 연봉을 원자原資로 한 석유, 철광석 등 전략 물자의 획득이다. 연합국은 경제 봉쇄를 했기 때문에 이들 나라에서는 금 연봉의 환금은 불가능했다. 유일하게 스위스 은행으로 가져가야만 환금이 가능했다. 검은 돈의 출처를 은폐하고 세정하는 이른바 돈세탁을 거처 스위스프랑으로 베를린에 보냈다. 둘째로, 금 연봉은 1930년대에 독일의 부흥에 융자를 해 준 국제결제은행(BIS)에 대한 변제에 사용됐다. 원래 이 은행은 제1차 대전의 패전국 독일이 지불하는 배상금을 처리하는 임무를 띠고 스위스 바젤에 설치됐다. 은행 자신의 조사에 의하면 ①1938년부터 45년 사이에 국제결제은행은 금괴 13.5톤을 획득하고, ②국제결제은행에 가맹한 일본, 미국, 영국, 프랑스 등의 중앙은행에 금괴 거래를 그 양과 함께 매월 정기적으로 보고했다.[87] 국제결제은행뿐 아니라 이들 각국은 금괴의 출처를 알고 있었다. 그래서 "대전 말기 연합국은 '나치의 약탈 금괴를 받지 말라'고 각국에 경고했다. BIS도 이 사실을 알고 있었지만 BIS 역사자료 담당자는 "경고와 관계없이 계속 거래하고 있었다"라고 증언하고 있다."[88]

약탈 금괴, 휴면계좌의 진상 규명을 통해 스위스의 제2차 세계대전 중의 실상이 차례로 밝혀져 여론에 공표됐다. 제2장에서 설명한 것처럼, 독일은 연합군의 폭격이 빈도를 더해 가자 외국인 강제노동자를 사용해 공장 그 자체를 산속이나 갱내에 이전시켰다. 폭격에 대한 또 다른 대책은 '중립국' 스위스에서 만든 무기를 구입하는 방법이었다. 스위스 은행은 군수품 매각에 관여해 이익을 챙겼다. 또 나치에 의한 약탈 미술품은 스위스 베른에 모아졌으며 이곳에서 경매에 부쳐졌다. 스

• • • • • • • • • • •

87 『每日新聞』, 1997.6.10, 福原直樹 특파원.

88 『每日新聞』, 1997.6.10, 福原直樹 특파원.

위스의 휴양지에서는 나치의 친위대원이 행동하는 데 아무런 제약이 없었다. 약탈 금괴, 휴면계좌를 포함해 이면을 통해 보이는 스위스의 실상은 '중립을 지키고 히틀러에게 저항한 스위스'와는 거리가 멀다. 제2차 세계대전의 특징 중 하나로 '스위스에 의한 경제범죄'라는 지적이 있다.[89] 이 점을 보도한 『호쿠리쿠주니치신문』은 나치 정권 시절 경제장관을 지냈고 뉘른베르크 국제군사재판의 피고이기도 한 햐르마 샤하트의 회고록에 정통한 식자의 발언을 소개했다. 샤하트에 의하면 "1939년의 독일은 파산 직전이었다."[90] 이것을 도운 것이 스위스인 것이다.

스위스의 전쟁범죄 의혹은 1997년 우연히 경비원 메이리의 재치로 일거에 떠올랐다. 그러나 역사의 진실을 재인식하는 계기는 '전후 50년'을 맞이해 일단락을 지은 1995년 전후에 이미 존재했다. 96년 가을 무렵에는 미국의 비밀문서 공개나 영국 외무성의 보고서 등을 계기로 금괴 문제가 거론될 수 있게 됐다. 1996년 9월 스위스 하원은 휴면계좌, 금괴를 조사 대상으로 한 위원회 설치 법안을 가결했다. 10월 미국에서는 아우슈비츠 생존자들이 양대 은행(크레딧스위스와 유나이티드뱅크오브스위스)을 상대로 총 2,000억 달러(약 2.6조 엔)의 반환을 요구하는 집단소송을 제기했다. 이를 따르듯이 96년 12월 설치가 가결돼 있던 조사위원회가 실제로 발족했다. 97년 들어 의혹이 일시에 부상한 적도 있어 2월 스위스 3대 은행은 1억 스위스프랑(약 87억 엔)의 구제기금을 만들기로 결정했다. 만약 미국에서의 집단소송이 사회적으로 주목을 받는다면 미국의 스위스 은행 지점에 대한 보이콧으로 연결된다. 스위스 3대 은행은 구제기금을 창

● ● ● ● ● ● ● ● ● ● ● ●

89 『北陸中日新聞』, 1997.4.15, 熊倉逸男 특파원.
90 『北陸中日新聞』, 1997.4.15, 熊倉逸男 특파원.

설해 고객 상실을 막으려 했다. 한편 스위스 정부도 스위스가 나치와의 상거래에서 이익 추구에 매진했다는 사실이 속속 밝혀지는 가운데 97년 3월 코라 대통령은 '연대 기금'을 98년에 설립한다고 발표했다. 다만 기금의 성격은 보상이 아닌 인도적 조치라고 했다.

이렇게 앞에서 설명한 폭스바겐의 경우처럼, 스위스 자신이 전쟁 책임을 피하지 않고 반성하며 사죄한 후의 보상이 아닌 희생자가 어려워 고통받고 있기 때문에 지원한다는 시혜적 관점의 기금을 스위스에도 탄생시킬 것이라는 생각이 제시됐다. 98년 8월 12일 스위스 은행들은 유대인 단체와의 협상을 거쳐 휴면계좌 상속인들에게 총 12억 5,000만 달러(1,800억 엔)의 반환을 약속했다. 스위스 은행들이 가장 두려워한 것은 미국 지자체들이 재미 스위스 은행과의 거래중단 조치에 나선 것이다. 휴면계좌에서 나오는 이익보다 은닉계좌에서 생기는 불이익이 더 클 것으로 보였다. 이 반환 조치는 나라 안팎의 여론 압력과 쏟아지는 진상 규명의 물결을 뚫고 은행들이 취한 반격이다.

(4)-4. 휴고 프린츠와 보상 문제

(4)-4-1. 독미정부간협정

대기업들이 어둠 속에서 떠오르는 자사의 진상에 대면하지 않을 수 없게 되고, 한편으로 아헨대학 학장 슈베어테의 사건이 보도된 바로 그 무렵, 미국 정부를 찾아간 11명의 홀로코스트 생존자가 있었다. 그날은 독일의 종전 50년이 되는 1998년 5월 8일이었다. 이날을 상징적으로 선택한 이들은 미 정부에 해결의 실마리를 찾아줄 것을 요청했다. 나치에 친척이 살해되고 자신도 독일 4개 기업에 의해 강제노동을 한 휴고 프린츠는 그날까지 여러 차례 독일 정부에 보상을 청구했다. 이에 대해 독일 정부는 세 가지 이유로 청구를 거부했다. 첫 번째는 이미 언급했듯이 '런던채무협정'을 근거로 강제노동은 국가 간의 배상 문제에 속해 독일 통일 후의 강화조약 체결에 따른 검토 과제로 함으로써 피해자에 대한 보상을 보류한다는 논리였다. 독일 통일은 1990년 10월 3일이었지만 독일 정부의 공식 견해에서는 95년에도 강화조약은 체결되지 않았다고 한다. 두 번째 이유는 1956년 연방보상법의 속지주의에 있었다. 프린츠는 미국 거주자며, 이 법률의 적용 지역인 독일연방공화국(서독)에 거주하고 있지 않다. 게다가 이 법이 정하는 청구기간을 상당히 넘겼다는 점도 이유로 꼽혔다.

프린츠는 물러서지 않고 미국에서 소송 준비에 들어갔다. 많은 강제노동자들이 독일 국내는 물론이고 미국에서도 잇달아 소송 태세를 갖추려 한다는 사실을 알고 독일 정부는 미국과의 정부 간 협정을 체결해 사태가 확대되기 전에 진정시키려 했다. 1995년 9월 15일 본에서 독미 정부간협정이 체결됐다.

그 내용은 ①보상금은 정부와 기업의 분담으로 할 것, 정부는 210만 달러를 내지만 ②기업은 다음 '두 가지 점이 지켜질 경우'에 지불한다는 조건부였다. 조건이란 기업이 지불하는 액수는 밝히지 않으며 기업명도 공표하지 않는다는 것이었다. 요컨대 가만히 있으면 지불해 준다는 것이다. 법률가이자 현대사 전문가인 크라오스 케르너는 이를 '함구료'[91]라고 평했다. ③보상 대상자는 "나치에 인종, 세계관, 정치적 신념이 다르다는 이유로 박해받아 이에 따라 자유, 신체, 건강상 손해로 고뇌하는 미국 시민만"[92]이다. ④대상자는 또한 제한이 있어 강제수용소나 게토에 갇힌 후 강제노동을 한 '노예노동자'뿐이며, 기타 수용소에

• • • • • • • • • • •

91 Klaus Körner, Der Antrag ist abzulehnen, Konkret Literatur Verlag, 2001, S.125.
92 Klaus Körner, 앞의 책, S.125.

서 강제노동에 종사한 사람들은 제외됐돼. ⑤보상금을 받는 사람은 더 이상 독일 정부에 소송을 제기하지 않겠다는 소송 포기를 서약하는 '포기약관'에 서명해야 했다. ⑥동시에 미국 정부가 "나치의 모든 피해자가 보상받는다"라는 성명을 발표한다. 이 경우의 '모든 피해자'란 미국 시민만이었기 때문에 강제노동자의 소송은 계속된다. 요컨대 런던채무협정과 연방보상법의 골조를 고수한 다음 예외적으로 보상에 응한다는 방침이었기 때문에, 이 예외로부터 제외된 사람들이 보상 청구를 하는 것은 당연했다.

(4)-4-2. 기금에의 투영

약 5년 후에 독일 연방의회에서 가결되게 될 〈기억·책임·미래〉 기금에는 독미정부간협정에 기재된 ①'정부와 기업의 분담'이라는 관점이 계승됐다. 또 ⑤에 언급한 포기의 원리는 기금에도 투영돼 있으며, 나중에 설명하듯이 기금에는 미국이 독일 기업에 대한 소송을 받아들이지 않도록, 또 현재 진행 중인 소송을 각하하도록 노력하는 것이 포함돼 있다. ④의 '노예노동자'와 기타 강제노동자의 구별은 기금에서는 지불액의 양적인 차이로 반영돼 있다(원칙적으로 노예노동자에게는 최고 1만 5,000마르크, 그 외에는 5,000마르크).

여기까지 요약하면 폭스바겐(VW)의 단독 기금은 '인도적 원조', '인도적 지원'이 목적이며 '법적 책임', '사죄'가 결여돼 있었다. 스위스 대통령의 성명도 연대기금의 성격은 인도적 원조라고 한다. 한편 독미정부간협정에서는 정부와 기업의 '공동' 방식과 소송의 '포기'가 〈기억·책임·미래〉 기금에 계승됐다. 이러한 점에서 VW의 기금과 정부간협정은 강제노동 보상의 '전사前史'로 기록돼 〈기억·책임·미래〉 기금의 골격을 형성하게 됐다고 할 수 있다.

(4)-5. 나치와 연금

1997년 봄에 TV 프로그램 정보지『파노라마』는 1950년 연방원호법에 따른 전쟁 희생자에 대한 연금 지급 실태를 보도했다. 전쟁희생자 연금을 받는 사람은 연방정부에 따르면 110만 명을 헤아린다.『파노라마』는 ①110만 명 중에는 국방군 병사나 유족뿐 아니라 뉘른베르크 국제군사재판에서 '범죄적인 조직'으로 간주된 나치 무장 친위대원들도 있다는 점, ②이 중 5만 명은 전쟁범죄인으로 판결 받은 사람들이라는 점을 지적했다. 예를 들어 국방군 소위 볼프강 레니크 엠덴은 1943년 이탈리아에서 22명의 시민을 살해한 혐의를 받고 있었다. 친위대원 하인츠 발트는 1944년 7월 프랑스 오라도울에서 642명의 시민을 사살하고(어린이가 202명), 독일의 재판에서 전쟁범죄 혐의로 브란덴부르크 교도소에서 복역했다. 5만 명이나 되는 전범이 연금을 받는다면 연방정부는 1996년에만 "총액 6억 6,700만 마르크(약 480억 엔)를 학살자, 참수인에게 지급"[93]한 셈이다. 한편 이 시점에서는 1988년 '가혹완화기금'의 대상에서 제외됐던 병역 거부, 탈주, 방위력 훼손으로 유죄 판결을 받은 사람들의 명예회복이 아직 이뤄지지 않았다(이들의 명예를 회복해 보상금을 지불하는 법안이 독일 연방의회에서 가결된 것은 그 후 5월의 일이었다.『파노라마』의 지적도 법안의 가결 촉진에 공헌했다). 더욱이 여전히 방치돼 있는 것은 동유럽 출신의 강제동원·강제노동의 피해자들이었다. 가해자가 많은 연금을 받는 반면 피해자는 심신장애를 겪고, 아무런 사죄도 보상도 받지 못하는, 인류에 반하는 사실은 강제동원·강제노동의 보상제도 창설을 위한 강력한 여론을 형성하는 요소가 됐다. 두꺼운 문 너머 조금씩 보이는 사사를 통한 기업범죄, 나아가 '가해자 우대, 피해자 냉대'는 정부 및 기업에 보

· · · · · · · · · · ·

93 Anita Kugler, Keine Opferrente für NS-Verbrecher, taz, 1997.3.1~2.

상을 위한 제도 도입을 재촉했다. 특히 나치시대에 대량으로 강제노동자를 사용해 이윤을 낸 기업은 보상기금 창설을 피할 수 없게 됐다.

1950년에 제정된 연방원호법은 전쟁범죄인 등을 제외할 경우의 구성 요건을 정하지 않았다. 즉 전범에게도 '관대하게' 적용되고 있었다. 단 이 법에 근거해 지급되는 전쟁희생자 연금의 경우는 수급 자격자를 독일 국내와 국외의 거주자로 나누어, 전자에게는 수급 인가 시에 자격조사를 하지 않고, 후자에 대해서는 '불명예 조항'을 마련해 일정한 조사 후에 지급 대상자를 선별하는 규정이었다. 그러나 실제로는 '불명예 조항'은 적용되지 않았고 많은 전범이 연금을 받았다. 우연히 전범임이 판명되면 이 조항에 따라 연금을 취소하는 사례가 신문 한쪽에서 극히 경미하게 보도됐다.

1997년 2월 하순, 브레멘 원호국은 미국 거주 친위대 대원 2명의 연금 자격을 취소했다. 1명은 리투아니아인으로 1966년 이래 연금을 받았는데 취소되기 전의 금액은 879마르크(약 6만 3,000엔)였다. 그는 백러시아에서 수천 명의 유대인 살해에 관여한 사실이 우연히 드러나는 바람에 몇 안 되는 '불명예 조항'의 해당자가 됐다.

독일 정부는 '불명예스러운' 사람들에게도 연금을 지급한다는 사실을 알 수 없도록 지불 방법을 몰래 적십자 및 다른 조직명을 사용해 위장 지급한 사실이 『파노라마』이후 밝혀졌다. 90년연합/녹색당의 연방의회 의원 폴커 벡은 1997년 2월 27일 자체 조사에서 "덴마크 거주 수급자 183명 중 최소 전쟁범죄로 선고받은 사람이 10명"[94]이라고 지적했다.

우대받은 가해자와 냉대받은 피해자가 서로 그 과거를 모르고 수십

94 Anita Kugler, Keine Opferrente für NS-Verbrecher, taz, 1997.3.1~2.

년이 지나 만나게 되는 장소가 있다. 그중 하나는 양로원이다. 그러나 서로의 삶의 발자취를 알았을 때 피해자는 벽 하나, 문 하나를 사이에 두고 옆에서 사는 가해자의 일거수일투족을 두려워하며, 심각한 트라우마에 더욱 고뇌하면서 생을 마감하는 사례가 여러 차례 보고됐다.

(4)-6. 재판과 런던채무협정

(4)-6-1. '꿈의 또 꿈'의 종언

여기서 다시 확인을 해두자. 강제노동자, 특히 동유럽 출신 강제노동자에 대한 개인보상을 방해한 요인은 주로 서방 교전 국가들과 체결된 1953년의 런던채무협정이었다. 이 조약에 따르면 우선 국가와 국가 간의 배상 문제에 관해서는 ①패전국 독일은 전전 및 전후 부채를 먼저 갚아야 하며, ②전쟁 중에 유래했고 독일과 교전상태에 있었거나, 독일에 점령된 국가들의 배상청구 심사는 '배상 문제의 최종 규정', 즉 동서독 통일 후의 '강화조약 체결' 때까지 뒷전으로 밀려났다. 다음으로 개인에 관해서도 이들 국가의 국적을 가진 자는 독일 정부나 기업에 대한 청구권과 동일한 취급을 받았다.

조약에서 기업이나 기업주는 "독일제국으로부터 <u>위탁을 받아</u> 활동한 직장이나 개인"(밑줄은 필자)이라고 수동적으로 표현돼 있다. 이미 보아 온 것처럼 기업의 적극적인 나치와의 관련이나 기업이 적극적으로 '인간 소모품'의 획득에 나선 사실은 언급되지 않았다.

그런데 당시 독일 통일은 '꿈의 또 꿈'이었기 때문에 국가배상에 따른 강제노동자에 대한 개인보상은 연기돼 동결됐다. 독일 통일은 이를 해동해 강제노동자에게 너무 늦은 봄의 숨결을 가져왔다. 그 이유는 1990년 통일 독일은 미·영·프·소 등 전승 4개국과 '독일 문제의 최종 해결에 관한 조약', 이른바 '2+4 조약'을 체결했기 때문이다. 이 조약을 강화조약으로 보는 판결이 내려졌으며(1997년 본지방법원), 나아가 1년 전에 독일의 기업에 대해 피해자가 외국에서 직접 소송을 제기할 수 있는 획기적인 판결이 연방 헌법재판소에서 나왔다.

이 직후 지금까지 보상 등은 영원히 오지 않는 '꿈의 또 꿈'으로 보고 포기한 사람들의 소송이 이어졌다. 슈투트가르트 노동법원에서만 일거에 300건의 소송[95]이 제기됐고, 포르셰, 보쉬, 다임러 크라이슬러(독일 기업 다임러 벤츠는 98년 11월 미국 기업 크라이슬러와 합병), 식기류를 생산하는 뷰텐베르크 금속제작소(WMF) 등이 소송을 당했다. 기업들은 '꿈의 또 꿈'의 배후에서 게으름을 피울 수 없게 됐다. 자사의 사사를 한 손에 들고 눈을 집중시켜 마침내 강제노동자들의 고뇌와 절규, 트라우마에 대면하지 않을 수 없게 됐다.

(4)-6-2. 계속 각하되는 강제노동 소송

동유럽 강제노동자는 전후 50년 이상 긴 기간 동안 죽음의 문턱에서의 중노동, 임금체불, 심신의 고통과 부상, 빼앗긴 보험증서, 은행계좌 등의 보상을 계속 거부당했다. 민사법원, 노동법원 모두 전후 일관되게 희생자들의 보상청구를 물리치고 정부와 기업은 옹호해 왔다. 강제노동은 이미 설명한 것처럼, 뉘른베르크 국제군사·계속재판에서 국제법 위반, 헤이그육전규칙 위반, 즉 협의의 전쟁 범죄인 것으로 인정됐다. 그런데도 이는 독일 자신이 실시한 나치 범죄의 재판에서는 거의 고려되지 않았다.

여기서 고려되고 적용된 극히 소수의 예 중 하나를 보자. 1953년 5

....

95 Wolf Klimpe-Auerbach, Deutsche Zivil-und Arbeitsgerichtsbarkeit und NS-Zwangsarbeit In : Ulrike Winkler(Hg.) : Stiften gehen, NS-Zwangsarbeit Entschädigungsdebatte, Pappy Rossa Verlag, S.208.

월 11일 프랑크푸르트 주법원은 IG-파르벤에 대한 판결에서 뉘른베르크 계속재판이 '제6호 사건'에서 내린 판결을 인용하고 있다. 6호 사건은 IG-파르벤을 다뤄 125일의 심리일수를 거쳐 1948년 7월 28~29일 선고됐다. "이 법정은 당시 피고들의 '비인간적인' 행동을 다음과 같이 설명한다. IG-파르벤의 대표자들이 아우슈비츠 강제수용소의 위성 수용소 모노비츠에서 원고 및 다른 유대인 수용자 등을 인권을 가진 인간으로서 취급하지 않고, 고용자로서 또 적어도 사실상 지배를 할 수 있는 인간으로서 의무화된 시민적 용기를 가지지 않았다. 이에 따라 그들은 적어도 부주의로 복지의무를 위반하게 된 것이다."[96]

1953년 2월 27일 런던채무협정 체결 후, 1963년부터 73년의 10년 동안 민형사 사건의 대법원에 해당하는 연방 통상법원은 런던채무협정에 따라 강제노동은 국가 간 배상 문제라며 소송을 잇달아 기각했다. 예를 들어 아우슈비츠 부나공장(아우슈비츠 Ⅲ)에 투입된 폴란드인 강제노동자는 1963년 2월 26일 연방 통상법원에서 기각당했다. 그 근거로서 이것이 배상 문제인 것과 함께, 앞에서 인용한 "독일 제국으로부터 위탁을 받아 활동한 직장"에 IG-파르벤이 해당하기 때문이라고 한다. 국가에 의해 위탁됐기 때문에 어쩔 수 없이 거절할 수 없어 일을 시켰다는 것이다. 따라서 강제노동자의 투입, 사용 그리고 감시체제도 포함해 모든 책임은 나치 국가에 있다라는 것이다. 1964년 3월 이 법원은 체코슬로바키아인의 소원을 각하한다. 그녀는 1944년 고작 11세에 탄약의 약협과 포탄을 만들었다. 역시 1973년 6월 19일 이 법원은 독일에서 네덜란드로 이민가 네덜란드에서 각종 강제수용소로 끌려간 유대인 강제노동자의 호소를 같은 근거로 각하했다.

• • • • • • • • • • •

96 Vgl. Wolf Klimpe-Auerbach, a.a.O., S.219.

사법에서는 이렇게 런던채무협정을 근거로 하는 각하 자세는 80년대도 계속되지만, 사법의 장소 외에서는 약간의 변화가 생겼다. 유럽의회에서는 1986년 1월 16일 금전적인 보상을 하도록 결의가 이뤄졌다. 즉 "강제노동을 사후에 금전으로 보상한다고 하면, 그것은 지극히 불충분하게 될 수밖에 없지만 금전적인 보상은 원래부터 도리로서 해야 한다."[97] 또 90년연합/녹색당도 보상을 요구하는 동의動議를 같은 해에 연방의회에 제출했다.

(4)-6-3. 연방 헌법재판소 판결

그런데 런던채무협정 발효 후 폴란드와 소련은 동독과 2국간 협정을 체결해 강제노동에 관한 배상의 '포기 선언'에 서명했다. 대독물적 보상청구유대인회의는 우선 ① 런던채무협정에 규정돼 있는 배상 문제의 '최종 규정', 즉 강화조약은 90년 9월 12일의 '2+4 조약'이라는 것, ② 따라서 강화조약이 맺어진 이상 강제노동에 관한 배상의 '포기 선언'은 무효가 돼 동독을 병합한 통일 독일이 국가 간 배상을 단행하는 것으로, 강제노동의 개인보상을 하라고 주장했다.

강제노동의 보상에 관한 획기적인 판결은 90년대 중반에 나왔다. 헝가리와 폴란드 출신 유대인 강제노동자 여성 21명, 남성 1명은 1943년 9월부터 45년 1월까지 친위대의 지시로 바이크젤 메탈 우니언이라는 기업에서 강제노동을 했다. 기업들은 친위대에 '임금'을 지급했지만 정작 본인들은 아무것도 받지 못했다. 1956년의 연방보상법도 속지주의를 이유로 외국에 사는 이들을 배제했다. 어머니를 아우슈비츠에서 잃은 클라우스 폰 뮌히하오젠은 1985년 이후 다른 여성들과 체불 임금을

---

97 Vgl. Wolf Klimpe-Auerbach, a.a.O., S.207.

돌려달라며 나치 정체의 법적 후계자인 독일 정부의 책임을 추궁해 왔다. 독일 통일 이후 이 피해자들은 브레멘, 본 주법원에 제소했다. 두 주법원은 동유럽 지역에서 국경을 넘어 직접 독일 기업에 보상청구를 할 수 있는지 그 판단을 연방 헌법재판소에 요구했다.

연방 헌법재판소는 1996년 5월 13일 ①강제노동에 관한 배상의 '포기 선언'은 원래 폴란드나 소련이 국가로서의 배상청구권을 포기한 것이지 개인의 청구권 포기를 의미하지 않는다.[98] ②"국제법에는 독일 정부에 대해 개인청구권을 배제하는 일반적인 규정은 존재하지 않는다"[99]라고 판단했다. 그리고 이러한 구조에서 국경을 넘어 독일 기업에 대한 직접 보상청구에 관해서는 각각의 케이스에 대해 법정이 검증할 수 있다는 내용이었다. 이 판결로 폴란드나 소련이 비록 청구권을 포기했다고 해도 이 국가들의 시민 자신이 자국 정부를 통하지 않고 독일에 직접 보상청구를 할 수 있게 됐다. 이후 하급심은 개개의 케이스에 어떻게 국제법을 적용할 것인가에 대한 판단의 자유재량이 주어졌다. 사상 처음으로 독일 법정에서 강제노동 보상을 받을 수 있는 길이 열렸다.

이에 따라 본지법은 앞에서 언급한 22명의 소송에서 한 명의 여성에게 보상을 명령해 55주의 강제노동에 대해 이자를 부과해 1만 5,000마르크의 미지불 임금을 지급하도록 판단했다. 나머지 사람들은 연방 보상법 등으로 이미 보상이 이뤄지고 있다며 청구를 기각했다. 본지법의 판결이 획기적이었던 것은 '2+4조약'이 강화조약에 해당한다고 판단한 점이다. 독일은행장 헤르만 아브스가 획책해 강제노동 배상은 연기됐다. 그러나 실체는 배상에서 벗어나는 구실이 되고 있던 "강화조약

∙∙∙∙∙∙∙∙∙∙∙∙

98 Vgl. Wolf Klimpe-Auerbach, a.a.O., S.208.

99 Entschädigung für Zwangsarbeiter, taz, 1996.7.3.

이 맺어지지 않으면 배상에 응하지 않는다"는 자세는 독일 통일 후의 '2+4조약'이 강화조약에 해당한다는 판결로 유지할 수 없게 됐다. 독일 경제계는 국경을 넘나드는 소송에 직면해 강제동원·강제노동이라는 기업범죄의 책임에서 드디어 이전보다 벗어날 수 없게 됐다.

(4)-7. 국방군의 범죄전

(4)-7-1. 국방군의 '청결' 신화

제2차 세계대전에서 독일의 전쟁범죄는 뉘른베르크에서 재판됐듯이 국방군, 나치 친위대·경찰, 경제계, 의사, 법률가, 관료들의 복합적인 범죄였다. 특히 강제동원·강제노동은 산·군·나치 친위대의 3인 4각 연계로 이뤄졌다. 다음에서는 강제노동기금 〈기억·책임·미래〉의 창설을 촉구한 하나의 요소로, 전국을 순회 전시한 '살육전쟁·독일 국방군의 범죄, 1941년부터 1944년까지'를 다루겠다.

서독에서는 전후 전쟁범죄는 나치가 저지른 것이고, 전전의 독일 국방군Wehrmacht은 청결한 군대였다는 선전이 보수우익 진영에서 끊임없이 유포됐다. 그 한 요인은 서방 군사동맹 NATO에의 가맹(1955년)과 그 안에서의 지위 확대며, 전후 신 연방국방군Bundeswehr의 건설과 병역의 무제 도입(1956년), 그리고 그 후의 군 강화다. 신 연방국방군이 구 독일 국방군을 이어받으려면 구 독일 국방군은 나치와는 무관하다고 나라 안팎에 보여줄 필요가 있다. 그래서 구 독일 국방군에는 나치 친위대와 달리 청결하고 결벽이 필요했다. 60년대 이후에도 이러한 '청결' 신화는 구전되고 있었다. 특히 나치 친위대 중에서도 '가장 무서운'[100] 조직으로 뉘른베르크 국제군사재판에서 '범죄조직'으로 판단된 무장 친위대와 비

....

100 ジェームズ·テーラー、ウォーレン·ショー、앞의 책, 123쪽.

교함으로써 구 국방군의 '청결'성이 특별히 강조됐다. 기사 요시오는 독일 군사사 전문가 디터 할트비히 박사와 인터뷰하고 군 관련 학교에서 "전쟁범죄가 강의에서 거론되게 된 것은 1980대 중반 이후"[101]였으며 육군의 전쟁범죄는 "1995년 이후 '국방군의 범죄' 전까지 역사가 모임 밖으로 전파되지 않았다"[102]고 기술했다.

(4)-7-2. 공공시설에서의 국방군 범죄전

1990년대에 심화돼 가는 진실 규명 노력은 함부르크 사회연구소도 예외가 아니었다. 연구소가 주최한 전시 '살육전쟁·독일 국방군의 범죄, 1941년부터 1944년까지'는 1995년부터 함부르크를 시작으로 전국 순회를 했다. 전시는 4부로 이뤄졌으며, 제1부는 세르비아에서 국방군이 대독 저항운동을 탄압하고 저항운동자를 살육한 '1941년 빨치산 전쟁'을 다루었고, 제2부에서는 '1942년부터 43년 스탈린그라드로 향하는 도상의 제6군단'이 제1부와 마찬가지로 사진과 해설로 전시됐다. 제3부는 '백러시아, 1941년부터 44년까지 3년간의 점령'에 초점을 맞췄다. 여기까지는 주로 세르비아와 소련권(우크라이나, 벨라루스)을 거론했지만 이 지역은 강제동원·강제노동자의 공급지이기도 했다. 제4부에서는 '흔적의 말소와 기억의 말살'이 주제다. 전후는 말할 것도 없고 이미 전쟁 전에도 어떻게 '국방군=청결한 군대'상이 만들어져 역사 위조가 시작됐는지 풍부한 자료로 조사돼 있었다. 병사의 일기, 고향에 보낸 편지, 진중일지, 사령부에 보낸 보고서, 업무명령서, 사진 등이 국제법과 국내법을 위반한 군대임을 웅변하고 있다.

• • • • • • • • • • • •

101 木佐芳男, 『〈戰爭責任〉とは何か』, 中央公論新社, 2001, 136쪽.
102 木佐芳男, 앞의 책, 136쪽.

헤센 주에서는 1997년 3월 20일 주의회가 개최하기로 결의했다. 주총리 한스 아이첼(사민당)은 "사회 일각에는 전시돼 있는 진실과 마주하는 것에 참을 수 없는 사람들이 있다"[103]며 보수파를 비판했다. 또 자유민주당(FDP) 주의회 의원단장 루트 바그너는 증조부, 할아버지, 아버지가 각각 보불전쟁, 제1차 세계대전, 제2차 세계대전에서 사망한 가족력을 갖고 있었다. 그는 구 국방군에서는 "개개의 병사가 범죄를 저질렀다는 것을 단순 기록하지 말고 공공연히 전시에서 제시해야 한다"[104]라고 주장하며 주정부 개최에 찬성했다. 그리하여 97년 4월부터 프랑크푸르트의 파울스 교회에서 전시는 개시됐다. 이곳은 독일 역사상 첫 국민의회가 열린 곳이다. 나는 프랑크푸르트 바로 직전의 순회전에 갔다. 개최 장소는 인근 주 뮌헨 시청사 내 갤러리였다. 이곳에서도 공적 기관을 활용했다. 전시 기간 중 휴관일 없이 밤 9시까지 개관했으며 연일 장사진을 이뤘다. 일반적으로 월요일 휴관, 저녁 6시까지, 때로 특별히 8시까지라는 독일의 보통 갤러리에 비하면 성황리에 이뤄졌다는 것을 알 수 있다.

(4)-7-3. 전쟁범죄 조직의 국방군

그 후 99년 11월 4일 일시 중지가 될 때까지 독일 각지뿐 아니라 오스트리아에서의 순회를 포함해 80만 명 이상이 전시회장을 방문했다.[105] 거의 모든 전시장 부근에서 네오 나치가 "구 국방군은 순수한 독일 군인"이라고 외치며 데모를 확산하려 했다. 99년 3월에는 자르브뤼

103 CDU verzichtet auf Gedenken, taz, 1997.3.21.
104 CDU verzichtet auf Gedenken, taz, 1997.3.21.
105 Eine unvergleichliche Schau, taz, 1999.11.5.

켄에서 폭탄이 작렬했다. 기독교민주동맹 시의회 의원 게르트 바우어는 "아버지들을 범죄인이라든가, 살인자라고 하는 중상에 대해 아무것도 반론을 하지 않을 수 없다"[106]고 말했다. 마치 폭탄이 반론의 한 수단인 것처럼 발언해 여론의 빈축을 샀다.

그런데 전시장에 게시된 1,433장의 사진 중 12장의 사진이 국방군의 행위가 아닌 헝가리병이나 핀란드 병사의 행동이었던 것 등 약 20장 정도가 출처에 문제가 있다고 폴란드 역사학자에 의해 지적됐다. 함부르크 사회연구소는 이 역사학자를 포함해 15명의 학자로 이뤄진 조사검토위원회를 구성해 전시를 일시 중단하고 점검 작업에 들어갔다. 연구소는 사진 자료뿐 아니라 지금까지의 전시방법 자체도 점검하고 자기비판을 한 뒤 전시 책임자 한네스 헤르를 책임자에서 제외시키는 조치(해고)를 취하고 새롭게 순회전을 시작했다. 새로운 순회전은 지금까지의 4부 구성을 끝내고 전시국제법에 역점을 두면서 국방군의 범죄를 여섯 가지 유형으로 분류했다. 즉 ①민족 살육 ②기아 정책 ③빨치산 전쟁 ④포로 취급 ⑤민간인 억압 ⑥시민의 강제연행·이송이다.

국방군은 이러한 행위에 조직으로서 관여해 무수한 전쟁범죄에 직접 손을 댄 것으로 나타났다. 국제관습법에서는 당시 정규군이 아닌 빨치산을 포로로 했을 경우의 취급은 논란이 분분하지만, 그것을 악용해 군은 원래의 전시포로나 시민들도 '대빨치산 전쟁 결과의 포로'라며 대량의 포로 살육을 했다. 그중 슬라브 민족과 유대계 사람들은 표적이 돼 나치 친위대와 같은 '인종, 세계관 전쟁'의 대상이 됐다. 특히 체코, 폴란드, 소련에서의 예속민화와 강제노동·착취의 가혹함은 제2장에서 다룬 그대로다. 이러한 유대인, 볼셰비키의 탄압과 살육, 혹은 연행·노

· · · · · · · · · · ·

106 Eine unvergleichliche Schau, taz, 1999.11.5.

동은 국방군의 참가 없이는 불가능했다. 전시에서는 나치 지도부가 국방군에 부여한 행동으로서 정신장애인의 살육, 유대인의 게토화, 소련 공산당원의 재판 없는 살해 등이 패널이나 헤드폰에서 흘러나오는 증언자의 음성으로 설명됐다.

(4)-7-4. 사람을 바꾸는 전장의 논리

눈매로 살해당하다 사람은 자기 형제가, 아버지가, 아들이 전쟁터에서 국제법을 무시한 '전쟁범죄'를 저지른 인간이라고 인정하는 데는 시간이 걸린다. 전장에 보낸 아버지와 형제에 대한 마음의 '진지하고 순진한 얼굴'이 언제까지나 잔상에 남는다. 죽어서 돌아오지 않는 사람이라면 유족의 마음은 더욱 그렇다.

그러나 '청결한' 군대에서 '청결한' 활동으로 군의 업무를 담당하고 있을 것이라고 단순히 믿고 있을 뿐이다. 실제 전투에 나선 것도 아니고, 아버지나 아들들이 노동력 차원에서 쓸모없게 된 수용자를 '죽음의 행진'으로서 수용소에서 밖으로 데리고 나가 죽이는 장소에 있었던 것도 아니었다. 태양도 보이지 않고, 외광도 들어오지 않는 작업 현장에서 기아와 배고픔, 혹한을 견디며 노동을 강제하는 현장에 있었던 것도 아니다. 전시국제법에서 무엇이 허용되지 않는지 알려주지 않을 뿐 아니라 원래 전쟁터에서 사람은 변한다는 냉철한 사실을 떠올리지 않는다. 전쟁터에서는 상대를 죽이지 않으면 내가 죽임을 당할 뿐이다. 자신의 생존은 상대방의 죽음이다. 반대로 자신의 죽음은 적의 생존이다. 이러한 죽음의 신이 누구에게 미소를 지을 것인가만이 모든 것을 결정하는 살벌한 세계에서는 사람의 의식은 퇴폐해지고 윤리는 마비된다.

전쟁터는 사람을 악마로 바꾼다. 이는 동서양을 막론하고 보편적인 사실이다. 중일전쟁에서 일본군 헌병 쓰치야 요시오土屋芳雄는 "항일조직의 탄압이나 조작, 고문, 재판 없는 처형 등 자신이 직접 체험한 것을"[107] 서술했다. 때로는 "'얼굴 생김새가 나쁘다', '눈빛이 비상한 놈이다'라는 이유만으로 체포해 '반만항일분자, 사상불량'으로 단죄한 적도 있으며, 직간접으로 관련한 살인은 300여 명에 이른다"[108]라고 했다. "어떤 사건이라도 있었던 게 고문이다. 배가 부를 때까지 물을 마시게 하고 토하게 한 뒤 다시 마시게 하는 물고문이나 목검, 불, 매달기, 손톱 밑 찌르기 등의 고문을 상관에게 배워 자신도 실행한 고문은 열 종류 가까이 된다."[109] 중일전쟁에 끌려가기 전 농민이었던 쓰치야는 "흙에서 기어 나온 벌레를 치우면서 밭일을 했을 만큼 죽이기 싫어했다"[110]라고 한다. 상대방의 눈빛, 얼굴 생김새가 자신의 죽음으로 이어질지 모른다. 이것이 전쟁터의 논리다.

나치가 국방군에 맡긴 행동의 하나로 유대인의 게토화를 꼽았지만 이 게토화는 제 식구 챙기기, 재산 약탈에서 시작해 유대인을 한 구획에 가둔다. 여기까지만 해도 점령국 시민의 면전에서 이뤄졌다. 그러나 약탈 재산이 무엇에 쓰이며 어디로 사라졌는지는 점령국 시민뿐 아니라 군인을 배출한 독일인 부모, 형제, 자매는 알 길이 없다. 점령국의 약탈 재산은 직접 독일인에게 분배됐을 경우 외에는 점령 제국諸國의 전시 인플레이션을 축소하기 위해, 또 점령을 유지하기 위한 비용을 보전補塡하기 위해 사용됐다. 나아가 환금 후에 국방군의 경리 담당 부서로 모아져 국방군 병사의 월급으로도 모습을 바꿨다.[111] 전지의 아들이

· · · · · · · · · · ·

107 『朝日新聞』, 1984.8.15.
108 『朝日新聞』, 1984.8.15.
109 『朝日新聞』, 1984.8.15.
110 『朝日新聞』, 1984.8.15.
111 Der Initiativkreis Wehrmachtausstellung in Dortmund, Verbrechen der Wehrmacht,

부모님에게 보내진 선물이, 실은 점령지 주민으로부터 재산을 약탈해 그 환금으로 구입한 것이다, 라는 등의 상상력은 떠오르지 않는다. 청결한 국방군 일원의 애정 어린 선물은 군인 자신의 잔학한 약탈과 게토화가 낳은 선물이었다.

'준' 전장의 논리 사람이 변하는 장소는 전장에 '준하는' 아니 전장보다 더 의식의 퇴폐와 윤리의 마비가 두드러진 강제수용소일 것이다. 아우슈비츠 수용소 소장 루돌프 헤스는 "가정에서는 좋은 아버지, 좋은 남편이며 술도 마시지 않고 놀지도 않고, (중략) 요컨대 어디에나 있을 듯한 평범한 사람"[112]이었다. "어디에나 있는 한 평범한 인간, 성실하고, 적당히 선량하고, 살아가는 데도 착실한 그런 한 평범한 사람이 이러한 대량학살도 자행할 수 있다는 것은 누구나가 당신이고, 나고, 그가 될 수도 있듯이, 누구나 그것을 할 수 있다는 것과 다름없다."[113]

1942년 1월 20일 베를린 근교에서 반제회의Wannseekonferenz, Wannsee Conference가 소집돼 나치 용어로 유대인 문제의 '최종 해결', 즉 민족의 대량살육(제노사이드)이 결정되고 이후 실행에 옮겨졌다. 수백만 명의 유대인 살육에 가담했던 아돌프 아이히만은 한나 아렌트에 의해 '평범'한 인간으로 평가받았다는 것은 잘 알려져 있다.

포로 학대 오히려 오늘날, 이전의 말과 병사 간의 전투를 대신해 주요 전투가 전략폭격의 사상에 기초한 항공기로부터의 무차별 대량살육 시기가 도래하고 있다. 그러나 주전主戰은 그렇다고 해도 병사들끼리의 전투가 완전히 소멸된 것은 아니다. 그 비율과 비중이 현격히 저하했을

· · · · · · · · · · · ·

Begleitprogramm zur Ausstellung in Dortmund, 2003, S.37.

112 ルドルフ・ヘス, 앞의 책, 4쪽.

113 ルドルフ・ヘス, 앞의 책, 4쪽.

뿐이다. 따라서 전략폭격의 시대에서도 지상의 국지전에서 전개되는 '윤리 없는 전투'의 중압은 사람을 바꿔 '청결한' 모습이라고는 찾아 볼 수 없는 인간으로 변화시킨다. 그 좋은 예가 2004년 5월 발생한 이라크 전쟁에서 미군과 영국군 병사의 이라크인 수용자 학대일 것이다. 바그다드 서쪽 아부그라이브 감옥에서의 학대를 신문들은 다음의 제목으로 전했다.

"웃는 미군, 세계에 파문"(아사히신문 04.5.5), "남성에 끈, 기르는 개 취급, 미 신문이 보도"(호쿠리쿠주니치신문 04.5.7), "심문 때마다 알몸 구타, 지켜보는 미군, 경쟁적으로 사진─이라크인 학대, 수용된 기자 증언"(호쿠리쿠 주니치신문 04.5.8), "제네바조약, 타국에는 준수 강요하는데…미의 방자함 노정"(호쿠리쿠주니치신문 04.5.9), "알몸의 수용자를 군용견으로 학대"(아사히신문 04.5.11), "포로 학대는 전쟁범죄, 프랑스 변호사가 영국을 소추"(마이니치신문 04.5.15), "시민, 사담 후세인 시대와 변함없는, 학대, 각지의 수용소에서, 관의 주야간 기립, 죽으면 매장된다"(마이니치신문 04.5.17), "심문 강화, 재우지 마라"(요미우리신문 04.5.19), "조직적 의심 사라지지 않고, 증거 사진, 세계에 충격"(요미우리신문 04.5.19).

포로를 인권을 가진 인간으로 취급하려는 국제사회의 노력은 1907년 헤이그육전규칙, 1929년 제네바조약 '포로 대우에 관한 국제조약', 1949년 제네바 4조약, 그리고 1977년 제네바제조약에 대한 제1, 제2추가의정서 등으로 결실을 맺었다. 미영군의 포로 학대는 100년간 쌓아 온 국제사회의 '포로에 대한 대우의 인도화'를 위한 영위를 모두 없었던 것으로 하는 폭거다. 전장은 사람을 바꿔 "선량한 시민이라도 학대에 가담하게 하는"(요미우리신문 04.5.19) 한 요인이 돼 전쟁이나 무력행사는 "국제 분쟁을 해결하는 수단으로서는 영구히 이것을 포기한다"(일본헌법 제9조)는 이념이 생겼을 것이다.

소수의 예외자 여기서 지극히 소수지만, 전장의 논리에 현혹되지 않고 본래 '적'이라고 해야 할 사람들에게 생명의 위험을 무릅쓰고 구출하기 위해 손을 내민 국방군 병사도 있었음을 기록해 두고자 한다. 살육되기까지의 3단계, 즉 ①연행되고 ②강제수용소에 수용돼 ③노동에 종사하고 결국 살육되는 유대인을 구하기 위해서는 최초의 연행 단계 ①에서 사실은 그 사람들은 '유대인이 아니다'라고 인정의 '오류'를 지적하고, 장부에 '독일인'으로 바꿔 써서 풀어준 국방군 병사도 있었다.

함부르크 사회연구소가 펴낸 『국방군의 범죄』라는 750쪽 정도의 두꺼운 서적[114]은 안톤 슈미트Anton Schmid라는 국방군 병사의 구출 활동을 전하고 있다. 1940년 8월 소연방에 가입한 리투아니아는 에스토니아, 라트비아와 함께 독일의 점령 지역이 된다. 리투아니아 수도 빌뉴스는 당시 인구 20만 명이었고 6만여 명의 유대인이 전통적인 유대인 교구와 거주구를 형성하고 있었다. 1941년 8월 말에 나치 친위대 제3특별부대와 현지의 리투아니아 경찰은 교구 거주구 소탕을 시작했다. 제3특별부대는 9월 2일에만 유대인 남성 864명, 여성 2,019명, 어린이 817명을 살해했다고 보고했다. 안톤 슈미트는 리투아니아에서 국방군 병사로 전투에 참가했고 자신의 부대는 대독 레지스탕스에 패했다. 그는 흩어진 부대를 재정비하기 위해 새로 편성된 '재편준비부대'를 지휘하고 있었다. 이때 친위대와 경찰의 탄압과 박해를 피해 도망친 유대인 소녀 루이 더 에메티세트가 그에게 목숨을 구해달라고 했다. 그는 그소원을 들어 그녀를 '재편준비부대'에 머물게 한 뒤 며칠 후 오스트라부라마 수도원에 보냈다. 그녀는 죽음을 면했다. 또 연일 유대인 게토에서 수많은 사람들이 끌려나와 강제노동에 종사하게 했고, '재편준비

114 Vgl. Hamburger Institut für Sozialforschung, a.a.O., S.623~624.

부대'도 이 노동력을 눈여겨보고 군의 하역작업 등에 투입해 혹사시켰다. 슈미트는 게토에 비밀리 식료품을 들여보내 강제노동자의 목숨을 연장시켰다.

또한 게토 내 유대인 저항운동가들이 그와 접촉해 지원을 요구해 왔을 때, 그는 이것을 받아들여 유대인을 수도로부터 남서쪽의 비알리스토크의 공장에 '노동력'으로 보내냄으로써 게토에서 살육당하지 않도록 했다(그림 5) 참조). 유대인 저항운동의 멤버가 그에게 구출 의뢰를 했을 때 그는 다음과 같이 대답했다.

"비알리스토크에서는 섬유산업에 유대인을 필요로 합니다. 한편 빌뉴스에서는 유대인이 죽임을 당하고 있습니다. 당신들이 이 사람들을 비알리스토크에 데려가고 싶어 하는 것은 아주 좋은 방법입니다. 하지만 당신들은 하필이면 왜 나에게 계획을 털어놓은 겁니까?"

저항운동 멤버의 답변은 다음과 같았다.

[그림 5] 리투아니아 서부

"당신은 우리를 도와주실 것이라고 구드브스키 신부에게서 들었습니다. 무엇보다도 당신이 과거에 남을 도와줬기 때문이에요. (중략) 그땐 유대인 소녀였지요. 당신은 그녀를 데리고 오스트라 부라마의 구드브스키 신부를 찾아가셨습니다."

저항운동가는 예전에 슈미트가 소녀를 수도원에 보낸 것을 잊지 않았다. 그는 수백 명 단위의 사람들을 실어나르기 위해서는 포장 화물 자동차의 수배와 군용 이송 명령서의 발행 등이 필요하다고 생각했고 이것들은 가능하다고 했다. 그러나 그는 1942년 1월 체포된다. 2월 25일 빌뉴스의 전시법정에서 받은 판결은 사형이었다. 4월 9일 아내와 딸 앞으로 유서를 썼다. "오늘은 갑자기 나를 덮친 운명에 대해 당신에게 모든 것을 다 쓰겠습니다. 하지만 한 가지만 당신에게 부탁하고 싶은 것이 있습니다. 좌절하지 말았으면 합니다. 당신이 앞으로 이 편지를 읽을 때 아쉽게도 내가 빌뉴스의 전시법정에서 사형 판결을 받은 것을 알더라도 부디 마음을 강하게 가져주길 바랍니다." 나흘 뒤 그는 처형됐다.

경찰관의 견학 의무 이러한 극소수의 예외를 제외하고 국방군의 범죄전은 1995년 이래 나치 친위대뿐 아니라 일반 병사의 전쟁범죄, 즉 방금 전 가족과 헤어져 출정한 '보통병사'의 가해성을, 지금도 극명하게 세상에 호소하고 있다. '보통병사'가 학대에 가담한다면 마찬가지로 시민을 상대로 권력을 휘두를 위치에 있는 경찰관이라 해도 예외는 아니다. 도르트문트 시의회는 광범위한 시민운동의 요청에 따라 2002년 봄 시가 전시를 개최하기로 결의했다. 주최는 함부르크 사회연구소며, 전시장은 시립 '예술과 문화사 박물관'이고, 127개 시민단체가 결집한 '도르트문트 국방군 전시'라는 이름의 조직이 지원했다. 전시 기간은 2003년 9월 19일부터 11월 2일까지, 시간은 10시부터 20시까지였다. 월요일은 휴관이었지만 학생용 학습에는 '월요일도 개관'한다고 했다. 나는 개최 첫날 이곳을 찾았다. 이때 도르트문트 시 경찰은 관내 경찰관에게 근무시간 내 견학과 학습을 의무화했다[사진 2] 참조). 일반 병사의 가해가 부각될수록 그 정반대에 있는 잊혀진 희생자의 문제도 떠올랐다. 이미 말한 바와 같이, 연금을 수급하고 있는 전쟁범죄자와 반대로 아무런 연금(보

[사진 2] 국방군의 범죄전(도르트문트 시)에 견학온 근무중인 경찰관

상도 받을 수 없어 궁핍과 트라우마에 시달리는 피해자가 대비돼 문제가 된 것처럼, 범죄전의 확산과 함께 강제동원·강제노동자에 대한 부당한 취급과 그 보상을 요구하는 운동·여론은 더욱 커졌다.

(4)-8. 기금 창설의 최대 요인 : 시민운동과 시장의 상실

지금까지 기금을 창출한 사회적 요인을 열거해 왔다. 하지만 최대의, 결정적 요인은 독일 내외의 시민운동과 그 확산을 두려워하는 기업의 방어의식, 즉 시장의 상실에 대한 대항 의식일 것이다.

이미 서술한 것처럼 독일 최대 민간은행인 독일은행은 대량살육을 위한 시설임을 알면서도 아우슈비츠에 돈을 빌려줬다. 또 은행장 헤르만 아브스는 강제노동자들의 고뇌, 이후 생활고 등에 대한 배려·보상

문제 등을 런던채무회의 의사일정에서 제외하고 이를 통해 강제노동자에 대한 국가배상을 강화조약 체결까지 연기시켰다. 동시에 헤르만 아브스의 "나치당과는 정식으로 거리를 두고 있었다"라는 전후의 변명은 완전히 그 반대며 밀월관계를 유지하고 있던 것도 판명됐다.

1990년대에 확산돼 심화된 진상 규명을 위한 시민과 피해자의 열의는 기업 스스로 기업사를 쓰도록 하고 자사의 어두운 역사에 마주하는 자세를 촉구했다. 기업은 자사의 자료실 문을 사회를 향해 열지 않을 수 없게 됐다. 독일은행은 살육수용소에 대한 대출이 서서히 알려지자 은행 자신이 의뢰한 역사연구소가 '융자'한 사실을 공표한 직후 『파이낸셜타임스』는 1999년 2월 5일 이웃 오스트리아로 눈을 돌려 다음과 같이 보도했다. "최근 오스트리아의 두 은행이 유대인의 소송에 직면해 자료실을 무조건 공개한다"고 발표했다.[115] 또한 독일은행에 '아우슈비츠 비즈니스'[116]에 어떻게 관여했는지 확실히 알릴 것을 요구했다. 독일뿐 아니라 오스트리아에서도 자료의 공개는 강요받고 있었다.

①자료 공개와 ②그에 따른 은폐된 진실의, 역사의 어둠으로부터의 부상, 진상의 규명 ③그리고 피해자와 유족들의 고뇌에 대한 사회적 인지와 그 보상—이들 90년대 이후의 일련의 보상사에는 이미 거론한 7가지 요인이 존재했다. 여기에서는 독일은행을 한 예로 제시하고, 이를 통해 최대의 요인을 찾아내고자 한다. 나는 관련된 복수의 요인을 생각하고 있기 때문에, 우선 '요인군'이라는 표현을 쓰고자 한다. 각 군에 공통되는 요소는 사람들의 운동과 기업의 방어의식이다.

....

115 Deutsche Bank und Zwangsarbeit, US-Markt ist einem Kniefall wert, Soz, 1999.5.

116 Deutsche Bank und Zwangsarbeit, US-Markt ist einem Kniefall wert, Soz, 1999.5.

(4)-8-1. 자료관의 공개

요인군의 첫 번째는 포츠담 자료관의 자유 공개다. 베를린 장벽의 붕괴는 국경을 없애고 사람, 상품, 정보 교류를 자유롭게 했다. 여기에 하나 더 포츠담 자료관의 '출입문 통행도 자유'로워졌다. 이는 기업에 전후보상 문제를 '피해서 통과하는 자유'를 허락하지 않게 했다.

전후 독일은행뿐 아니라 모든 기업은 제3제국 시대의 나치 정체와의 관계를 숨기려 했다. 진상 규명의 물결은 이것에 바람구멍을 뚫었다. 그 바람의 하나는 시민이나 피해자의 운동으로, 계속 거절하는 거대 콘체른을 상대로 하기보다 자회사에 자료 공개를 하도록 했다. 모회사는 피할 수 없게 됐다. 이에 더해 다른 한 차례의 새로운 바람은 앞에서 말한 포츠담 자료관의 자유 공개다. 독일은행의 경우 이곳에 1만 2,000개의 정리용 파일이 보존돼 있었다. 기업사 서술을 의뢰받은 역사가와 연구자들은 이 파일을 암흑에서 끄집어냈다. 이렇게 해서 1995년 창립 125주년의 해에 독일은행의 기업사는 편찬됐다. 독일은행의 암약과 더러운 부분이 드러나면, 거래가 있었던 다른 기업과 나치와의 관련성은 고구마 줄기처럼 저절로 줄줄이 파헤쳐진다.

1938년 이후 독일 최대 은행과 거래가 있었던 다른 기업들 중에는 언제, 몇 시, 무엇이 발각되지 않을까 하는 두려움이 확산됐다. 자사의 치부가 드러나기 전에 선수를 쳐 기업사를 편찬해 그 이상의 폭로를 막으려는 시도를 하는 기업이 나타난다 해도 이상하지 않다. 여기서부터 보상기금에 대한 참가의 선택지는 바로 코앞에 있다. 왜냐하면 나중에 언급하는 것처럼 〈기억·책임·미래〉 기금이 설립되면 이후 피해자나 유족은 기업과 정부에 보상청구를 하는 길이 막히기 때문이다. 앞으로 기업이나 포츠담 자료관에서 어떤 자료가 나오든지 말이다. 따라서 기업은 우선 기업사 편찬으로, 다음에는 기금 설립으로 다시 선수를 치는 행동을 한다.

(4)-8-2. 시장 상실 우려

요인군의 두 번째는 기업의 시장상실에 대한 두려움이다. 이에 대해서는 두 가지 점을 들겠다. 그중 하나는 1998년 말경 독일은행이 안고 있던 미국 금융기관 뱅커스 트러스트와의 합병 문제다. 독일은행은 원래 창립기에는 간부급에 가톨릭교도와 유대계 독일인이 은행을 이끌고 있었다. 히틀러가 권력을 장악하자마자 1933년 5월 두 유대계 이사는 물러날 수밖에 없었고 대신 경영진에는 나치계 이사가 들어갔다. 이 시점에서는 이러한 비아리아계 행원에 대한 퇴직 강요에 이의를 제기하는 간부도 있었다.

예를 들어, 유대인을 대신해 이사직 일원이 된 게오르크 졸무센은 그들을 몰아내는 용의주도한 방안에 의문을 제기했고, 유대계 사람들이 현재는 "경제적, 도덕적으로 살육"[117]을 당하지만 앞으로 그 존재가 "완전히 살육되는 방향으로 목적의식을 갖고"[118] 나아가는 현실을 지적하며, 그들과 함께 "스크램을 짜온 날들이 있었는데 지금은 연대감이 결여돼 버렸다"[119]고 개탄했다. 이후 은행은 나치당과 밀월관계를 강화해 히틀러나 힘러를 지지하는 기금이나 후원회에 거금을 기부한 것은 이미 말했다. 또 최대 민간은행인 멘델상회를 인수했고, 폴란드 침략 이후에는 지점을 차례로 침략·점령지에 개설했다.

아우슈비츠 강제수용소(아우슈비츠 I)가 폴란드인 정치범을 수용하는 시

. . . .

117 Die Augen fest zugemacht, Der Spiegel, a.a.O 1999.2.8., Nr.6, S.143.

118 Die Augen fest zugemacht, Der Spiegel, a.a.O 1999.2.8., Nr.6, S.143.

119 Die Augen fest zugemacht, Der Spiegel, a.a.O 1999.2.8., Nr.6, S.143.

설로서 건설되기 시작한 것은 1940년 5월이다. 이윽고 소련병을 수용해 살육하는 비르케나우(아우슈비츠 II)가 만들어져 41년 대폭적인 확장 공사가 개시된다. 1942년 1월 '유대인 문제의 최종 해결'을 결정한 '반제회의'를 거쳐 지금까지의 트럭이나 전차의 배기가스에 의한 살육에서 청산가스 티크론 B에 의한 '대량 그리고 효율'적인 살해 방법으로 바뀐다. 트레블링카 강제수용소에서 배기가스에 포함되는 일산화탄소를 사용한 가스실보다 아우슈비츠 가스실이 10배 더 많은 사람들을 채울 수 있었다. 가스실이 생기면 그 시체를 처리하는 소각로가 필요하다. 두 설비는 세트다.

독일은행이 이 두 건설에 참여한 사실은 한 기술자의 보고서에서 알게 됐다. 건설회사 리델운트제네는 아우슈비츠의 제4호 소각로 건설 요청을 받았다. 회사는 1942년 8월 31일 현지의 독일은행 지점에 대출을 의뢰했다. 자금을 융통받은 건설사는 직업소개소를 통해 건설 기술자를 모집했다. 이 기술자가 완공 후 직업소개소에 제출한 작업의 내용을 보여주는 문서에는 1943년 3월 2일의 일자로 다음과 같이 적혀 있었다. "가스실 바닥에 콘크리트를 치다."

독일은행은 에어플트의 건설회사인 토프후운트제네가 도급 받은 소각로의 노 부분 건설에도 융자했다. 융자액이 지점에 허가된 최대액을 넘으면, 무엇에 융자하는지를 포함해 본점의 사인과 허가가 필요하다. 담당 지점뿐 아니라 베를린 본점도 인간의 '대량 그리고 효율'적 살육 기구의 일익을 담당했다. 이렇게 해서 은행장 헤르만 아브스가 "나는 1943년 이후 살육수용소를 알고 있었다"[120]는 발언과 맞물려, 포츠담 자료관의 독일은행 관계자료 1만 2,000점의 무게감은 독일은행을 몰아

120 Vgl. Die Augen fest zugemacht, a.a.O., S.144.

세웠으며, 시민과 피해자들은 이를 계기로 각 지점의 자료를 발견하고 진상 규명을 위한 노력을 계속했다.

1999년 2월 17일 독일은행은 98년 결산 속보치速報値를 발표했다. 이에 따르면 세전 이익은 79억 마르크(약 5,800억 엔)로 전년의 4배를 기록해 사상 최고액이었다. 같은 해 8월 5일 미국의 금융전문지『아메리칸뱅커』는 98년 말 세계의 은행이 소유하고 있는 총자산의 순번을 보도했다. 1위는 독일은행으로 "총자산액 약 7,352억 달러(약 84조 1,800억 엔)"이다.[121] 거액의 이익이 보도되는 한편으로, 이 은행은 98년 11월 미국 투자은행인 뱅커스트러스트와의 합병에 합의했다. 뱅커스트러스트를 170억 마르크에 인수하려 했던 것이다. 이에 대해 미국에 생존해 있는 피해자와 유대인 단체, 뉴욕 시가 항의 목소리를 냈다. 뉴욕 시는 미 연방당국에 합병·매수 시의 허가 조건을 제안했다. 그것은 독일이 모든 홀로코스트 희생자를 보상하지 않으면 허가하지 말라는 내용이었다. 피해자와 수백만 명을 산하에 두고 있는 유대인 단체는 독일 제품의 보이콧을 주장했다.

슈뢰더 총리가 독일의 12개 기업이 기금 창설(《기억·책임·미래》 기금)에 합의했다고 발표한 것은 독일은행이 속보치를 공표한 99년 2월 17일이며, 사실은 보이콧 운동의 확산을 미연에 방지하려 했기 때문이다. 독일은행은 이 12개 기업 중 하나다.

(4)-8-3. 집단소송

독일 기업에 대한 항의, 보이콧 불매운동과 함께 미국에서 독일 기업을 상대로 제기되는 집단소송을 두 번째 요인군의 또 하나로서 설명

· · · · · · · · · · · ·

121 『北陸中日新聞』 1999.8.9.

하고자 한다. 집단소송이란 어떤 원고가 자기 자신을 위해, 또는 같은 피해를 받고 있는 다른 사람들을 위해 하는 소송이다. 하나의 집단을 대표하는 한 사람 또는 다수를 원고로 하는 소송이 승소하면, 그 판결은 같은 피해를 입고 있는 집단 전원에게 효력을 미친다. 기업은 원고뿐 아니라 다수의 같은 집단의 피해자에게 지불해야 한다는 점에서 기업에 대한 타격이 크고, 반대로 피해자에게는 공동의식과 연대감이 생긴다.

강제노동 현장에서는 산속 채석장이든 부두 하역작업, 지하 석탄채굴 작업이든 혼자만 강제로 노동하는 것이 아니다. 강제노동은 공동노동이다. 개인 차이는 있지만 피해나 피로, 상해나 기아의 정도도 많은 사람들에게 공통돼 있었다. '나의 고뇌는 이웃의 고뇌'기도 하다. 일찍이 같은 처지로 고뇌하고 서로 도왔던 사람들은 종전을 체험하고, 50년의 세월이 흐른 1990년대 후반 집단소송으로 다시 만나 연대의식을 확인했다.

97년 3월 미국에서 9명의 홀로코스트 생존자가 유럽 6개 보험사를 고소했다. 98년 3월 미국의 "멜빈 와이스 변호사가 강제연행노동에 의해 이익을 얻었다고 해서 포드사에 대해 집단소송을 제기했다."[122] 98년 8월 미국에서 유대계 여성 2명이 폭스바겐을 상대로 집단소송을 했다. 다음 9월 미국에서 1,000명의 강제노동자가 독일의 다임러 벤츠 등을 상대로 제소했다. 소송을 당한 기업은 모두 미국에 지사, 지점을 개설하고 있거나 거액의 부동산, 재산, 자산가치를 가진 독일 기업이 중심이다. 기업은 패소로 막대한 '손해'뿐 아니라 미국의 고객이나 소비자로부터 보험계약의 해지, 제품 보이콧이나 불매운동이 확산될 것을

．．．．．．．．．．．

122 佐藤健生, 앞의 책, 17쪽.

우려했다.

(4)-8-4. 주주총회

요인군의 세 번째는 피해자나 지원자에 의한 기업의 문전에서 하는 항의행동, 인터넷 등을 통한 정보의 교환과 공유, 수많은 집회, 학습회, 강연회에서의 역사의식 심화, 노동조합에서의 논의와 결의, 주주총회에서의 전쟁범죄 고발과 보상을 요구하는 운동, 즉 시민, 피해자, 노동조합, 90년연합/녹색당을 중심으로 하는 야당의 풀뿌리운동이다.

시민 차원에서 심포지엄, 강연회, 학습회 등을 개최해 기업의 대표자를 불러도 기업은 참가하지 않는다. 이에 비해 주주총회에서는 경영진이 주주의 목소리를 전혀 외면할 수 없다. 이미 설명한 것처럼 IG-파르벤은 바이엘, 바스프(BASF), 아그파(Agfa)의 '3사 동맹'에 더해 제1차대전 중에 헤키스트 등이 추가됨으로써 6개의 대화학 기업이 이익공동체 계약을 체결해 성립했다. 전후가 돼 연합군은 기업의 과도한 집중을 배제하고, 거대 콘체른의 해체를 추진한다. IG-파르벤은 자산의 일부를 IG-파르벤 청산회사가 인수하고, 나머지 90%를 바이엘, 바스프, 헥스트 3사가 계승하여 실체적으로 이 3사가 후계 기업이 됐다.[123] 반면 IG-파르벤 청산회사는 1991년 주주총회에서 "'IG-파르벤·지주·부동산청산주식회사'(이하 IG-지주청산회사)로 이름을 바꾸고, 어쨌든 청산의 방향으로 나아가는 것이 확인됐다."[124] 1996년의 시점에서 IG-지주청산회사의 주주 배당은 연간 1억 마르크(약 73억 엔) 이상이 됐다.

'연합비판적주주모임'은 초기부터 IG-지주청산회사와 후계 3개 기

......

123 Jetzt die Verantwortung der IG-Farben an den Verbrechen des Weltkriegs zur Sprache bringen, Antifaschistische Nachrichten, 1995.5.

124 佐藤健生, 앞의 책, 462쪽.

업의 전쟁·전후 책임을 추궁하고 보상제도 설립을 주장해 왔다.[125] 전후 50년이 되는 1995년 이 모임은 다른 그룹과 함께 2,000~3,000명이 참석하는 바이엘 주주총회에서 전단지를 배부해 총회에서 ①IG-파르벤 소유의 모노비츠 '사설' 강제수용소(아우슈비츠 Ⅳ)의 보존과 이를 위한 예산 편성, ②IG-파르벤의 모든 피해자와 유족에게 즉시 적절한 보상을 하는, 특히 모노비츠 '사설' 강제수용소의 강제노동자에게 보상할 기금 창설, ③이러한 예산화에는 1주당 1마르크 배당, ④IG-파르벤의 자료 열람을 자유롭게 하고, ⑤IG-지주청산회사를 해체하고 상거래를 금지할 것 등을 주장했다. 94년 결산에 따르면, 액면 50마르크 1주에 대해 13마르크의 배당이 있었으므로[126] 그 1/13을 거출하라고 하는 것은 그렇게 무리한 주장은 아닐 것이다. 이에 따라 6,000~7,000만 마르크가 모여 충분하지는 않지만 일정 수의 피해자가 보상받을 수 있다.

반면 바이엘은 ①과거의 IG-파르벤과는 별개 회사로, 따라서 권리 승계자가 아니며, ②나치시대의 주제는 총회에서는 어울리지 않고 역사 관련 세미나는 주주총회에 부적합하며, ③히틀러 독일에서는 누구나가 어떤 방법으로 따르도록 강요당했다는 등의 반론을 펼쳤다. 결국 연합비판적주주모임과 다른 연대 그룹은 경비원의 힘에 밀려 회의장 밖으로 쫓겨나고 말았다. 법적으로는 분명 다른 회사일 것이다. 그러나 국내법과 국제법을 위반하고 적극적으로 '사설' 강제수용소까지 설립해 35만 명의 방대한 강제노동자의 생사를 건 노예노동에 의해 발전하고 자본을 축적한 기업이 나치에 의한 '강제였다'고, 마치 '피해자'로

. . . .

125 田村光彰, 「ドイツ企業の戦後反省—ダイムラー·ベンツと IG-ファルベンの場合—」, 『金沢大学·大学教育開放センター紀要』第17号, 1997, 57~60쪽.

126 Jetzt die Verantwortung der IG-Farben an den Verbrechen des Weltkriegs zur Sprache bringen, Antifaschistische Nachrichten, 1995.5.

가장하는 것은 역사의 사실에 반하며 진상 규명의 노력과 성과를 무시하는 처사다.

각지에서 연합비판적주주모임, 전국 조직인 나치정체피박해자동맹(VVN) 등의 심포지엄이 현지 시민운동과 공동으로 개최돼 논의되고 결의된 내용이 주주총회에 제출됐다. 1991년 바스프는 동독 슈바르츠하이데에 남아 있던 IG-파르벤의 강제수용소를 "깜빡하고 실수로"[127] 부쉈다고 답변했다. 대규모 항의가 바스프에 쇄도했다. 이 기업은 자료실을 비공개로 할 뿐 아니라 가스실, 소각로, 수용자들이 묵었던 막사까지 해체했다. 자사 역사에 연결되는 것을 자료실 내에만 봉인하고, 불가능한 것은 지상에서 삭제해 지금 살아있는 사람들의 기억에서도 말살하려 했다. 심포지엄, 토론회, 주주총회 등에서 이 사실이 알려지자 회사는 그 자리에 기념공원 건설을 약속할 수밖에 없었다.

전후보상은 역사적 사실을 인정하고 피해자들의 고뇌를 인지해 책임 소재를 인정하고 사죄하는 것, 그리고 원상회복을 목표로 한 금전적 지불을 하는 것이다. 하지만 이것만으로는 끝나지 않는다. 역사의 기억을 의도적으로 말살시키지 않도록 자료 공개, 역사적 시설의 보존과 공개, 해설사 양성 등 시민이 배울 자리를 유지하는 것도 포함돼야 할 것이다. 노이엔가메 강제수용소는 비석에 "당신들의 고뇌, 당신들의 투쟁 그리고 당신들의 죽음을 결코 잊어서는 안 된다"고 새겨 '당신들의 고뇌, 투쟁, 죽음'을 사회적으로 인지하는 노력을 기울여 왔다. 강제수용소 설치자인 함부르크 시의회와 시민들은 설치 이유를 "이러한 부정을 다시는 되풀이하지 않기 위해서"라고 새겼다. 전후보상은 반복되지 않기 위한 노력까지 포함시켜야 하는 것이 아닌가. 이 노력은 죽은 자에

----

127 Handel mit den "Blutaktion", taz, 1995.8.9.

대한 그리움, 사랑하는 혈육, 연인과의 기억까지 지우려는 자들과의 '투쟁' 없이는 결실을 맺지 못한다.

주주총회에서의 주장은 설령 실현되지 않더라도, 즉 앞의 '1주 1마르크'나 모노비츠 '사설' 강제수용소(아우슈비츠 IV)의 보존 등 ①에서 ⑤까지를 달성하지 못하더라도 그 '투쟁'이 사회적으로 전해져 '전범 기업'의 죄가 독일 내외에 널리 알려지게 되고, 기업은 더욱 그 자세를 추궁받게 된다. 매출 감소와 보이콧의 물결은 확실히 기업을 향해 밀려와 제대로 된 전후보상에 임하도록 촉구한다. 이러한 시민 '투쟁'의 하나로 '속죄의 증표·행동평화봉사'(이하 '속죄의 증표') 운동이 있다. 이 운동의 원류는 나치시대 저항을 했던 몇 안 되는 개신교 고백교회 Bekennende Kirche, Confessing Church에 모이는 사람들이다. 1999년 '속죄의 증표' 그룹은 입법에 의한 기금 창설을 정부에 요구했다. 금액은 강제노동으로 벌어들인 양에 따라야 한다고 했다.[128] 앞의 '〈기억·책임·미래〉 기금에 앞선 보상'의 항에서 설명했듯이 소수의 기업은 지금까지 확실하게 적은 지불을 했지만 그 액수는 기업 측이 일방적으로 결정한 것이다. '속죄의 증표'는 이러한 기업의 이른바 자유재량에 이의를 제기하고, 조성해야 할 기금에 대한 기업들의 출연액은 이익에 비례하도록 제안했다. 이 그룹도 곳곳에서 집회를 조직해 "우리는 관련 기업에 기대한다. 이들이 나치의 비리 연루와 강제노동자에 대한 범죄의 공동책임을 인정하도록"이라고 호소했다.[129]

1998년 9월 27일 연방의회 의원선거가 열려 기존의 기독교민주/사회동맹과 자유민주당의 보수정권을 대체해 사민당과 90년연합/녹색당

· · · · · · · · · · ·

128 Wo bleibt das Schuldenkenntnis?, taz, 1999.10.8.
129 Wo bleibt das Schuldenkenntnis?, taz, 1999.10.8.

양당이 연정을 이뤄 집권했다. 10월 20일 두 당은 연립협정을 체결, 보수정권이 방치해 온 강제노동자에게 보상하는 정책에 합의한다. 특히 강제노동자에 대한 보상뿐 아니라 나치시대의 부정 규명과 다양한 보상문제에 다른 당보다 강한 자세로 임해 온 90년연합/녹색당의 정권 참여는 기금 성립의 원동력이 됐다.

(5) 기금의 성립

지금까지 기금을 창출한 사회적 요인들을 열거해 왔다. 정리하면, ①진상 규명에서는 90년대의 세계적인 노력과 운동을 배경으로 독일에서는 대학 학장의 '회심'에서 알 수 있듯이 나치시대와 현대와의 연속성이 어느 정도는 있다고 밝혀졌다. 스위스의 전쟁책임 규명을 통해 독일이 금괴를 수용자에게서, 또 점령지의 주민과 중앙은행으로부터 약탈한 사실이 밝혀져 국방군의 범죄전을 계기로 신화화된 '청결한 군대'의 해체가 확산됨과 동시에, 그 군대나 친위대와 3인 4각을 이뤄 강제동원·강제노동을 시키던 기업의 실태가 지금까지보다 더 주목을 받아 여론을 환기시켰다. 기업은 자사의 자료실을 공개함으로써 또 기업사를 편찬하면서 방대한 어둠의 역사와 마주할 수밖에 없게 됐다. ②정치적 측면에서는 재미 유대인에게만 '입막음료'를 주려 하거나 강제노동자에 대한 홀대와 전쟁 범죄자를 우대(연금 지급)해 온 사실에서 불평등한 정책, 제도에 비판이 쏟아졌다. 90년연합/녹색당을 포함한 연립 정권의 등장은 정권 측면에서 기금창설에 기여한 것이다. ③이에 사법부를 통해 국제적인 구조 변화가 가세했다. 독일 통일은 '2+4 조약'을 산출했으며, 이것이 강화조약에 상당하다는 판결이 나와 독일 정부와 기업은 런던채무협정을 근거로 강제노동자에 대한 배상 문제를 이미 연기시킬 수 없게 됐다. 또한 연방 헌법재판소의 판단으로 개인이 국경을 넘어 독일 정부를 상대로 소송하는 것이 가능해졌다.

④국제적인 구조에서는 미국에서 진행됐던 집단소송과 주주총회에서의 추궁을 비롯한 시민과 피해자의 사회적 운동은 제품의 불매운동 및 보이콧, 기업합병을 반대하는 운동을 널리 확산시켜 기업에 시장 상실에 대한 위기감을 안겨주고 강제노동자에 대한 보상으로 가는 길을 선택하게 한 최대 요인이 됐다.

(5)-1. 법적 안정성

강제노동 보상기금 〈기억·책임·미래〉는 1999년 2월 17일 슈뢰더 신연립정부와 독일 대기업 12개 사의 기금 창설을 위한 큰 틀의 합의로 2000년 7월 6일 기금 설립을 포함한 재단법안이 우선 연방의회(하원)에서, 후에 연방 상원의 가결을 거쳐 7월 17일 발족했다. 창설에 합의한 12개 회사는 사토 다케오의 분류법을 따르면[130] 다음의 대기업이다. 자동차 업계에서는 다임러 크라이슬러, BMW, VW, 전기·전자에서는 지멘스, 금융에서는 독일은행과 드레스트너은행, 기계·철강에서는 티센크루프, 보험에서는 알리안츠, 화학·귀금속에서는 딕, 화학·약품에서는 IG-파르벤의 후계기업인 바이엘, 바스프, 헥스트다. 이 중 자동차, 전기·전자, 기계, 화학 등 4대 산업은 독일의 대표적인 수출산업이다. 그리고 독일은행과 드레스트너은행은 독일 은행업계의 1위, 3위를 차지하고 알리안츠는 독일 보험업계의 최대 기업이다.

합의부터 출범까지 약 1년 반 동안 몇몇 논점이 확실해졌다. 최대의 논점은 법적 안정성Rechtssicherheit(법적 안전성으로도 번역된다)이었다. 12사는

----

130 佐藤健生, 앞의 책, 23쪽.

대략적인 합의 후 기금 창설의 제1안을 작성했다. 이 안에 창설의 조건이 들어 있었다. 특히 그중 하나가 독일은행이 주도한 "은행·보험업계는 법적 안정성을 얻는다"는 조항이다.[131] 이 은행은 직전 미국 뱅커스트러스트와의 합병에 합의하고 아우슈비츠에 대출해 준 사실이 드러났다. 여기서 독일은행은 합병 반대와 소송에 직면해 있었다. 그래서 기금 창설에는 자사 및 보험업계에 대해 제소된 집단소송이나 개인소송이 각하될 것, 또 앞으로도 재판에 호소해 보상 주장이 이루어지지 않도록 하는 확고한 법적 보증(법적 안정성)을 얻을 수 있어야 한다는 것이 조건이었다. 그 후 이 조항은 기금을 창설하는 재단법에도 받아들여 보상금의 "지급이 이뤄지는 것은 독일 기업의 법적 안정성이 확보됐을 경우만이다"(17조)라고 하여 대상을 전 기업으로 확대했다.

독일 기업 측이 제출한 기금 창설의 조건, 즉 계쟁 중의 모든 소송, 이에 더해 장래의 제소, 재제소를 하지 않는 법적 안정성을 확보하기 위해서 다음과 같은 세심한 주의를 거듭해 조치를 취했다. 우선 ①미국이 관련된 조치로는 대통령 성명과 미독 정부간협정, 미 법원에서 독일 기업을 상대로 한 계류 중인 소송을 기각하는 것이다. 다음으로 ②재단법 자체에서의 법적 안정성 확인과, 나아가 ③독일 의회에서의 동일한 확인 결의다.

미독 간의 거듭된 절충으로 지금까지 미국 측은 기금 규모를 처음 300억 마르크에서 감액해 200억 마르크(약 1조 1,200억 엔)를 주장하고, 독일 측은 15억 마르크에서 증액해 60억 마르크(약 3,360억 엔)의 거출을 제시한 반면, 1999년 11월 25일 단계에서는 미국 측은 최저 100억 마르크, 독일 측은 80억 마르크로 양측이 의견 접근을 보았다. 초점은 법적

· · · · · · · · · · ·

131 Gut für das Kapital, schlecht für die Opfer, taz, 2000.3.24.

안정성을 미국은 어떻게 보증하고, 독일은 어떻게 쟁취할지로 좁혀졌다. 이 단계에서 독일이 '앞으로 보상 청구는 일절 하지 않는다'는 확증을 요구하는 반면, 미국은 클린턴 대통령이 독일 기업을 상대로 한 미국에서의 소송은 '미국의 외교상 이익에 반한다'는 성명을 내겠다는 안을 제시했다. 12월 13일 서한에서 미 대통령은 소송 기각이 미 외교에 이익이 된다는 견해를 밝혔다. 이에 따라 12월 15일 독일 기업 측 기보우스키 대변인은 앞으로의 합의문에는 기금 액수를 100억 마르크(정부와 기업이 각각 50억 마르크씩 거출)로 하며 법적 안정성이 명기된다고 발표했다. 1999년 12월 17일 슈뢰더 총리가 합의 성립과 보상재단 설립 구상을 공식 발표했다.

같은 날 라우 독일 대통령은 오랜 협상 끝에 희생자를 추도하고 생존자에게 독일 국민의 이름으로 용서를 비는 성명을 냈다. "보상은 너무 늦었습니다. 저는 많은 사람들에게 금전 같은 것은 전혀 중요하지 않다는 것을 알고 있습니다. 사람들은 고통을 고통으로 인정할 것을 요구하고 있는 것입니다. 독일의 지배 아래 강제노동을 하지 않을 수 없었던 모든 사람들을 생각하며, 독일 국민의 이름으로 용서를 구합니다. 당신들의 고통을 우리는 잊지 않겠습니다."[132] 라우 성명에 대해서는 협상에 참여한 사람들 사이에서 다음과 같은 칭송 소리가 들렸다. 이 성명은 빌리 브란트 총리의 바르샤바 게토 영웅기념비 앞에서 무릎 꿇고 사죄한 것(1970년)과 독일 패전 후 40주년에 즈음해 연방의회에서 한 바이체커 연설(1985년)에 필적한다.[133] 그러나 기금에 거출하는 기업은 적어 이 시점에서 불과 60개 사뿐이었다. 2000년 7월 6일 법안은 하원

<hr />

132 強制労働─過去を問われた独企業, 強制労働 : 56 年後の償い, NHK 2001.6.30 ウイークエンド・スペシャル.

133 Bundespräsident Rau bittet NS-Zwangsarbeiter um Vergebung, taz, 1999.12.18~19.

에서 가결됐으나 참가를 요청받은 기업 22만 곳 중에서 응한 기업은 3,000사(약 1.4%)뿐이었다.

클린턴 대통령의 성명, 기보우스키 대변인 발표에 이어 2000년 7월 17일 양국 정부 간에 〈기억·책임·미래〉 기금에 관한 협정이 체결됐다. 여기서는 피해자에 대한 지불의 큰 틀과 미국에서의 소송 각하, 미 대통령의 성명이 다시 확인됐다. 그러나 독일 기업의 참가수는 여전히 늘지 않았는데 근거의 하나는 법적 안정성이 불충분하다는 것이다. 출연을 주저하는 기업 앞에 놓여있는 장애물을 한 계단 낮추기 위해서는 미국에서 독일 기업을 상대로 제소한 소송을 대통령 성명에 따라 실제로 각하하는 것이었다. 2000년 11월 13일 뉴저지 주법원은 구두심문 후 46건의 강제노동자의 독일 기업에 대한 소송을 각하했다. 그 이유는 다음과 같이 설명됐다. 즉 미 연방정부가 클린턴 성명 중에서 "이 소송은 미국의 이익에 부합하지 않는다"[134]고 선언했기 때문이라고 했다. 기금 창설에 리더십을 발휘한 '독일경제재단이니셔티브' 12사는 각하를 환영하고 "독일 기업에 대한 영속적인 법적 안정성 창출을 위한 중요한 첫 걸음"[135]이라고 평가했다. 또한 다임러 크라이슬러 재무담당 이사로 12사의 리더격인 맨프레트 겐츠는 "이 판결에 만족하며 다른 소송도 각하되기를 바란다"[136]며 판결을 기뻐했다. 그러나 그가 원하는 '다른 소송'이 간단히 각하된 것은 아니었다.

· · · · · · · · · · ·

134 Marianne Heuwagen, Bundesstaat New Jersey von : US-Gericht weisen Klagen von Zwangsareitern, SZ, 2000.11.15.

135 Marianne Heuwagen, Bundesstaat New Jersey von : US-Gericht weisen Klagen von Zwangsareitern, SZ, 2000.11.15.

136 Marianne Heuwagen, Bundesstaat New Jersey von : US-Gericht weisen Klagen von Zwangsareitern, SZ, 2000.11.15.

2000년 11월 초 뉴욕 연방지법 여성 재판관 셜리 클램은 기금에 출연된 금액이 피해자 보상에 충분한지 의심스럽다고 우려했다. 2001년 2월 28일 그녀는 각하를 연기한다. 이유는 독일 기업이 담당하는 50억 마르크의 거출금이 모이지 않았기 때문이었다. 이 시점에서 14억 마르크가 부족했다. 그녀는 3월 19일 다시 기각할 수 없다고 판단했다. 이렇게 해서 그녀의 담당 소송과 뉴욕 연방지법에 제소된 소송은 계쟁 중으로 남아 있어 독일 기업 측에서 본다면 개별기업이 집단소송으로부터 면책되지 않는 사태가 계속되게 됐다.

지불까지의 2단계, 즉 모든 소송이 각하되고, 이에 따라 독일 연방의회가 기업에 대한 법적 안정성을 보장한다는 단계를 거치는 이상, 독일 연방의회에는 클램 판결 이후 '더 이상의 지연은 정치적으로 유지할 수 없다'는 목소리가 커졌다. 결국 2001년 5월 10일 클램 판사는 3월의 판단을 철회했고, 5월 21일 연방법원에 남아 있던 소송이 모두 각하됐다. 다음 날인 22일 '독일경제이니셔티브'는 나중에 독일 하원에서 법적 안정성 확인이 이뤄질 것을 내다보고 미리 성명을 냈다. 첫째로 보상금의 "지불 조건은 갖춰졌다"라고 했으며, 둘째로 참가 기업은 6,300사로 증가했다는 사실을 제시했다.

5월 30일 하원은 지급을 승인하는 안을 통과시켜 법적 안정성을 확인했다. 다음 6월 15일부터 강제노동자에 대한 보상금 지불이 처음으로 개시됐다. 전후 56년의 긴긴 세월이 흘렀다.

(5)-2. 강제노동 보상기금 〈기억·책임·미래〉

(5)-2-1. 전문 : 법적 책임의 포기

강제노동자에게 보상금 지불을 가능하게 하는 '〈기억·책임·미래〉기금 설립 법안'은 2000년 7월 6일에 연방의회(하원)를 통과했다. 우선 그 전문을 보자.

"독일 연방의회는 다음과 같은 인식을 한다.

나치 국가는 연행, 체포, 착취로 노동을 통한 살육에 이르기까지 그외 무수한 인권침해를 통해 노예·강제노동자에게 중대한 부정을 가한 사실.

나치의 부정비리에 참여한 독일 기업은 역사적 책임을 지고 그 책임을 규명해야 한다는 사실.

독일 경제계의 기금이니셔티브(의 창설)에 결집하는 기업은 이 책임을 스스로가 인정한 사실.

저질러진 부정과 그 부정으로 초래된 인간으로서의 괴로움은 금전적 지불이 이뤄졌다 하더라도 원상회복이 되지 않는다는 사실.

이 법은 나치 정체의 희생자가 돼 목숨을 잃거나 또는 그 후 사망한 사람들에게 너무 늦었다는 사실.

이러한 인식에 따라 독일 연방의회는 나치 희생자에 대해 정치적·도의적 책임이 있음을 스스로 인정한다. 연방의회는 이 사람들에게 가해진 부정을 앞으로의 세대도 잊지 않고 명심하기 바란다.

독일 연방의회는 다음과 같은 전제에서 출발한다. 즉 이 법에 의해, 또 독미정부간협정에 의해, 마찬가지로 미국 정부의 부수적인 성명과 교섭에 참가한 모든 당사자의 공동성명에 의해, 특히 미국에서 독일 기업과 독일연방공화국의 법적 안정성이 충분히 달성된다는 전제다.

연방의회는 연방 상원의 동의를 얻어 이하의 법을 의결했다."[137]

이 전문에서는 "사실이 인지돼 보상에 임하는 자세가 명백하게 기록돼 있다."[138] 즉 ①의회가 인정한 것은 우선 큰 틀에서 나치 국가가

. . . .

137 http://www.compensation-for-f.../060801%

138 佐藤健生,「ドイツ企業の『記憶, 責任そして未来』一強制連行労働者への補償基

강제노동자에게 살육이나 인권침해의 부정을 실시한 것, 다음으로 그 부정에 참가한 독일 기업은 역사적 책임을 지는 것, ②의회는 이 역사적 책임을 독일 기업 스스로가 인정하고 있는 것을 알고 있다. 즉 강제노동에 대한 역사적 책임은 기업도 의회도 인정했다는 것이다. ③그러나 의회가 인정한 역사적 책임은 정치적·도의적 책임이며 법적 책임은 포함되지 않는다. 이 기금의 특징 중 하나는 강제동원·강제노동이 이미 살펴본 것처럼 국제·국내법을 위반했는데도 의회는 이를 인정하지 않는다는 점이다.

단 문구에는 드러나지 않았으나 극히 우회적이긴 하지만 법적 책임을 의식하고 있는 표현인 점도 알 수 있다. 이 전문은 처음에 나치 국가가 '인권침해Menschenrechtsverletzungen'로 '부정Unrecht'을 저질렀고, 기업이 이 '인권침해'에 의한 '부정'에 참여했다고 말하고 있다. 현대의 인권 감각으로 '인권'침해를 해석하면 최소한 자유권과 사회권(생존권)이라는 기본적 인권침해를 의미할 것이다. 이러한 인권은 각국의 근대 헌법이나 전후의 세계인권선언, 국제인권규약 등의 인권 관계 제조약으로 결실을 맺었다. 강제노동은 국가 권력이나 기업의 부당한 신체의 구속으로 인신의 자유를 속박하는 것이다. 강제수용소나 노동수용소, 기타 수용소에는 사상·양심의 자유도, 종교의 자유도 없고 정신의 자유가 박탈되고 있었다. 그뿐 아니라 건강하고 문화적인 최저한도의 생활도 보장되지 않아 생존권 자체를 빼앗겼다. 이 전문에서는 나치 국가도 기업도 모두 이러한 기본적 인권'침해'를 했다고 읽을 수 있다는 점에서, 에둘러서나마 법적 책임을 지는 것을 인정하고 있다고 해석하는 것도 가능하다. 따라서 법적 책임은 문구로써 명시적으로는 인정되지 않지

金」, 古庄正, 田中宏, 佐藤健生, 『日本企業の戦争犯罪』, 創史社, 2000.

만, 행간을 읽어냄으로써 이 책임을 의식하고 있는 표현법이라 할 수 있다. 하지만 누가 의식하고 있다고 볼 수 있는가 하면 그것은 의회다. 결코 기업이 아니다. 기업은 일관되게 법적 책임을 인정하지 않고 있다.

우리 사회에서는 일반적으로 군이 피해자에게 불법적인 행위를 한다면 그 피해자가 어느 나라 사람이든 보상의 의무를 질 것이다. 군에는 법에 따른 보상 책임을 지는 것이지, 개념이 애매한 '정치적', '도의적' 책임이 아니다. 따라서 취해야 할 피해자에 대한 대응은 자유의사에 기초한 '인도적 지원'은 아닐 것이다.

(5)-2-2. 관리위원회

총 20장으로 구성된 이 법은 제5장에 재단 관리에 해당하는 관리위원회를 규정하고 있다. "관리위원회Kuratorium는 27명으로 구성한다"고 정하고 어느 조직의 대표자인지, 또 누구에게 임명될지가 명기돼 있다. 다음에 그것을 기술한다.

임명자 및 대표자	인원수
1. 연방 총리	1(의장)
2. 기업 (재단이니셔티브)	4
3. 연방 하원	5
연방 상원	2
4. 재무부 대표자	1
5. 외교부 대표자	1
6. 대독유대인물적보상청구권회의	1
7. 독일집시중앙평의회, 　 사단법인 독일집시연맹, 국제집시연합	1
8. 이스라엘 정부	1
9. 미국 정부	1

10. 폴란드 정부   1
11. 러시아 연방정부   1
12. 우크라이나 정부   1
13. 벨로루시공화국 정부   1
14. 체코공화국 정부   1
15. 미국 정부 변호사   1
16. 유엔난민고등판무관   1
17. 국제이주기관(설립법 제9조 제2항 제6조)   1
18. 사단법인 나치피박해자조언·상담연방연맹   1

번호 2에서 5까지 13명이 독일 측이 임명한 위원이며, 나머지 13명이 피해자 측에서 참가하는 위원이다. 캐스팅 보트를 쥐는 사람은 1의 독일 총리가 임명하는 의장으로 돼 있다.

(5)-2-3. 파트너 조직과 배분액

기금에서 배분되는 액수는 다음과 같다. '2+4 조약'과 관련해 동유럽에 설립된 '파트너 조직'을 통해 기금은 지불된다.[139]

1. 폴란드공화국을 담당하는 파트너 조직에 18.12억 마르크
2. 우크라이나공화국과 모르다비아공화국을 담당하는 파트너 조직에 17.24억 마르크
3. 러시아연방과 라트비아, 리투아니아공화국을 담당하는 파트너 조직에 8.35억 마르크
4. 벨로루시공화국과 에스토니아공화국을 담당하는 파트너 조직

139 Klaus Körner : Berlin 2000 : Stiftung "Erinnerung, Verantwortung und Zukunft"- Vorrang für die Rechtssicherheit deutscher Unternehmen. In : Der Antrag ist abzulehnen. Konkret Literatur Verlag, 2001, S.24.

에 6.94억 마르크

5. 체코공화국을 담당하는 파트너 조직에 4.23억 마르크
6. 비유대인 유자격자를 담당하는 파트너 조직에 8억 마르크
   위의 1~5개국을 담당하는 파트너 조직 외의 국제이주조직
   (이 중 2.60억 마르크를 대독물적보상청구유대인회의에)
7. 유대인 유자격자를 담당하는 파트너 조직에 18.12억 마르크
   위의 1~5의 국가를 담당하는 파트너 조직 이외
   (대독물적보상청구유대인회의)

(5)-2-4. 보상액

각 강제노동자 개인에게 구체적으로 지급되는 보상액을 살펴보자. 해당자는 기본적인 구조로서 3개 카테고리로 나눌 수 있다. 먼저 카테고리 B부터 밝히면, 여기에 해당되는 사람은 독일 점령지, 지배 지역에서 독일로 끌려가 수용소(노동교육수용소. 민간노동자수용소 등)나 기업 소유의 막사나 공원 등에서 숙식을 하며 강제로 노동에 시달린 사람으로 '강제노동자'의 범주에 속한다. 이 사람들에게는 최대 5,000마르크(2000.7 시점에서 약 26만 엔)가 지급된다. 카테고리 A는 같은 강제노동이라도 강제수용소나 게토를 체험한 사람으로 '노예노동자'로 편입된다. 최대 1만 5,000마르크(약 79만 엔)가 충당된다. 세 번째는 그 밖의 사람으로 예를 들어 인체실험의 피해를 본 사람이 해당된다. 사토 다케오의 '기금의 구체적인 배분액'[140]을 참조해 여기까지를 표로 하면 [표 9]와 같다.

. . . .

140 佐藤健生, 앞의 책, 28쪽.

카테고리 A (노예노동자)	36.3억 마르크
카테고리 B (강제노동자)	44.2억 마르크
그외 사람들	0.5억 마르크
	소계 81억 마르크
비노동 피해에 대한 지급 (은행, 보험회사가 끼친 재산의 손해)	10억 마르크
기억과 미래 기금	7억 마르크
관리 제경비 (관리, 변호사 비용)	2억 마르크
	소계 19억 마르크
	총계 100억 마르크

(5)-2-5. 평가

의의(1) : 역사의 기억 [표 9] 안에 '기억과 미래 기금' 항목이 있고 7억 마르크가 계상돼 있다. 이것은 기금 〈기억·책임·미래〉에 설치된 이른바 '기금 내 기금'으로 강제노동자에 대한 지불과 별개의 용도를 예정하고 있다. 기금설립법 제2조 '기금의 목적'에는 '기금 내 기금' 7억 마르크의 재원을 운용해 그 수익으로 다음의 프로젝트를 조성하도록 규정하고 있다. ①국제이해 ②나치 정체의 생존자 이익 ③청소년 교류 ④사회적 정의 ⑤전체주의 시스템과 폭력 지배가 가져온 억압을 기억하고 ⑥인도적 영역에서의 국제협력 ⑦살아서 전후를 맞지 못한 나치 부정의 희생자를 기념하고, 그 명예를 존중하고, 유족을 위해 사용한다.

여기에는 ⑦의 '유족을 위해서'라는 용도 외에 나치시대 억압기구를 앞으로도 잊지 않을 노력을 후원하는 프로젝트에 대한 지원이 열거돼 있다. 강제노동자에 대한 지불은 당연한 일이지만 역사를 피해자와 함께 기억하고 피해를 준 국가들과의 국제이해를 심화 발전시키는 관점이 있다는 것은 평가할 수 있다. 그것은 노이엔가메 강제수용소 입구의 현판에 있듯이 나치시대의 "부정을 두 번 다시 반복하지 않기 위해" 불가결하다. 나치시대 피해자는 그동안 연방보상법이나 기금설립법 등 여러 보상입법으로 보상받은 사람들만이 아니다. 이 법의 적용을 받지 못하고 누구에게도 도움을 받지 못해 아직도 심신 모두의 후유증이나 트라우마에 시달리는 피해자도 많다.

이 사람들은 걸핏하면 고뇌의 원인이 스스로에 있는 것처럼 생각하고 자책감을 갖는다. 예를 들어 "그때 그곳에 가지 않았다면 연행되지 않았다"라고. 우연히 연행된 당일의 외출을 자신의 책임인 것처럼 자책한다. 금전적 보상에서 빠진 사람들은 최소한 '자기 책임이 아니다'라는 역사인식을 지원하는 프로젝트가 장려돼야 한다. 기금의 재원으로 지원되는 프로젝트는 무수한 무명의 피해 생존자에 대한 생각과 이해를 구하고 있다. 전후보상은 피해자에 대한 금전적 보상, 피해자의 원상회복을 목표로 하는 조치만으로는 끝나지 않는다는 것을 이 기금은 보여주고 있다. 이 점은 평가할 수 있는 시점視点일 것이다. 단 이념에 비해 7억 마르크라는 액수는 너무 적다.

의의(2) : 정치 결착 독일의 초창기 구상에서는 동유럽의 유대인 강제노동자만이 보상 대상이었고 기금에 거출하는 것은 기업뿐이었다. 미국과의 교섭에서 곧 비유대인 강제노동자에게도 확대하며, 정부도 거출하는 것으로 변경했다. 단 기금의 총액을 억제하기 위해 독일은 ①곤궁을 증명하는 경우에만 보상하며 ②보상액은 출신국의 임금 수준에 맞춘다고 하는 안을 통과시키려 했다. 독일 총리부 장관 바흐가 요청한 두 학자는 다음과 같은 제안을 했다. 출신국을 세 그룹으로 나누고 ①구소련권 출신의 강제노동자에 대한 급부를 1로 하면 ②동유럽 출신은 2배

③서유럽 제국은 3배로 한다는 것이었다.

강제노동에 대한 보상은 현재 처한 곤궁의 정도와는 무관한 것이다. 앞서 인용한 재단 설립법의 전문에 의하면 나치 국가의 '중대한 부정', 그 '부정에 참가한 독일 기업'이 현재, '역사적 책임'을 인정하는 데 '금전적 지불'이 불가결했다. 이것이 보상의 근거이지, 현재 피해자의 '풍요로움'이나 '빈곤함'과는 관계가 없다. 세 그룹의 분류와 보상액 구별은 희생자 조직 변호사들의 단호한 반대에 부닥쳐 결국 이 방안은 통과되지 못했다.

피해자들은 고령이다. 만약 개전 시 20세에 연행됐다면 기금 설립 시는 80세 이상이다. 보상받을 권리가 있는 강제노동자가 매월 만 명 규모로 세상을 떠나고 있다. 사망자는 보상 대상에서 제외된다. 후유증과 트라우마에 시달리는 피해자들이 긴급히 보상을 청구하는 것은 당연하다.

일반적으로 전후보상 문제의 해결을 위해서는 행정·사법·입법 각 분야에서의 대응이 필요하다. 강제노동자에 대한 보상의 길이 독일 역사상 재판에서 처음으로 열린 것은 앞의 '기금 성립의 항'에서 말했듯이 1997년 11월 본지법의 판결이었다. 그 이전에는 각하의 역사가 수없이 펼쳐진다. 피해자가 젊고 후유증으로 인한 심신의 고뇌도 없다면 이대로 사법에 의한 해결을 계속 요구할 수 있을지 모른다. 매우 늦긴 했지만 '매월 만 명의 죽음'이라는 현실에 정치가 주목하지 않을 수 없게 됐다. 그 원인은 지금까지 예시해 온 것처럼, 진상 규명을 요구하는 사람들의 노력, 열거한 기업사의 집필, 그리고 집단소송 등이다.

다카하시 도오루에 의하면 "정치의 책임은 국민보다 먼저 걱정하는 것이다"[141]라고 한다. 독일 통일 후 강화조약(2+4 조약)이 맺어져 런던채무협정을 구실로 강제노동자에 대한 보상은 연기할 수 없었을 것인데,

중도 우파의 콜 연립정권은 이 고뇌하는 사람들을 앞에 두고 '먼저 걱정하는 것'은 물론, 뒤늦게나마 걱정하는 일도 결코 하지 않았다. 이 점에서 사민당(SPD)·90년연합/녹색당으로 구성된 새 연립정권의 정치적 해결 의지와 노력은 평가할 만하다.

20세기에 이뤄진 부정은 20세기 안에 해결하겠다는 연립정권의 자세는 2000년 7월 6일 관철됐다. 이날 연립좌파정권의 주도로 '강제노동자보상재단법'(《기억·책임·미래》 기금법)이 연방의회(하원)에서 결의됐다. 기명투표로 진행됐으며 찬성 556명(출석 의원의 약 88%), 반대 42명, 기권 33명이었다. 보수 2당인 기민련(CDU)과 기독교사회동맹(CSU)은 다수파가 찬성표를 던졌다. 민주사회주의당(PDS 옛 동독공산당) 4명은 기권했다. 보수 2당 대변인 보스바흐는 당내 다수파의 대표적 견해를 소개하면서 이 법은 '포괄적이고 최종적'이라고 논평했다. 반면 연립여당인 폴커 벡(90년연합/녹색당)과 야당의 우라 옐프케(PDS)는 강제노동자에 대한 부정과 보상 지연, "공연히 소비한 시기"[142]를 사과했고 SPD는 기업자료 공개를 주장했다.

또한 확실히 강제노동자에 대한 보상은 입법에 의한 조치로 해결해야 할지 모르지만, 연립 2당과 PDS는 독일의 전후보상을 이것으로 '종결'시키려고 하는 의도에는 반대 태도를 표명했다.[143]

문제점(1) : 재판으로 가는 길 기금 창설은 이렇게 해서 연립여당의 강한 의지와 주도 아래 입법을 통한 해결방식을 택했다. 여기에는 동시에 문제점도 내포돼 있다. 첫째, 이 기금은 사법 해결과는 배타적 관계에 있

• • • • • • • • • • •

141 高橋融, 앞의 책, 264쪽.

142 Die Politik hat ihre Pflicht getan, taz, 2000.7.7.

143 Die Politik hat ihre Pflicht getan, taz, 2000.7.7.

다는 것을 전제로 했으므로 재판에 호소하는 길이 닫힌 점을 들 수 있다. 현재와 앞으로 모두 닫힌 것이다. 즉 장래 진상 규명이 한층 더 진행되는 가운데 기업에 자료를 공개하도록 해, 새로운 증거가 나오거나 지금까지 이상으로 나치의 부정이 밝혀져도 신규로 사법에 문제를 제기하는 것은 어려워진다. 또 현재 이 법에 근거해 보상 신청을 했지만 거절당한 강제노동자에게도 재판의 길은 닫힌다. 이들은 법원이 아니라 재단 내부의 '고충처리 접수부서' 정도의 기관에 갈 수밖에 없다. 즉 재단법 제19조 '고충처리 절차'에 따르면 "파트너 조직 안에 독립된 어떠한 지시에도 얽매이지 않는 고충처리 담당부서가 창설된다."

이것은 법치국가의 원리에서 벗어난 조치다. 독일에서는 기본법에 규정된 법치국가의 원칙에 따라 행정법원에 고소의 길이 열려 있어야 한다. 이 기금은 원래 창설의 여러 요인에서 언급한 것처럼 기업 측의 방위책, 즉 기업 이미지 실추와 제품 불매, 보이콧에 대한 강력한 대응책이라는 측면을 갖는다. 집단소송이나 국경을 초월한 시민·피해자의 운동, 연대 행동에 직면한 기업은 개별 기업의 사료를 공개해 전쟁범죄의 핵심에 파고들어 실태를 조사하고, 진지한 반성을 한 다음, 재단을 설립하게 된 것은 아니었다. 나치와 깊은 관계가 있었던 기업이야말로 책임을 먼저 져야 할 텐데도 모든 기업을 대상으로 한 재단을 창설함으로써 전쟁책임을 애매모호하게 하고, 동시에 이 문제를 조기에 매듭짓겠다는 의도가 엿보인다. 그렇다면 현재도 앞으로도 법원에 호소하는 길이 닫히면 문제는 계속 덮여진 상태로 남는다.

원래 기금 창설의 조건은 피해자 측이 미국 법원에 호소해 보상 주장을 하지 않는 것이었다. 입법에 의한 해결의 장점 이면에는 사법적 해결을 포기했기 때문에 개별 기업의 법적 심사를 피하게 하고 기업을 전쟁책임으로부터 '해방'시켜 주는 결점을 가져왔다.

문제점(2) : 수출과 투자 '기금 성립의 요인'의 항에서 설명한 점을 조금 되돌아보자. 나는 이 기금에는 선례가 되는 대처가 2개 있다는 것을 언급했다. 하나는 '법적 책임', '사죄'를 누락시킨 폭스바겐의 '인도적 원조' 기금이며, 다른 하나는 기업과 정부의 '공동' 방식과 소송의 '포기'를 조건으로 한 독미정부간협정이다. 강제노동 보상기금 〈기억·책임·미래〉는 이들 특징을 모두 갖췄다. 동시에 이 기금에는 집단소송이나 국경을 초월한 시민·피해자의 운동, 연대행동에 대한 대항책, 방위책이 현저하게 나타나 있다.

가장 중요한 표현은 독일 대표 람스도르프가 2000년 7월 1일 경제계에 보낸 발언일 것이다. 그에 따르면 ①재단 창설은 미국에서 독일의 이익을 지키게 된다. 구체적으로는 독일의 수출과 투자를 지킨다. ②이를 통해 독일 일자리도 확보된다고 한다. 즉 기업과 노동자 양쪽의 이익을 지키게 되는 것이다. 그러나 특히 기업의 수출과 투자야말로 이 기금의 최대 노림수다. 왜냐하면 기업은 인건비가 보다 싼 입지를 요구해 국내 산업을 공동화시켜 왔기 때문이다. 일자리가 지켜지기는커녕 고용상실을 불러오고 있다. 그런 의미에서 '고용 확보'는 기대할 수 없다. 기업이 실적을 회복해도 고용 확보를 도모하지 않는 것이 시장 만능이 대기업을 흔드는 글로벌화한 현대의 특징이다.

문제점(3) : 상환청구 강제노동자는 보상을 받는 동시에 '그 이상'은 요구하지 않는다는 포기선언Verzichtserklzrung에 서명해야 한다. '그 이상'이란 무엇인가. 이 설명을 하기 전에 유럽의 나치 점령지 곳곳에서 일상적으로 행해진 보험계약에서 볼 수 있는 전후보상의 일례를 논하고자 한다.

나치가 점령지를 확대하자 추축국 독일과 이탈리아의 보험사는 전차 뒤에서 '행진'해 영국 프랑스 등의 보험기업을 구축驅逐해 나갔다. 강제노동과 마찬가지로 군·산·관의 3인 4각에 의한 유럽 보험시장의 점령이다. 점령지에 지점을 개설해 고객을 모집했다. 여기서 피해자의 한 예를 들면 대학 학비에 대비해 아이들을 위해 보험계약을 한 부모가 있었다. 그러나 이 부모는 나치 점령지에서 살아남지 못했다. 아이는 대학에 가지 못했고, 간 곳은 강제연행 장소인 독일 기업이었다. 그 후 여러 강제수용소를 옮겨 다니다가 전후에 살아남았을 때 부모가 몇 년간에 걸쳐 보험료를 지불했다는 사실을 알았다. 계약 서류는 없었지만 보험회사 이름은 기억하고 있었다. 생존자는 만기의 경우 지불을, 또 도중인 경우는 보험료의 일부를 돌려달라고 요구할 수 있다. 하지만 유럽 7대 보험사에 요구해도 받지 못했다.

다른 예를 보자. 1938년 11월 9일부터 10일까지 소수민족에 대한 폭행·학살이 자행됐다. 유대교회가 불타고 유대인이 구타와 총격을 당했고 유대인 여성들과 어린이들이 능욕과 폭행을 당했다. 독일 국내와 병합지 오스트리아의 피해 실태는 습격당한 유대인 상점, 사무소가 7,500채, 방화된 유대교회가 400개, 살해된 유대인이 91명, 강제수용소에 보내진 유대인이 3만 명이라고 한다.[144] 자살자도 잇따랐다. 파괴된 기물, 상점, 주거 및 잃은 생명에 대해서는 보험사가 보상 책임을 진다. 그러나 지불을 하지 않았다. 그 이유로 비아리아인의 예금과 보험은 그 권리를 나치 정부에 양도했기 때문이라고 한다. 전후가 되자 나치 정부의 법적 후계자인 독일 정부는 보험증서 소유자에게 보상했다.

그러나 보험증서를 가진 사람은 계약자 가운데서도 극소수다. 망명을 하고, 전쟁으로 불타고, 다시 수용소에 갇혀 생사지경을 헤매다 전

- - - - - - - - - - -

144 숫자는 小池政行, 『国際人道法』, 朝日選書, 2002, 56~57쪽에서 인용.

후 힘겹게 살아남은 사람들에게 남아 있는 것은 폭력으로 빼앗기지 않는 것, 즉 작은 기억으로, 이것만은 빼앗기지 않으려 사수해 온 자그마한 기억인 보험증서 번호뿐이다.

이제 강제노동 기금으로 돌아가자. 강제노동 보상금을 받으면 보험증서 등에 따른 수급 권리도, 보험료의 일부 환급 권리도 잃게 된다. 포기선언으로 얻을 수 있는 것은 강제노동의 지불 '그만큼'이며, '그 이상'의 권리는 상실된다. 두 가지는 본래 다른 성격을 가지고 있을 것이다. '그만큼'은 강제노동의 보상금이며, '그 이상'은 보험계약에서 얻을 수 있는 것이다. 90년연합/녹색당은 양자를 명확히 나누어 '그 이상'도 보험회사 스스로가 조사해 지불해야 한다고 주장하고 있었다. 사민당, 기업 측은 이를 받아들이지 않고 기금설립법 제3장 2항은 정부와 기업의 거출금을 각각 50억 마르크로 정하고, 기업의 50억 마르크 안에 '홀로코스트 시대의 보험금 청구'도 포함시키기로 했다. 이것만 보면 보험금 지급은 다른 재원을 마련하지 않는 것만으로 50억 마르크 자체에서 지불되는 인상을 가진다. 그러나 원래 100억 마르크 자체로서는 120만 명도, 150만 명도, 혹은 그 이상일지도 모르는 강제노동 피해자의 보상에는 지극히 불충분하다. 이미 말해 온 것처럼 이 기금의 중심은 늦춰진 강제노동자에 대한 보상이다. 피해자에게 지불하고 또 보험금의 지불에 응하는 재원에 여유는 없다. 실질적으로 '그만큼'이 최대였으며, '그 이상'의 지불은 없었다. 아니 '그만큼'의 지급조차 위태로웠다. 기업 거출분인 50억 마르크가 모이지 않기 때문이다. 이 거출의 문제는 나중에 설명하겠다.

문제점(4) : 법적 책임 '인도적 지원'을 위한 '폭스바겐(VW) 보상기금 창설'의 항에서도 설명했듯이 오늘날 독일 기업 중 법적 책임을 인정한 기업은 한 곳도 없다. 예를 들면, VW는 '10명 중 9명이나 죽이는' 직장 환경에서 국제법도 또 노동자에 대한 복지 의무를 정한 국내법도 위반하고 있었다. 독일 금은정련소Degussa는 강제수용소의 수용자로부터 힘으로 빼앗은 금니를 "강요받아 녹여야 했다"고 주장하고 있다.[145] 그 이유는 당시 그 기술을 갖고 있던 기업은 데그사 한 곳밖에 없었기 때문에 의뢰를 받으면 거절할 수 없었다고 한다. 그러나 자료에서 밝혀지는 사실은 살아있는 사람에게서 어쩔 수 없이 금니를 뽑아낸 것이 아니라 적극적으로 군부의 뒤를 따라 금니뿐 아니라 금괴를 찾아 점령 지배 지역에 진출했다. 마치 "악마가 가난한 사람들의 뒤를 쫓듯이"[146] 종업원에게서든지 포로에게서든지 금괴 약탈을 목적으로 했다. 이런 사례는 근로자들에게 안전한 직장환경을 제공하는 국내법에도 위반된다. 아니 국내법이 있는지 없는지에 관계없이 이러한 행위는 용서받을 수 없다. 법 이전의 문제인 것이다.

12개 기업이 이니셔티브를 발휘해 만든 이 기금도 강제노동의 법적 책임이 없다는 입장이다. 심지어 기금 속에 만들어진 관리위원회 규약에는 '죄', '보상의무', '강제노동'이라는 말도 존재하지 않는다. 경제계는 기금 창설 후에도 독일 기업에 호소해 기금에 거출하도록 독려했지만 법안은 재무부가 주도하고 재무부 안에 설치한 심의회가 작성했다. 재무부 작성의 원안에는 '책임'이라고 하는 말도 나오지 않았다. 이는 비판을 받았으며 나중에 〈기억·책임·미래〉가 된 경과를 보면 기금 창설에 저항하는 진영에서 가장 피하고 싶었던 관점이 '책임'임을 알 수 있다. 법적 책임이 부상할 수밖에 없기 때문일 것이다. 앞서 언급한 90

· · · · · · · · · · ·

145 Ulrich Sander : NS-Zwangsarbeit, Das Ringen geht weiter, ak, 2001.1.20.
146 Ulrich Sander : NS-Zwangsarbeit, Das Ringen geht weiter, ak, 2001.1.20.

년대 이후의 진상 규명을 요구하는 시대사조와 기금 창설의 여러 요인을 배경으로, 법적 책임을 주장하는 피해자·시민운동 측과 이를 인정하지 않는 기업·보수정당 측의 타협이 '법적'을 제거한 '책임'의 두 글자로 결말이 났다. 이 경우의 책임이란 앞서 인용한 '기금설립법안'(2000. 7.6에 가결)의 전문에 따르면 '역사적', '정치적', '도의적'인 것이다.

법적 책임은 없으므로 지불 근거는 의무가 아니라 인도적인 지원이 된다. 시혜적이다. '사죄'의 관점도 존재하지 않는다. 죄를 뉘우치고 양심에 따라 반성하는 지점에서 사죄는 시작된다.

문제점(5) : 거출금 재단은 총 100억 마르크, 이 중 기업 거출이 50억 마르크로 출범했다. 그러나 기업의 실제 지출분은 3분의 1 정도에 불과하다. 기업은 분명히 50억 마르크를 거출해야 하지만 나중에 그 절반은 납부한 세금에서 돌아오게 돼 있다.[147] 따라서 실제 거출금은 25억 마르크다. 기업은 미국에서의 법적 안정성 확보를 요구하고, 이것이 보증되지 않으면 거출하지 않는다는 자세를 취하고 있었지만 법적 안정성이 보증되는 대로 세금에서 반환되는 것은 이미 약속돼 있었다. 기업에 부담을 주지 않고 거출을 쉽게 하는 조치다. 정부는 50억 마르크에 더해 기업에 반환되는 25억 마르크 분도 거출한다. 결국 독일 국민의 세금에서 75억 마르크가 재단에 거출하게 된다.[148]

이것으로 끝나는 것은 아니다. 당시 임금은 나치 친위대에게 지급된 경우가 있었으나 노동을 강요당한 강제노동자에게는 거의 지불되지 않았다. 피해자로부터 청구되는 것은 미지불 임금만이 아니다. 이미 설명

147 Marianne Heuwagen : Firmen sollen mehr Geld in Fonds einzahlen, SZ, 2001.2.28.
148 Zwangsarbeit in Hamburg während der Nazi-diktatur, Lokalberichte Hamburg, 2000.2.24, Nr.4.

한 것처럼 금융기관은 미지불 또는 환불을 하지 않은 보험증서, 은행계좌 소유자에게 당연한 일이지만 환불을 하거나 예금을 지급해야 한다. 이 점을 90년연합/녹색당은 재단 창설 시 주장했다. 즉 은행, 보험사가 '아리아화' 하에서 몰수한 은행계좌, 보험증서 등에 대해 피해자의 상환 청구가 가능하도록 연방정부가 소급해 허용하도록 요구하고 이를 기금법에 기재할 것을 요구했다. 그러나 결국 실현되지 않았다. 원래 피해자와 유가족에게 당연히 지급해야 할 이 액수는 "10~12억 마르크가 된다."[149] 이 부분을 빼면 기업의 실제 거출금은 13~15억 마르크에 불과하다. 크라오스 케르너는 미지불 임금을 오늘날 가치로 환산하면 1,800억 마르크(약 10조 엔)가 된다고 한다.[150] 여기에 보험증서나 은행계좌로부터 반환해야 할 금액이 더해진다면 거액의 숫자가 된다. 만일 이 반환분을 넣지 않고 미지불 임금분 1,800억 마르크만을 지불 부분이라 해도, 실제 출연금 13~15억 마르크는 0.72~0.83%에 지나지 않는다. 놀라운 소액이다.

문제점(6) : 거출 기업   1999년 12월 정부 측(독일 정부와 주정부)과 기업 측이 50억 마르크씩의 출자로 합의가 이뤄지자 60개 사가 동참을 표명했다. 그러나 그 후 이 수는 기업 측의 기금이니셔티브를 구성하는 12사가 생각했던 것처럼 늘지 않았고, 따라서 50억 마르크가 모이지 않는다. 그 후 12개 사와 피해자 단체, 시민운동, 노동조합, 나아가 저명인이나 지자체도 기업에 호소하고, 또 스스로가 참가 표명을 함으로써 액수를 늘리는 대응책을 강구한다. 여기에서는 이 증액을 위한 노력과 대처에

· · · · · · · · · · · ·

149 Vgl. Klaus Körner, a.aO., S.136.

150 Vgl. Klaus Körner, a.aO., S.136.

대해 소개한다. 법안이 가결된 지 반년 이상 지난 2001년 2월 말까지 기업 지출분 중 14억 마르크가 부족했다.

2000년 2월 기금이니셔티브는 영세업체를 제외한 22만 개 기업을 대상으로 상공회의소를 통해 서한으로 기금에 거출하도록 했다.[151] 나치시대에 강제노동자를 혹사한 기업뿐 아니라 전후에 설립된 기업에도 호소문은 전달됐다. 대답을 보내온 기업은 상공회의소에 의하면 0.6~1.4%였다.[152] 각사 거출금의 최저기준은 매출액의 1,000분의 1이다. 왜 모든 회사가 대상으로 됐는가. 이유의 하나는 어느 기업이 강제노동자를 사용했는지 아닌지에 관계없이 강제노동이 나치시대의 독일 산업계 전체를 윤택하게 한 것, 그에 따라 전후의 독일이 번성했다는 점을 들 수 있을 것이다. 다른 하나는 많은 기업이 참가함으로써 보류해 온 강제노동의 보상에 임하는 자세를 적극적으로 어필해 국제시장에서 이미지를 좋게 하려는 전략이 있다.

이에 대해 기업들의 반응은 매우 좋지 않아 경제계 리더들은 50억 마르크 지불에 동의하지 않을 뿐 아니라 보상 그 자체에도 찬성하지 않았다. "'보상'이 되면 경제계의 분위기는 얼음처럼 된다"[153]고 했다. 주간신문 『디 차이트』에 따르면[154] 상공회의소 회원들 중에는 '갈취', '괘씸한 일'이라는 반응과 자신들이 '국제적인 음모조직에 의한 희생자'라고 하는 극우조직에서 흔히 볼 수 있는 '음모설'부터 '힘들여 번 돈을 뜯긴다'라는 '피해자' 의식까지 갖는 경우가 있어 대부분 거출에 등을 돌렸다. 특히 전후 설립된 기업에는 왜 "과거의 극복에 분담금을

• • • • • • • • • • • •

151 Eva-Maria Thoms, Ahnungslos und widerborstig, Die Zeit, 2000.5.18, No.21.

152 Eva-Maria Thoms, 앞의 글.

153 Eva-Maria Thoms, 앞의 글.

154 Eva-Maria Thoms, 앞의 글.

지불하지 않으면 안 되는 것인가"[155]라는 불만이 강했다.

그런데 나는 우선 나치시대에 노예 이하의 노동을 강요한 2,500여 개 회사가 가장 먼저 거출해야 한다고 생각한다. 게다가 강제노동이 독일의 전 사회에 '이익'을 가져와 독일 사회가 전후 '제로시'[156]로부터가 아니라 그 축적을 토대로 시작한 점을 고려해 전후 설립된 기업에도 '협력'을 호소해야 한다고 생각한다. 강제노동자를 혹사한 기업이 추궁받아야 할 책임은 국제·국내법을 무시한 국방군이나 나치 친위대와 일체가 되어 전쟁에 가담하고 때로는 전쟁을 솔선해 일으킨 전쟁책임, 그리고 전후 피해자를 그대로 방치해 원상회복을 게을리해 온 전후책임이다. 강제노동을 시킨 '죄'와 전후책임을 자각해 사죄를 해야 한다. 강제노동자를 혹사시키는 시대에 존재하지 않았던 전후의 기업에는 당연한 일이지만 '죄'는 없다. 전후 설립된 기업을 포함해 22만 사에 동등하게 거출을 호소하는 것은 2,500사의 전쟁·전후책임과 '죄'를 애매모호하게 한다. 그중에서도 IG-파르벤, VW, 독일은행, 다임러 크라이슬러 등 재단 창설 12사를 포함한 거대 콘체른과 그외 기업의 책임과 '죄'는 동등할 수 없다.

나아가 연행 당시 국가나 지역의 경계를 이동했는가에 따라 보상 자격이 다른 점도 문제다. 독일에 끌려왔을 경우 또 다른 점령지로 끌려간 경우는 보상 대상이 되지만 조국이나 점령지에서 붙잡혀 그대로 그곳에서 강제노동을 한 경우에는 보상 자격이 없다.

· · · · · · · · · · · ·

155 Eva-Maria Thoms, 앞의 글.
156 독일사에서 제2차 세계대전의 항복을 맞이한 1945년 5월 8일을 가리킨다.

(5)-2-6. 거출시키기 위한 노력과 운동

기업 거출분을 50억 마르크에 근접시키기 위해서는 거출 기업수를 늘리든지, 한 회사 당 거출금을 증액시키든지, 아니면 양쪽을 실현해야 한다. 단 각사의 거출금은 비공개다. 따라서 '거출액이 적다'라는 이유로 각사에 증액을 강요하는 것은 운동으로서 전개하기 어렵다. 그래서 여기서는 거출 기업수를 늘리는 노력과 운동을 ①피해자 단체, ②경제 이니셔티브, ③노동조합의 활동에서 보기로 한다. 이는 지금까지 언급한 것과 중복되는 부분이 있기는 하지만 거출시키려는 노력을 설명하고 그 윤곽을 드러내기 위해서다.

기금 총액의 변천 이미 말했듯이 1997년 11월 5일 독일 재판 사상 처음으로 강제노동자에게 보상하라는 판결이 본지법에서 나왔다. 그리고 98년 이후는 미국에서 독일 기업을 상대로 집단소송이 이어진다. 이에 대한 대응책으로 독일 안팎에서 독일과 유럽 기업에 의한 기금 창설이나 '인도적 지원'에 따른 지불이 계획된다. 예를 들면 독일 보험기업 알리안츠는 유대인 3개 단체와 교섭해 20명의 희생자에게 보상금을 지불한다고 성명을 발표했으며(98.4), VW는 기금 설립을 표명했고(98.7), 드레스덴은행은 8만 마르크를 강제수용소 수용자에게 지불했으며(98.8), 취리히보험(스위스)은 유럽 보험회사로서 '처음으로 화해금 지급을 지불한다고 발표'했다(98.8).[157] 보험기업 제너럴리(스위스)도 화해금 1억 달러를 지불하겠다고 했다(98.8).

98년 10월 독일에서는 새로운 연립내각이 탄생해(사민당+90년연합/녹색당), 양당의 선거공약인 보상기금의 설립이 가속된다. 독일, 프랑스, 스

· · · · · · · · · · · ·
157 『每日新聞』, 1998.8.21, 中井良則 특파원.

위스의 유럽 보험 6사가 '홀로코스트 기금' 창설에 합의했으며(98.11), VW는 먼저 표명한 기금으로부터의 지불을 개시했다(98.12).[158] 기금 창설에 부정적이던 독일산업연맹도 앞서 언급한 기금 설립을 촉구하는 몇 가지 사건과 속속 설립에 나서기 시작한 기업들을 외면할 수 없게 됐다. 미국에서의 집단소송과 시민·피해자의 목소리는 날로 커지면서 독일 제품의 보이콧, 미국과 독일 기업의 합병 반대, 또 '미국 시장에서 퇴출시킨다'는 사회적 압력이 갈수록 증폭됐다. 미독은 양 정부 간 협의에서 나치 체제의 희생자에게 보상하는 것에 합의한다.

과거 최고의 세전 이익을 올려 세계의 은행 총자산 순위 1위를 차지하고(모두 98년도), 아우슈비츠에도 융자했던 독일은행은 창설을 예정하는 기금에의 참가를 표명했다(99.2). 슈뢰더 총리의 〈기억·책임·미래〉기금의 창설 성명을 거치고, 기금이니셔티브 측도 같은 의사표시를 한다. 단 기업 측 참가의 최대 조건은 독일이 미국에 향후 보상 요구는 실시하지 않는, 즉 독일 기업을 상대로 소송을 하지 않는다는 법적 보증을 해달라는 것이었다.

이후 이 법적 안정성을 어떻게 확실히 할 것인가를 둘러싸고 미·독은 논쟁한다. 독일 전권위원(총리대리)이 혼바흐 총리부 장관에서 전 경제상 오토 람스도르프(자유민주당)로 바뀔 무렵(99.7), 교섭은 본격화된다. 같은 달 말 미국 캘리포니아에서 나치와 그 동맹국이 부과한 강제노동에 대한 제소를 쉽게 하는 주법(헤이덴법)이 제정된다. 이 법은 다카하시 도오루에 의하면[159] ①출소出訴 기간을 2010년까지 연장해 ②소송 제기 대상을 자회사나 후계 기업에까지 확대해 ③손해의 보상액을 현재 가

• • • • • • • • • • •

158 『朝日新聞』, 1999.2.9, 桜井元 특파원.

159 高橋融, 앞의 책, 264쪽.

치로 청구하는 것을 가능하게 했다.

미국에서의 법적 안정성을 보장하려면 집단소송을 각하해야 한다. 그러나 한편으로 캘리포니아 주의 헤이든법은 다른 주에도 확산돼 소송은 출소 기간도, 대상 기업도, 보상액도 강제노동자의 제소에 유리한 조건을 갖게 됐다. 이후 소송을 각하시키려는 독일 측의 압력과 새로운 집단소송을 제소하는 피해자, 시민운동 측의 경쟁이 계속돼 미독 교섭에 반영된다. 99년 10월 6일 이후 협상은 뉴욕에서 이뤄지는데 독일 경제계 기금이니셔티브 대변인 볼프강 기보우스키는 강제노동자 측과 독일 측(정부와 기업)의 주장이 기금 총액에서 너무 차이가 크다는 점, 그리고 독일 측이 금액으로 타협하기 위해서는 "독일 기업을 더 이상 고소하지 않는다"는 법적 보장이 필수 조건임을 강조했다. 독일 경제계 기금이니셔티브는 법적 안정성을 확보할 수 있다는 전제 아래 기업에 기금 거출을 호소하기 시작했다.

미독은 첫 주장인 기금 총액 '미국 300억 마르크, 독일 15억 마르크'는 '200억 마르크, 60억 마르크'를 거쳐 '최소 100억 마르크, 80억 마르크'(99.12.7)까지 양측이 의견 접근을 보았다. 달리 말하면 이 단계에서도 미국이 최소 100억 마르크의 기금 총액을 주장했지만 독일은 이를 거부하고 대신 80억 마르크를 제시하며 법적 안정성을 완강히 계속 주장했다.

대독물적보상청구유대인회의의 노력 법적 안정성의 확보가 이뤄지지 않은 점을 구실로, 강제노동을 시켰으면서도 기금의 참가를 기피하는 기업을 타깃으로, 1999년 12월 8일 대독물적보상청구유대인회의는 전국지인 일간지 『타게스차이퉁(taz)』에 255개 기업명을 공표했다. 여기에는 회사명을 바꿔 입지를 옮기거나, 또 미국에 진출한 기업도 포함돼 있었다. 공표는 나름대로의 효과를 낳았고, 다음 해 1월 28일 50여 개 회사가 참가를 표명했다. 법적 안정성은 대통령 성명(99.12.13), 미독정부간 협정(동), 미국 법원에서의 소송 각하(01.5.21)와 독일 의회에서의 확인결의(01.5.30) 등 행정·사법·입법의 장에서 확립해 간다.

독일 정부는 한 번 방침을 전환하고 정부는 거출하지 않는 방향을 제시했지만(99.2.12), 피해자 측의 요구액과 기금 총액에 차이가 너무 크다는 점을 고려한 것도 한 요인이었으며, 슈뢰더 총리는 정부도 참여하는 공동출자로 기업 측과 합의를 이뤘다고 발표했다(99.12.17). 대독물적보상청구유대인회의는 2000년 1월 27일 재차 149개 기업명을 웹사이트에 공표했다. 이번에는 특히 베를린의 기업 79개 사가 강제노동자를 혹사시켰으면서도 기금 참가를 거부하고 있는 실태가 드러났다. 제3제국의 수도였던 베를린에는 1,000개 이상의 노동수용소가 존재했다. 영화제작사 우파, 출판사 우르슈타인 등 저명한 회사들이 포함돼 있었다. 하르츠에 거점을 두고 있는 카막스 베르케, 뮌헨글라드바흐의 샤이트운트 바흐만, 프리트리히스하펜의 츠에펠린 등이 즉시 참가를 표명했다.

대독물적보상청구유대인회의는 기업을 폐쇄하고, 회사명을 바꿔 법률상으로는 '후계 기업'이 아니라고 하는 기업이나, 병합·합병 또는 법적 형태의 변경이 이뤄진 것을 이유로 보상책임을 거부하고 있는 기업에 대해서는 역사적, 재무상의 관계가 있다는 주장으로 이들 기업을 포함해 공표했다. 기업을 폐쇄하고 합병은 할 수 있다. 그러나 역사를 지울 수는 없다.

기업 측의 노력　참가 기업 수는 점차 늘어 3월 말 약 600개 사가, 5월 중순에 약 2,000개 사가 신청했다. 금액으로는 기업 출자분 50억 마르크 중 21억 마르크가 모이지 않았다. 2000년 5월 25일 주간신문 『디

차이트』는 독일 경제이니셔티브 12개 사의 광고를 한 면에 걸쳐 게재했다. 대독물적보상청구유대인회의의 두 차례에 걸친 공개는 노동을 강요해놓고도 참가하지 않은 기업명이었지만, 경제이니셔티브의 경우는 참가를 표명한 기업명 2,215개를 밝혀 반대로 계속 거부하고 있는 기업을 부각시키려 했다. 후자가 빛이 닿는 부분을 보여줌으로써 그림자 부분에 사람들의 눈길이 가게 하는데 반해, 전자는 단도직입적으로 그림자 부분에 서치라이트를 비췄다. 경제이니셔티브의 기본 자세가 잘 드러나 있으므로 전문을 인용한다.

우리는 오늘 2,215개 사에 감사한다.

우리는 앞으로 독일의 모든 기업에 감사할 날이 올 것이다──독일 경제계가 주창하는 기금이니셔티브에 거출해주신 것에 대해. 우리는 이 연대행동을 통해 나치 정체에 의해 지극히 가혹한 체험을 하지 않으면 안 됐던 사람들에게 원조를 하고 싶다. 우리는 독일 산업계 전체의 역사적·도덕적 책임을 인정한다. 이때 각 기업이 나치 정체에 포함돼 있었는지 어떤지, 또 포함돼 있었다면 어느 정도인지, 혹은 개개의 기업이 전후가 되어 처음으로 설립됐는지는 문제가 되지 않는다. 중요한 것은 화해를 향해 나아가는 것이다. 우리는 재단을 만들고 특히 이 재단에 설치되는 미래기금을 통해 국제간 공조에 기여하며 인권존중을 강화하는 프로젝트를 장려한다. 재단의 설립 계획을 성공시키기 위해서는 100억 마르크가 필요하다. 이 중 절반은 연방정부가, 나머지 절반은 독일 경제계가 모은다. 우리는 모든 기업이 재단 설립에 참여할 것을 요청한다. 만일 모든 기업이 연간 매출액의 적어도 0.1%를 거출하면, 세계에서의 독일 및 독일 기업의 명성을 높이고, 동시에 법적 평화를 계속 장래에 걸쳐 만들어내는 것에 도움이 될 것이다. 참가함으로써 기금이니셔티브 〈기억·책임·미래〉의 이념은 현실화된다.

전화 주시기 바랍니다. 030/20609-200

독일 경제계 기금이니셔티브 〈기억·책임·미래〉

로르프 E. 블로이어 박사, 만프레트 겐츠 박사[160]

여기에는 2000년 2월 기금이니셔티브가 상공회의소를 통해 22만 회사에 기금 거출을 요청한 취지와 같은 관점이 표현돼 있다. 그 하나는 강제노동을 시킨 적이 없는 '죄'없는 기업과 '나치 정체에 편입돼' 강제노동을 시킨 '죄'도, 전쟁·전후 책임도 있는 기업과의 차이를 '문제시' 하지 않음으로써 후자의 '죄'라고 책임을 애매모호하게 하고 있다. 다른 하나는 이들을 모호하게 함으로써, 말하자면 '모든 기업의 총 참회'를 기치로 하고 있으므로 사죄도 없고, 따라서 '원조'라는 시혜 관점이 나타나 있다. 마지막은 세계시장의 경쟁에서 이길 수 있다는 메시지를 암시하는 '독일 기업의 명성'을 언급함으로써 기업이 가장 우려하는 법적 평화, 법적 안정성은 확보할 수 있다는 희망적 관측이 나오고 있다는 것이다.

나치정체피박해자동맹의 노력 법안이 하원을 통과하고 며칠 뒤인 7월 17일 현재, 기금이니셔티브에 3,000여 기업이 참여했다. 그러나 2000년 11월 13일 단계에서 16억 마르크가 부족한 상태다. 아우슈비츠 강제수용소의 생존자들이 결성해 전후보상을 비롯한 평화운동에 지극히 열심히 임하고 있는 나치정체피박해자동맹(VVN)은 2001년 1월 30일 함부르크

. . . .

160 Wir bedanken uns heute bei 2215 Unternehmern, Die Zeit, 2000.5.25.

의 마키노 콘체른 앞에서 시민과 마키노 직원을 대상으로 전단지 배부 등 정보 선전활동을 전개했다. 함부르크 시의회에서 전후보상에 임하는 '레이겐보겐'과 의원과의 공동 행동이었다. 1868년 창업한 하르덴라이히 운트 할벡은 공작기계를 전문으로 하는 공장을 갖고 있으며, 함부르크의 비젠담 공장에 350명의 강제노동자를 투입했다. 1943년 회사 전체 생산의 60%는 무기 탄약류였다. 1987년 대부분이 일본 기업 마키노 콘체른 산하에 들어간다. 그리고 1999년부터 모기업 마키노라는 이름을 쓴다. VVN은 시의회 의원들과 함께 강제노동의 부정한 시스템을 이용해 이윤을 올렸음에도 재단에 1마르크도 거출하지 않는 마키노의 방침을 비판하며,[161] 회사가 피해자들의 원상회복에 책임이 있음을 호소했다.

항구도시 함부르크에서는 제3제국시대에 공기업을 포함한 거의 모든 기업이 강제노동자를 법의 보호 아래 두지 않고 잔인하게 사용했다. 노이엔가메 강제수용소 및 이에 군집하는 수용소군은 강제노동의 한 면인 혹사·살육의 좋은 예다. 지금도 여전히 '옛 한자도시'로 군림하는 이 항구에서의 가혹한 노동에는 하역 작업이 있었다. 열악, 빈약한 음식, 주거 환경에서 계속 생존하기 위해서는 하역에 적합한 강인한 육체를 유지하는 것이 가장 중요한 조건이었다. 말하자면 '일소'가 힘이 없어지면 처분된다. 제3제국의 함부르크가 쌓은 부는 '일소'의 강인한 '골격'이 만들어냈다. VVN은 시 공기업에도 참가를 촉진하고 있다. 또한 마키노와 함께 1월 30일까지 재단에 거출한다는 의사표시를 하지 않은 함부르크의 기업명을 공표했다.

• • • • • • • • • • • •

161 ZwangsarbeiterInnen eingesetzt, keine Entschuldigung gezahlt(REGENBOGEN und VVN protestierten vor Makino-Geschäftsführung verweigerte Bürgerschaftsabgeordneter Gespräch) Lokalberichte Hamburg, Nr.3, 2001.2.8.

노동조합의 노력 2001년 2월 28일 기업 측의 기보우스키 대변인은, 현시점에서의 부족분은 14억 마르크며 기금이니셔티브는 독일 기업을 3그룹으로 나누어 각각 편지를 보내 증액을 요청한다는 구상을 발표했다. 그에 따르면 ①매출액의 1,000분의 1을 거출한 기업 ②1,000분의 1보다도 적게 거출한 기업 ③전혀 거출하지 않은 기업으로 나누어, ①에는 50%의 증자를, ②에는 1,000분의 1에 이르도록, ③에는 참여를 호소한다고 한다. 마침 이때 뉴욕 연방지법의 클램 판사는 남겨진 마지막 집단소송을 각하하지 않고 재판을 연기하고 있었다. 이유는 독일 경제계가 기금을 예정대로 모으고 있지 않다는 점이었다. 기금이 모이지 않아 강제노동자에 대한 보상이 이뤄지지 않는 사태가 생길지도 모르는데, 소송의 길을 끊어 버리면 피해자들에게는 구원의 손길을 뻗칠 수 없다.

이러한 사태를 우려한 것은 클램 판사만이 아니다. 2001년 3월 18일 공공노조에 해당하는 공무·운수·교통노동조합(ÖTV)은 새로운 조직으로 바뀌기 전의 마지막 전국 조합대회를 열어 만장일치로 다음과 같은 결의를 채택했다.[162] 전후 56년이나 지났는데도 여전히 강제노동의 피해자 약 150만 명에게 보상이 이뤄지지 않은 것에 "분노한다". 피해자는 오늘도 여전히 보상을 기다리고 있다. 1마르크의 거출도 거부하고 있는 기업 중에는 독일 경제계가 나치시대 수백만 명의 강제노동자를 범죄적으로 착취함으로써 짊어진 무거운 죄를 오늘도 전혀 의식하고 있지 않은지, 의식하고 있어도 지극히 부족한 죄의식밖에 갖지 않는 기업이 많다. 여기까지는 총론적인 결의며, 이하에 각론이 계속된다.

ÖTV는 연방정부에, 연방의회의 정당들에, 주와 지자체에, 기업에, 마지막으로 동료 노조원들에게 이 사태를 타개하기 위해 무엇을 해야

••••••••••••

162 Sofortige Entschädigung von NS-Zwangsarbeiter/innen, Antifaschistische Nachrichten, 2001.3.22. Nr.6.

하는지, 행동의 요청을 각각에 대해 실시했다. 우선 연방정부에는 경제계에 굴하지 말고 전력으로 미국에서의 집단소송을 정지시키는 노력을 함으로써 조속한 시일 내에 피해자에게 지급을 개시할 것을 호소했다. 의회 각 정당에 대해서는 미국의 집단소송이 정지됐다면 즉시 기금 설립법에서 요청된 경제계에의 법적 안정성을 확인하고 피해자에 대한 지불에 승인을 하도록 요청했다. 결국 정부와 의회에는 미국의 집단소송 각하→독일 연방의회에서의 '법적 안정성' 인정→지불 개시, 이러한 일련의 프로세스를 신속히 진행하도록 요청한 것이 된다. 또 기업에는 즉각 재단에 대한 거출을 끝내고 "독일사의 어두운 단면을 규명하기 위해 각 자료실을 일반에 공개하라"고 요구했다.

그런데 피해자들이 보상 신청을 하려면 국가·주·시·군 등 행정 당국이 피해자의 의뢰에 따라 자료를 찾고 정리해야 한다. 아무리 훌륭한 보상법이나 재단 설립법이 문장으로 만들어져도 실시 단계에서는 피해자와 행정 당국자 사이의 인간 대 인간의 생생하고 진술한 대화가 기다리고 있다. 각국의 파트너 조직이 사무절차를 담당하기는 하지만 피해자나 관련자들은 머나먼 동유럽에서 직접 독일을 방문해, 56년의 세월이 지나 말, 습관, 기후가 다른 곳과 관공서에서 문의를 하는 경우가 예상된다. 공무·운수·교통노동조합은 이러한 사람들을 상정해 동료들에게 배려와 상냥함을 담은 대응을 하도록 호소하고 있다. 그중 하나는 이국 땅에서 찾아온 피해자는 아마도 신청 마감 마지막 달, 주에 독일 당국에 몰려들 것이고, 자신들이 고뇌하고 죽음의 문턱에서 노동을 강요당했음을 증명하는 자료를 찾아 창구로 몰려들 것이다. 그 대목에서 "동료 노조원에게 요망한다. 희생자의 요청에 즉시 그리고 우선적으로 응할 수 있도록", 그리고 자료를 찾고 조사를 위해 필요한 일을 꼭 해달라고.

(5)-2-7. 스스로 거출하는 노력

기업에 대해 '거출시키는' 노력을 기술해 왔지만, 여기에서는 스스로가 '거출하는' 시도에 대해 논하고자 한다. 베를린에 본사를 둔 전국 일간지 『타게스차이퉁(taz)』의 이사회는 법안이 연방의회에서 통과되기 이전에 다음과 같은 결의를 했다. 회사의 연간 매출의 0.1%에 해당하는 3만 5,475.34마르크를 자주적으로 거출할 것, 그리고 자사의 전 직원에게 호소해 연봉의 0.1%를 모금할 것을 제시했다. 조금 늦게 연방의회 통과 당일 신문·출판사 등 몇 회사가 거출을 표명했다. 전국지 『프랑크푸르터알게마이네』, 『프랑크푸르터룬토샤오』, 『남독일신문』, 『포르투브링크』, 『브루다』, 『베스트도이체알게마이네』 등이다. 거대 매스미디어인 슈푸링어는 공동으로 500만 마르크(약 2,600만 엔)를 낼 것이라고 한다. 신문·출판사는 현대사회에서 정보의 발신, 전달의 중심적 기능을 수행하고 있는 만큼 자신의 기금 참여로 거출하는 기업을 늘리는 데 큰 역할을 했다.

또 노벨상 작가 귄터 그라스, 언론인 카롤라 슈테른, 교육학자 하르트무트 폰 헨티히는 공동으로 모든 성인에게 호소해 1인당 20마르크를 거출하도록 성명을 냈다. 전후 출생자들에게는 전쟁 자체의 책임은 없다. 그러나 독일이 일으킨 전쟁으로 고생하고 손실을 입은 사람이 그대로 방치돼 있다면 그 책임은 '전후책임'으로서 현대인에게도 있다. 성인이 '커피 두 잔분'을 솔선해 내줌으로써 강제노동자에 대한 전후책임의 일부분을 맡게 하려는 것이다.

(5)-2-8. 지자체의 거출

앞에서 기업에 대해 새롭게 거출시키려는 시도와 거출금을 증액시키려는 시도에 대해 살펴봤다. 상대는 독일 기업이며, 요청하는 주체는 기금이니셔티브, 피해자, 노동조합이었다. 성립한 재단 설립법은 기업과 정부 외의 단체, 개인으로부터의 거출도 상정하고 있다. 제3조 3항은 다음과 같이 강조하고 있다. "재단은 제3자로부터 기부받을 수 있다. 재단은 기부를 받기 위해 노력해야 한다. 이 기부는 상속세, 증여세를 면제한다."

'제3자의 기부'와 관련한 예로서 우선 지자체의 거출을 볼 수 있다. 슈뢰더 총리가 정부와 기업이 50억 마르크씩의 공동기금에 합의했다고 발표한 99년 12월경 뮌헨, 뷰데스도르프, 브란덴부르크, 케니히스 부스터하오젠 등 각 시는 조속히 기금에 참여하겠다고 밝혔다. 본래 도시라 해도 강제노동과 무관치 않다. 여기서 기업과 동시에 도시, 농촌 그리고 개인 가정에 주목함으로써 강제노동의 전체 윤곽을 처음으로 파악할 수 있다. 각 도시에는 공기업체 노동 등 그 도시의 독자적인 강제노동이 있었으며, 일반적으로 공통된 점은 지자체가 특히 전시에 실시하는 육체노동을 외국인 강제노동자에게 시킨 것이다. 즉 폭격당한 도시는 복구돼야 하며, 폭파돼 붕괴된 건물의 잔해를 철거하고, 단절되고 파괴된 도로와 다리는 즉시 복구할 필요가 있다. 철거하고 복구하는 와중에 제2차, 제3차 폭격이 집중할지도 모른다. 외국인 노동자는 자신의 아군인 연합군의 폭격에 대한 공포 속에서, 실은 죽을지도 모르는 상황에서 이러한 노동을 강요당했다.

브란덴부르크 동독에 속한 브란덴부르크는 하벨 강에 면한 오래된 마을로 독일에서는 중규모의 도시다. 이전에는 광대한 부지를 갖춘 프릭사와 오펠사가 입지하고 있었다. 정치범 교도소나 '가치 없는 생명'과 단죄 받아 살육된 사람들의 수용처인 '정신병원'이 있었다. 이곳은 "안락사 탄생의 장소며, 독일에서 처음으로 가스 학살이 행해진 시설이다."[163] 나치시대에는 1만 5,000명의 강제노동자가 혹사당했다. 당시 시 인구의

5분의 1이다. 플릭, 오펠은 물론이고 도시의 복구뿐 아니라 길모퉁이 구두점 주인조차 폴란드에서 연행해 온 사람들을 강제로 노동하게 했다. 도제 제도를 배경으로 독일인 구두 장인과 도제, 견습공은 장비를 총으로 바꿔들고 전장으로 끌려갔다. 주인은 외국인 강제노동자의 '보조 노동' 없이는 가업인 구두점을 유지할 수 없었다.

기부는 시의회 모든 정당의 찬성으로 결정했다. '역사를 생활의 일부로'라는 표어가 생겼다. 기부를 계기로 과거의 시가 어느 수준까지 강제노동을 통해 나치 체제와 관계를 맺었는가 하는 관점에서 시는 콘서트를 개최하고 전시, 영화, 증언을 통해 시민들에게 과거를 확실히 직시하고, 역사의 진상을 알고, 배울 기회를 제공했다. 거대 콘체른의 자료실에는 출입을 거부당하는 시민도, 옆집 구두점 주인부터 시작하는 진상 규명에의 접근은 가능하다. 구두점 주인은 '증언자'가 돼 체험을 이야기했다.

케니히스 부스타하오젠 베를린에서 북쪽으로 가면 작센하우젠과 라벤스브뤼크 강제수용소가 존재하지만 반대로 남쪽으로 한 시간 정도 내려가면 케니히스 부스타하오젠이란 도시가 나온다. 나치의 부정에 순응한 것은 크고 작은 기업이나 농가뿐 아니라 지자체도 그랬다. 이 시에는 기간 수용소 작센하우젠을 둘러싼 위성 수용소가 다수 있었으며 수용동의 수는 약 800을 헤아린다. 강제노동자도 유럽 전역에서 데려왔기 때문에 아이러니하게도 "케니히스 부스타하오젠은 지금보다 훨씬 '국제적'이었다"고 한다.[164] 기금에 참가하기로 결정한 시는 곧바로 집중

• • • • • • • • • • • •

163 Regina General : Mehr Obolus, weniger Entschädigung, Freitag, 2000.2.11.

164 Regina General : Mehr Obolus, weniger Entschädigung, Freitag, 2000.2.11.

적인 공개 토론회를 약속했다. 앞의 브란덴부르크가 과거에 눈을 감지 않고, 가까운 생활에서 역사의 진상을 이야기하고, 또 아는 일을 통해 피해자에게 기부한 것에 반해, 이 베를린의 주변 도시에서는 지금 일어나고 있는 인종주의적 범죄, 네오 나치의 폭행, 방화에 대한 경종이나 역사를 되풀이하지 말라는 관점에서의 기부라는 성격이 짙다. 학생 중에는 책상에서만의 학습이 아닌 아우슈비츠 해방기념일에 이 수용소를 찾았고 2000년에는 슈투트호프 강제수용소의 기념식에 참석했던 중고교생도 많았다. 기금 거출에 대해 극우 정당인 국가민주당(NPD)이 반대 성명을 냈다. 그러나 홀로코스트가 없었다고 주장하는 극우 정당이나 편협한 민족주의자는 더 이상 행동을 취하지 못했다.

(5)-2-9. 참가하지 않은 지자체

법적 안정성의 확보라는 지불 조건이 갖춰져 송금이 개시된 2001년 6월 15일 직전에도 기금에 참가하는 기업은 약 6,300사에 지나지 않았다.[165] 기금이니셔티브가 호소한 22만 사의 불과 3% 미만이다. 지자체는 요구받지 않았지만 위에서 말한 것처럼 거출하는 지자체가 나타났다. 단 그 수만을 보면 기업처럼 적다. 위에서 언급한 도시보다 훨씬 나치와의 결합이 강한 뉘른베르크, 아우크스부르크, 베를린 등을 비롯한 대부분의 도시는 기부를 하지 않았다.

뉘른베르크　뉘른베르크는 연례의 나치당 대회 개최지며, 그중 특히 1935년의 전당대회에서 발표된 유대인과 집시민족에 대한 차별법, 시민권 박탈법인 '뉘른베르크의 제법諸法'으로 나치 범죄사에 이름을 남겼다. 나치시대에는 7만 5,000명의 외국인 강제노동자가 있었다. 출신

· · · · · · · · · · · ·

165 『每日新聞』, 2001.5.31.

국은 주로 소련이었다. 시에는 적게 잡아도 100개 기업이 강제노동에 의존하고 있었다. 노동은 제2장에서 말한 딜사, MAN사 등 무기, 금속 산업에서, 철도 작업이나 우체국에서의 짐 운반, 또 후추가 들어간 과자의 제조업, 바이에른 특산의 초절임 양배추 공장 등에 투입됐다. 시 자체도 강제노동자를 동원해 연합군의 공습 속에 불길이 치솟는 민가에 들어가 지하실에서, 또 무너져 내리는 다락방에서 노인, 아이들을 구출하도록 했으며, 고가의 회화나 귀중품을 들고 나오게 했다. 다음 공습의 공포에 휩싸이면서 시 전력의 복구 작업이나 붕괴된 집들의 잔해 철거 작업도 부과됐다. 시 문서관의 조사에 의하면 복구, 철거 작업에는 1,000명 이상이 동원됐다.[166]

슈뢰더 총리가 100억 마르크의 합의를 공표한 날 전후부터 루트비히 숄츠 시장(기독교민주동맹)에게 옛 소련권에 사는 강제노동자들로부터 편지가 도착한다. "저는 1942년부터 1945년까지 뉘른베르크에서 강제노동에 종사했습니다. 부디 이 사실을 확인해 주시고, 제가 어디에서 강제노동을 했는지 문서로 알려 주셨으면 합니다." 기금으로부터 보상을 받으려면 노동의 기간, 장소, 기업명 등을 56년 이상이나 이전으로 거슬러 올라가 증명해야 한다. 이로써 처음으로 '강제노동자'로 인지된다. 이 작업은 행정 부서의, 그리고 창구가 되는 공무원의 따뜻한 협력 없이는 실현되지 않는다. 앞에서 공무·운수·교통노동조합의 전국대회에서 있었던 결의에 대해 설명했지만, 노조가 산하의 조합원에게, 희생자의 요청에는 '즉시, 우선적'으로 응하도록, '자료' '조사'에 필요한 일을 부디 해주었으면 한다, 라고 호소한 의의는 매우 크다.

· · · · · · · · · · · ·

166 Peter Schmitt, Nürnberger OB gegen Alleingang, SZ, 1999.12.18~19.

아우크스부르크 제3제국시대 독일 군수산업의 중심지였던 아우크스부르 크도 기금에 대한 참가를 표명하지 않았다. 시에서는 1만 2,000명의 외국인 강제노동자가 일했으며, 시의 인구에서 차지하는 비율은 6.5%로 많지는 않다. 그러나 독일인 남자는 전장으로 끌려가는 바람에 노동력 인구로 볼 때 3분의 1을 차지했기 때문에 이들이 없이는 전시에 중요한 자재 생산은 관철할 수 없었다. 강제노동자의 출신 국가는 전황 추이를 반영하고 있다. 1940년은 폴란드로부터의 전시포로와 민간인 노동자였 고, 같은 해 5월 10일 이후 독일이 서쪽으로 군사작전을 전개한 이후에 는 프랑스, 벨기에에서 연행이 많아졌으며, 1942년부터는 소련에서 데려온 사람들이 대부분을 구성한다. 이들이 숙식하는 곳, 즉 수용처는 전시포로의 경우 포로수용소였고 민간인 근로자에게는 처음에는 호텔, 펜션, 농가가 할당됐으나 이후에는 기업이 설치한 막사(막사 수용소)에 갇혔다. 노동에 '의욕을 보이지 않는 자'라고 판단되면 뮌헨의 노동교육 수용소로 이동시켰다. 특히 동유럽과 소련 출신 수용자의 경우는 비참했다. 밀짚과 대팻밥을 넣은 소위 '러시아빵'(제2장 참조)을 먹었다. 아우크스부르크라고 하면 비행기 산업의 메서슈미트로 대표되는데 1944년 에 전체 종업원의 절반이 외국인 강제노동자였으며, 이 중 3,000명은 인근 다하우 등 강제수용소의 수용자였다.

베를린 제3제국 수도 베를린도 100개 기업이 강제노동자를 썼고 시내 리히텐베르크 지구에서만 42개 기업이 노동을 강제했다. 리히텐베르크 향토자료관장 크리스티네 슈티어에 따르면 디 베흐사는 동유럽에서 수백 명 규모의 강제노동자를 연행해 독일 국방군의 제복 제작 작업에 참여시켰다고 한다.[167] 하지만 모회사인 페크 크로펜베르크는 자회사 실태에 대해 언급하지 않은 채 "오늘날까지 우리 회사에서 강제노동을 시사하는 것은 아무것도 발견되지 않았다"[168]며 전시에 대한 반성을 거부하고 있다. 베를린의 경우 역사의 규명 작업은 20세기 말에 겨우 막 시작됐다.[169]

이렇게 하여 각 도시에서의 강제노동에 시야를 옮기면 군수, 화학, 자동차, 건설, 기계 산업이라는 거대 콘체른뿐 아니라 지자체의 업무인 전화戰禍의 뒤처리, 도로, 교량, 전철 등 인프라 설비의 복원이라는 시민 생활에 가까운 현장에서 노동하는 외국인의 모습이 보인다. 또한 초절임 양배추 등 지방 특산물, 피복 생산 등 중소기업 수준에서의 강제노동도 그 윤곽을 나타내고 있다. 다음에서 더 나아가 시민생활에 밀착한 개인가정, 농업분야에서의 강제노동에 대해 논한다.

(5)-2-10. 농업, 개인가정에서의 강제노동

1940년부터 45년에 연행된 사람들 중 농업분야에서는 대부분 동유럽 국가와 소련에서 연행돼 온 사람들이 강제노동을 했다. 동유럽은 유난히 여성이 많았고 나이도 평균 20세로 젊었다. 농업에서의 강제동원·강제노동을 1944년 8~9월로 한정하면 [표 4]에서 보듯이 약 270만 명에 이른다. 폴란드와 소련으로부터의 민간 노동자가 각각 110만 명, 70만 명을 차지해 두 나라만 해도 3분의 2에 이른다. 이 사람들은 전쟁에 동원되는 독일인 남성 농민을 '보충'하는 역할을 했다. 그것은 주로 독일인 주민의 식량을 생산·공급하는 역할이었다. 이들의 경작 노동 없이는 휴경전休耕田이 방대하게 증가했을 것이다.

강제동원 노동자들의 개인사에 착안하면 어느 누구도 제각각의 역

• • • • • • • • • • •

167 Die Aufarbeitung steht erst am Anfang, taz, 1999.12.18~19.

168 Die Aufarbeitung steht erst am Anfang, taz, 1999.12.18~19.

169 Die Aufarbeitung steht erst am Anfang, taz, 1999.12.18~19.

사와 고뇌를 짊어지고 있다. 혼자서 모두를 대표시킬 수는 없다. 극단적으로 말하면 상술한 270만 명의 강제동원자에게는 270만 가지의 과거-현재-미래에 걸친 고난의 역사가 있다. 그런 의미에서 270만분의 1의 케이스로서 다음과 같은 사례가 보고되고 있다.

1939년 15세 때 폴란드 노상에서 체포돼 구속 연행된 한 남성은 "총을 들이댄 채 트럭에 타라고 명령했다. 다른 수용자와 함께 직업안정소로 끌려갔다. 여기서 개인적인 것을 꼬치꼬치 캐물었다. (중략) 이틀 후에 역으로 가야 했다. 만약 역에 가지 않으면 '가족 모두가 처벌받는다'고 했다."[170] 화물이나 다름없이 열차에 태우고 행선지도 알리지 않은 상태로 긴 여정을 거쳐 농가로 끌려갔다. 아침에는 5시부터 농사를 짓고 뒷마당과 야외에서 저녁 8시까지 일했다. 이때의 노동으로 척추를 다쳐 지금도 여전히 후유증에 시달리고 있다. 야외노동 후에 농가로 돌아오지만 친위대가 감시를 하고 있기 때문에 자유로운 외출은 전혀 불가능했다.

또 다른 여성은 1942년 17세로 우크라이나에서 독일로 끌려왔다. 기다리고 있던 것은 개인가정에서 하루 최소 12시간의 노동이었다. 1944년에는 독일 점령국 네덜란드로 갑작스럽게 끌려가 대전차용 참호 건설을 강요당했다. 이때 입은 중상으로 한 번은 노동을 할 수 없는 상태가 됐다. 그러나 입원하고 쉬는 것도 허용되지 않았으며 중상 상태로 낙하산병 클럽의 식당에서 일하게 됐는데, 그곳에서 독일의 패전을 맞이했다.

일반적으로 강제노동자는 공장, 광산, 부두에서의 산업 노동이건 농업이나 개인의 가정이건 1일 12시간 이상의 노동이 부과됐으며, 특히

....

170 Marion Leuther, NS-Zwangsarbeit in Privathaushalten und Landwirtschaft, ak, 2000.1.20.

후자의 경우에는 14~15시간의 장시간 노동이 다수 있었던 것으로 보고되고 있다.[171] 폴란드인의 경우는 예외로서, 많은 경우 임금이 주어지지 않았다. 개인의 가정이나 농가에서의 대우는 확실히 그 가정의 주인이나 농장주의 개인적인 자비나 시혜에 의존하는 경우가 있다. 그러나 동유럽 출신들은 식사 때 집 주인과 동석할 수 없었다. 나치시대의 인종이데올로기는 각 가정에도 침투해 동유럽 출신 강제노동자를 '대등'한 인간으로 간주하는 것을 많은 경우 저해했기 때문이다.

〈기억·책임·미래〉 기금은 적지만 이 개인 가정과 농장에서의 강제근로자에게도 보상 가능성을 인정하고 있다.

2. 맺으면서

1) 신청자 210만 명

독일의 전후보상사補償史를 지극히 대략적으로 개관하면, 1950년대에는, 보상은 주로 속지주의로 서독에서 생활하는 피해자를 대상으로 했으며, 다음에 서구 제국으로 확대했다. 동유럽 희생자에 대한 지불은 냉전도 한 요인으로 작용해 이뤄지지 않았다. 동서독이 통일되고 냉전구조가 무너졌어도 콜 정권은 동유럽 강제노동자의 목소리에 귀를 기울이지 않았다. 냉전 붕괴 후 독일 기업과 정부는 진상을 규명하는 세계적인 조류·운동을 배경으로 강제노동자를 혹사시킨 독일 기업에 대

171 Marion Leuther, NS-Zwangsarbeit in Privathaushalten und Landwirtschaft, ak, 2000.1.20.

한 보상 청구, 독일 제품의 보이콧, 독미 기업의 합병 반대 등 미국에서 다양한 항의에 직면한다. 정책 전환을 하지 않을 수 없게 됐다. 보수·중도 정권 대신 새로 탄생한 사민당·90년연합/녹색당 연립정권은 원래 정책 전환을 주장한 바 있어 동결돼 온 동유럽 강제노동자에 대한 보상에 전후 50년 이상 지나서야 비로소 대처했다.

창설된 강제노동 보상기금 〈기억·책임·미래〉는 2001년 6월 15일부터 각 파트너 조직에 송금이 개시됐으며, 이후 피해자에 대한 지불이 시작됐다. 이 지불에는 3개의 조직이 관계된다. ①독일 기업과 정부 등이 기금에 거출한다. ②이 기금에서 돈을 받은 각국 파트너 조직이 피해자로부터 받은 신청서를 심사하고 또 지급을 담당한다. ③이 심사와 지불을 독일 재무부가 감독한다.

지불 개시 후 약 1년의 상황에 주목하자. 지불은 당초 2003년에 종료할 예정이었다. 하지만 2002년 7월의 전망에 의하면 2005년까지 연장될 것 같았다. 그 이유는 첫째, 많더라도 150만 명 안팎이라고 상정한 신청자 수가 실제로는 210만 명에 달했기 때문이다. 각국의 파트너 조직은 신청서 조사와 검증에 애를 먹게 됐다. 둘째, 피해자로부터의 신청서를 모으는 것이 순조롭게 되지 않았다. 국제이민조직의 조사활동은 더디게 진행됐다. 이 조직은 70개국 이상에 있는 수급권자의 상담을 받고 돌봐주는 임무를 맡는다. 그중에는 프랑스령 폴리네시아나 덴마크령 페로섬과 같은 외딴 곳에서의 조사도 부과되고 있었다. 이것에는 방대한 시간이 걸린다. 셋째, 파트너 조직의 출발이 늦어진 점을 들지 않을 수 없다.

2000년 11월 콜 총리 시대에 모스크바에 창설되고 있던 '화해기금' 가운데 400유로 분이 행방불명이 됐다. 이 러시아에서의 '스캔들'로 독일 재무부의 감독 책임이 추궁당했다. 독일 정부는 모스크바와 민스크

(벨라루시)에 조사팀을 파견해 '화해기금'뿐 아니라 두 나라의 〈기억·책임·미래〉 기금의 파트너 조직의 장부 등도 조사했다. 이렇게 해서 2개국 파트너 조직의 출발이 늦어졌다. 동시에 지불방법도 재검토를 해 새로운 방책을 세웠다. 즉 기금은 2회로 나누어 지불하고, 다시 1차 지불을 분할로 실시하는 방법이다.

제1차 지불을 2002년 7월 12일 단계에서 보자.[172] 각국의 파트너 조직에 접수된 신청서는 210만 통이었으며 170만 명이 인정받았다. 이 중 이미 보상금을 수급한 사람이 81만 7,000명이 된다. 지급 총액은 15.5억 유로(32억 마르크)다. 수급자를 국가별로 보면, 폴란드가 최대 32만 7,000명, 이어 우크라이나가 18만 4,000명, 대독유대인보상청구회의가 9만 9,000명으로, 얼마나 많은 사람들이 등한시돼 긴 세월 방치해 온 강제노동의 보상을 기다리고 있었는지 알 수 있다. 같은 해의 약 2개월 전인 5월 17일 단계에서는 66만 2,000명이 첫 보상금을 수급했다.[173] 따라서 불과 2개월 사이에 약 21만 명이나 되는 희생자가 새롭게 보상 대상자가 된 것이다.

2) 운동을 계속하는 사람들

(1) 뮌헨반차별동맹

기금의 문제점은 이미 여섯 가지로 정리해 열거했다. 즉 ①기금 창설로 재판의 길이 막혔다. ②최대의 목적은 독일 기업의 수출과 투자를

---

172 Das Geld fliesst - In einem Jahr bereits 817,000 frühere Zwangsarbeiter entschädigt, SZ, 2002.7.12.

173 Kleinmachnows ganz gewöhnliches KZ, ak, Nr.462, 2002.5.17.

지키는 것이며, ③보험금 등이 반환, 환불되지 않고, 또 ④기업은 법적 책임을 지지 않고, ⑤거출금도 적으며(③의 보험금액을 제외해도 기업은 본래 지불해야 할 총액의 0.72~0.83%밖에 거출하지 않는다), 나아가 ⑥거출하지 않는 기업이 압도적으로 많다는 것이었다.

이러한 문제점을 안은 채 기금 법안이 연방의회에서 가결되는 전날부터 당일에 걸쳐 '뮌헨반차별동맹'은 토론집회를 뮌헨에서 주최했다. 집회의 기본은 비록 이 기금이 탄생해도 강제노동자에 대한 보상을 비롯한 전후보상을 종결시키지 않는다는 것이었다. 나치 희생자를 핵으로 하는 전국조직 '나치정체피박해자동맹'(VVN)의 마틴 레벤베르크는 기조보고를 통해 다음과 같은 논점을 지적했다. 창설되는 기금은 100억 마르크라는 소액에 한정한 것, 그리고 이 이상의 소송으로부터 기업을 지키는 것이 주목적인 점이 극히 부당하다. 단 평가해야 할 점은 월 단위로 약 만 명의 피해자가 세상을 떠나고 있는 현실에서 고령의 희생자가 '긴급원조'를 기대할 수 있다는 점이다. 향후 중요한 자세는 첫 번째로, 독일 기업을 "또 다시 피고석에 앉히는 것"이며[174] 그러기 위해서는 '독일 경제의 범죄전'[175]을 개최하는 것이라고 한다. 앞에서 기술한 것처럼 '독일 국방군의 범죄전'은 독일 여론에 큰 임팩트를 주어 '청결한 국방군' 상의 재검토에 공헌했다. 이를 따르자는 것이다. 둘째로, 기업 자료실의 개방을 의무화한다. 이것은 기금 창설에는 늦었지만 역사의 진상 규명에는 불가결하다.

174 Es Wird keinen Schliussstrich geben. Antifaschistische Nachrichten, Nr.15, 2000. 7.20, S5.

175 Es Wird keinen Schliussstrich geben. Antifaschistische Nachrichten, Nr.15, 2000. 7.20, S5.

(2) 자체 모금, 기금 창설

〈기억·책임·미래〉기금에 대한 나치정체피박해자동맹의 평가는 공과 죄 모두 존재한다는 것이다. 반면 이 기금을 평가하지 않는 사람들은 기금에 거출하지 않고 자체 모금으로 피해자 지원운동을 펼치고 있다. 가장 먼저 지원 대상으로 삼는 것은 보상을 인정받지 못한 사람들이다.

나는 앞에서 강제동원·강제노동에 시달린 사람들의 개인사는 각자 다른 역사와 고뇌를 보여주고 있다고 했다. 예를 들어 독일 농장에서 노동을 강요당한 한 폴란드인의 경우를 일간지 『타게스차이퉁』의 사례로 보자.[176] 그는 4살 때 부모와 함께 독일로 끌려갔다. 기적소리가 들려서 바다, 운하가 가까웠다는 기억이 나며, 또 농장주는 키가 큰 장교 같았다는 것, 대토지에는 성 같은 것이 있었다는 것, 마을에는 러시아인, 프랑스인, 이탈리아인 포로수용소가 있었던 것 등이 생각난다. 하지만 50여 년 전 그 마을이 어디에 있었는지, 마을 이름이 무엇이었는지 아무리 해도 기억 나지 않는다. 할 수 없어 국제적십자나 실종자 국제 수색기관에 자주 문의하지만 '모르겠다'는 답변이 늘 돌아온다. 그 후 이 마을은 독일 북부의 메클렌부르크의 뮐리투제였음이 밝혀진다. 보상을 받으려면 어디서 노동했는지를 포함한 자료를 첨부해 폴란드 파트너 조직에 제출해야 한다. 그래서 이 마을의 상급 행정기관인 군청에 강제노동 증명을 의뢰하지만 강제노동자의 존재를 입증할 수 있는 "자료는 존재하지 않는다"는 답변이 돌아온다. 여기까지는 흔히 있는 일이다. 문제는 다음의 점이다. 왜 강제노동자의 존재가 지워지고 있는가. 그를 일하게 했던 농장주는 나치 제2의 지도자 헤르만 괴링과 친구 관

• • • • • • • • • • •

176 Die Zeit wird knapp, taz, 2002.7.24.

계에 있었던 것이 밝혀졌다. 일반적으로 농장에서는 기업의 '자본 논리'와 달리, 동유럽으로부터의 계절 노동자 등에게 보험을 들어 놓는다. 농장주는 괴링과의 사적 관계를 통해 강제노동자를 무단 조달하고, 이른바 '무허가' 고용을 이용해 보험료를 지불하지 않는 혜택을 누렸다고 볼 수 있다. 이렇게 되면 농장 노동의 증명은 '자료가 없다'로 치부돼 파트너 조직은 보상금을 배분할 수 없다.

보상금을 받을 수 없는 사람에게는 이와 같이 '암거래'로 고용된 사람들 외에 행정으로부터 '서류가 흩어져 있어' 증명서를 발행할 수 없다고 여겨지는 사람들이 있다. 또한 독일이나 독일 점령지가 아닌 조국에서 노동을 강요당한 사람들도 보상 대상이 아니다. 이처럼 〈기억·책임·미래〉 기금에서 제외되는 사람들에게 모금을 통해 지원하자는 시민운동을 계속하고 있다. 슬로건은 '빨리', '공평하게', '비관료적으로'이며 월급 중 하루 소득을 모금하라고 시민들에게 호소한다. 이 운동은 저명인사들의 지원도 받고 있다. 레너테 큐너스트 소비자 보호·식량·농업 장관(90년연합/녹색당), 클라오디아 로트(동), 크리스티안 슈트로벨레(동), 로타 비스키(민주사회주의당 의장), 로터 두 메지에르(전 동독 총리) 등이 지지자다.

3) 반복하지 않기 위해서

독일 기업은 오늘날 한 회사라도 강제노동에 관해서 법적 책임(국제법, 국내법 위반)을 인정하지 않고 있다. 그러나 '역사적·도의적 책임'은 인정하고 있다(독일 경제계 기금이니셔티브 〈기억·책임·미래〉의 광고, 주간신문 『디차이트』 2000.5.25). 그렇다고 한다면, 왜 제3제국의 살육체제의 당사자가 됐는지, 그 역사적 규명을 스스로 해야 할 도의적 책임을 져야 할 것이다. 〈기억·책임·미래〉 기금 창설로 끝나는 것이 아니다. 자사의 자료관을 공개하고, 역사의 어둠 속에 방치돼 갇혀 있는 희생자들의 목소리를 되살려야 한다. 또 '독일 국방군의 범죄전'과 같은 '독일 경제의 범죄전'을 개최하는 것에도 적극 협조해야 할 것이다. 공개 자료의 전시도 할 수 있다면 전시회장 운영에 인력을 파견해 예산을 분담하는 것도 가능할 것이다. 창설된 기금에는, 말하자면 '기금 내 기금'이 있어([표 9] 참조), 이것으로 '청소년 교류'나 '국제이해', 또 나치시대의 '억압을 기억하는' 프로젝트를 재정적으로 지원할 수 있다.

중요한 것은 독일 경제계 기금이너셔티브의 말을 빌리면 "나치 정체에 의해 지극히 가혹한 체험을 거치지 않으면 안 됐(다)"(동 광고)던 사태를 반복하지 않는 것이다. 전전戰前의 "독일 산업계 전체의 역사적·도의적 책임을 인정한(다)"(동 광고) 이상, 전쟁책임, 전후책임 둘 다 완수해야 한다. 전후 50여 년이 지나 친구, 연인, 부모형제자매, 청춘, 건강, 재산, 직업을 잃고 심신 모두 트라우마에 시달리는 사람들을 방치해 온 전후책임을 제대로 처리하려 한다면, 그러한 사태를 그대로 유지해 온 정치·사회의 구조 그 자체를 개선해야 할 것이다. 특히 전후 책임에 임한다는 것은 이러한 사람들에게 사죄하고 개인보상을 함으로써 조금이라도 원상을 회복하려는 시도를 받아들이는 것이다. 그러나 거기에 그치지 않는다. 조그만 원상회복조차 거부당한 사람들, 즉 방대한 수의 사망자는 전쟁·전후책임의 대상조차 될 수 없다. 억울하게 죽어간 사람들을 정확히 기억하고 다시는 이런 사람들이 생기지 않게 하기 위해서라도 다시는 되풀이하지 않는 것이 중요하다.

나는 제2장에서 독일의 강제노동 실태를 설명했으며, 제3장에서 그와 관련된 국제·국내법과 재판을 분석하고 또 전쟁범죄인의 석방, 사면 등을 지적하고, 이를 근거로 제4장에서 독일의 전후보상사를 개관했다. 보상사의 중심에는 강제노동 보상기금 〈기억·책임·미래〉를 뒀다(약간이기는 하지만 일본의 강제동원·강제노동 문제도 기술했다). 독일에서는 거시적으로 재판과 처벌보다 전후 복구를 우선시한 점, 또 전후보상 특히 동유럽의 강제연행자에 대한 전후보상에는 전혀 대처하지 않았다는 점을 들었다.

독일은 전후보상의 모범인가. 나는 전후보상을 '사죄와 개인보상'으로 한정한다면, 일본보다는 잘하고 있다고 말할 수 있겠다. 즉 일본이 너무 방치하고 무시하고 있기 때문에 일본과 비교하면 독일의 대처가 눈에 띈다. 나는 일본도 독일도 함께 역사에 반성하고, 함께 서로 배우면서 '사죄와 개인보상'에 임해야 한다고 생각한다. 물론 일본은 독일 이상으로 이 과제를 책임지고 떠맡아야 하고, 독일에서 배우는 것이 많음은 말할 필요도 없다.

나는 지금 전후보상을 '사죄와 개인보상'에 한정했다. 그러나 이것을 보다 넓게 잡아 역사인식, 기본법(헌법), 사법, 교육, 정치 지도자의 자세, 사상 수준에서 또 전쟁 유적이나 역사적 기념물의 보존 등에서 나치시대를 '반복하지 않기 위한 노력'이라면 독일의 시도는 높게 평가하고 싶다. 예를 들어 중국 잔류 일본인이 일본 정부에 대해 일으킨 손해배상 재판에서 일본 정부는 "만주국은 우리나라와는 다른 독립국가"라고 하는 역사관을 준비서면에서 말한 것이 전해지고 있다(아사히신문 2003.7.28). '만주국'은 의회도 없고, 실권은 일본인 관리에게 있으며 관동군 사령관(겸 주만대사 겸 관동청 장관) 밑에 있는 일본의 괴뢰국가였다. "일본과 만주는 정부로서는 일체며, 만주국에 파견한 관리는 국내 근무와 동일하게 취급됐다"(동, 야마무로 신이치山室信, 교토대학 인문과학연구소 교수). 일본 정부와 같은 역사인식은 독일에서는 찾아보기 어렵다. 예를 들어 괴뢰국가 슬로바키아를 '독립국가'였다고 주장하지는 않는다.

나치시대에 국외 추방된 정치범, 유대인을 외국은 '망명자'로 받아들였다. 전후 독일은 이 추방을 반성하며 기본법에 "정치적으로 박해받은 자는 비호권을 향유"(제16조)하므로 국외로부터의 정치 망명자를 받아들이기로 하고 헌법 차원에서 망명권을 보장했다.[177] 60년대 사법개혁은 나치시대를 되돌아보는 데서 출발해 법관의 시민적 자유의 확대에 기여했다.[178] 국제연맹 하에서 국제지적협력위원회의 교재 검토에 기원을 두고 있는 교과서의 국경을 초월한 공동작성은 독일에서 발전하고 있다. 이 시도는 역사, 지리 교과서에서 민족 간의 우열에 기초를 두는 편협한 민족주의적 기술을 서로 없애자는 자세를 견지하고 있다.[179] 진상 규명과 연구, 논의에 따라 여러 나라에서 공통된 교과서를 작성하는 '교과서 국제주의'는 다른 나라에도 널리 퍼져 있다.[180] 또한 오늘날 독일에서는 곳곳에 나치시대의 희생자를 마음에 새기고 그 시대를 반복하지 않기 위한 기념비, 역사적 건조물이 존재한다.[181]

만주국이 '독립국가'였다면, 그것은 관동군이 '좋은 일'을 했다는 역사인식으로 이어진다. 그러면 '좋은 일'은 몇 번이라도 '좋은 일'이 돼 반복 대상이 된다. 만주국 형태인 '독립국가'는 많이 건설해야 하는 일이 된다. 전후보상에는 반복하지 않는다는 것도 시야에 넣어둘 필요성을 강하게 느낀다. 동시에 국가에 의한 역사인식의 점유를 피하고 연구자나 시민 차원에서 진상을 계속 규명하는 작업이 중요하다는 점도 통감한다.

• • • • • • • • • • •

177 田村光彰, 『統一ドイツの苦悩』, 技術と人間, 1997 참조.
178 片桐直樹 감독의 기록영화 〈ドイツ裁判官物語〉, 2000 참조.
179 近藤孝弘, 『国際歴史教科書対話』, 中央公論社, 1998 참조.
180 F・ドルーシュ 綜合編輯, 『ヨーロッパの歴史』, 東京書籍, 1998(第2版); 日中韓三國共通歷史教材委員會, 『未來をひらく歷史』, 東アジア三国の近現代史, 高文研, 2005 참조.
181 南守夫, 「ドイツ戦争とナチズムの記念碑・記念館を考える」①~⑧『季刊戦争責任研究』6~15, 日本の戦争責任資料センター 참조.

나는 마지막 장의 '반복하지 않기 위해서'라는 항에서 독일 기업이 앞으로 "왜 제3제국의 살육체제의 당사자가 됐는지, 그 역사적 규명을 스스로 해야 할 도의적 책임을 져야 할 것이다"라며 〈기억·책임·미래〉 기금 창설로 역사에 막을 내려서는 안 된다고 했다. 그러기 위해서는 최소한 자사 사료관을 공개하고 억압당하며 살육된 사람들의 절규를 암흑에서 벗어나게 해야 한다고도 했다.

내가 이렇게 원고를 마주하고 있는 바로 그때, 독일의 일간지 『타게스 차이퉁』은 '홀로코스트 사료관 마침내 공개'라는 뉴스를 전했다(2006.4.20). 독일은 전후 나치의 희생자로 생존해 있는 사람들이 방대한 수에 이르는 이산가족, 미귀환자를 찾기 위해 수색기관을 설립했다. 뉴스에 의하면 헤센 주의 아로르젠에 있는 수색기관이 연구자용이라고 하는 제한은 있지만 사료 공개를 단행했다. 이 기관은 적십자가 설치했고 독일 정부가 재정적 지원을 했으며 운영은 11개국으로 구성된 위원회가 맡아왔다.

연방 법무부는 지금까지 '데이터 보호법'을 근거로 일부 사람들 외에는 일관되게 공개를 계속 거부해 왔다. '일부 사람들'이란 주로 사료에 기록된 사람이 고인이 된 유족들이다. 그러나 이 사람들에게도 사료 공개는 쉬워진 것이 아니다. 공개 청구의 신청에 대한 대답이 오는 것은 수년 뒤였다. 희생자나 유족들로부터 사료 열람을 더 쉽게 하라는 요구가 오랜 기간 연방정부에 제기되자 연구자들은 공개 청구와 국제적 항의를 법무부에 보냈다. 연립정권의 치플리스 법무장관(사회민주당)은 이러한 요구를 무시할 수 없고, 수십 년간 이어온 거부 자세를 마침내 단념하고 늦긴 했지만 공개를 단행했다.

나는 그 엄청난 소장 물량을 알고 깜짝 놀랐다. 서가의 길이가 무려 24km, 총수는 5,000만 점에 달하며 인원수에 주목하면 1,750만 명 이상의 데이터가 있다고 한다. 이 책에서는 나치시대의 강제동원·강제노동에만 관련된 전 인원수에 대해, 경제사학자 쿠친스키의 설에 근거해 1,400만 명 이상이라고 소개했는데, 이 숫자는 이에 가깝거나, 그 이상이다. 내용에 관해서는 전모를 아는 사람은 아무도 없다. 그도 그럴 것이, 목록이 작성돼 있지 않기 때문이다. 그럼에도 『타게스차이퉁』은 극히 일부의 예로서, 다음과 같은 사료가 있다는 것을 보여주고 있다. 다하우 강제수용소의 수용자 개인 데이터나, 부헨발트 강제수용소에서 수용자가 입었던 옷, 소유하고 있던 소지품의 보관 장소에 관한 상세한 내용이다.

설령 연구자에게 대상을 한정해도 공개의 영향은 헤아릴 수 없을 만큼 크다. 우선 창설된 〈기억·책임·미래〉 기금에 보상을 신청해도 강제노동을 당한 증거사료가 없다며 청구를 계속 거부당한 생존자에게는 희소식이다. 또 기업이 자사 사료관을 공개하지 않은 채, 즉 역사 규명이 도중에 중단된 채 창설된 〈기억·책임·미래〉 기금이 어느 정도 피해자의 요구를 반영하고 있는가, 하는 기금의 존립에 본질적으로 관련된 문제가 부각된다. 사실 더 양적으로 방대한 사람들의, 질적으로 심각한 실태를 엿볼 수 있다면, 기금은 피해 실태에 맞춰 새롭게 재검토를 해야 한다. 또 공개된 아로르젠의 '공적' 사료관은 기업과 나치시대와의 관계가 고구마 줄기식으로 드러나고 있음을 보여준다. 기업만 자사의 '사적' 사료관을 닫아둘 수는 없게 될 것이다. 진상 규명에 계속 등을 돌리는 것은 용서받지 못하게 되는 날이 조만간 올 것이다. '사적' '공적' 모두 진상 규명의 압력에 의해 고뇌하는 피해자, 유족이 건강할 때 기금을 재검토해 피해 실태에 보다 맞는 보상기금이 새롭게 창설되기를 기대한다.

이 책을 쓸 때 나는 독일은 물론 일본의 전후보상에 나서는 사람들에게, 또 식민지 지배 피해자들에게 많은 것을 배웠다. 특히 니가타新潟, 사카타酒田, 나나오七尾에서 중국인 강제동원·강제노동 소송을 지원한 사람들과, 또 도야마富山에서 후지코시 강제동원·강제노동 소송을 지원하는 사람들로부터는 많은 자료를 받았다. 이로써 강제동원·강제노동을 통해 일독의 공통점의 한 단면을 알 수 있었다. 일례로 강제동원 경로에서의 일관된 학대 사실에 비춰 볼 필요도 없이 중국인들의 생명은 극단적으로 경시됐던 당시 니가타항운(주) 노무부장 오시마 잇사쿠小島一作(2대 수용소장)는 "'지나인은 얼마든지 보충이 된다'라고 주저 없이 공언했다."(니가타항에 강제연행된 중국인 피폭자 장우옌빈의 전후보상 재판을 지원하는 모임 〈회보 제4호〉, 2000.9.15). 강제연행자는 나치 지배 하에서는 이 책에서 언급한 것처럼 나치 용어로 '소모품'이었고, 일본에서는 '보충품'이었다.

마지막으로 니가타, 사카타, 나나오 등 각 항구에서 항만 하역에 종사한 중국인 소송을 헌신적으로 지원하고 있는 사람들에게 감사의 마음을 전하고 싶다. 많은 것을 배웠다. 또 사회평론사社会評論社 마쓰다 겐지松田健二에게는 출판을 맡아주신 것에 대해 감사의 말씀을 드린다. 졸고의 완성을 2년이나 늦췄음에도 계속 기다려 주시고 2년 지연의 출판을 흔쾌히 허락해 주신 신 코이치新孝一에게는 상세한 교정에, 또 졸고와 씨름해 주신 인내력(!)에 감사를 표한다. 또한 두꺼운 졸고를 여기까지 읽어 주신 독자 여러분께도 깊은 감사의 말씀을 전하고 싶다. 이 책에는 결점, 모자란 점 등이 많이 있을 것이라 생각한다. 독자 여러분의 비판을 받을 수 있다면 더할 나위 없는 행복이 될 것이다.

2006년 6월 6일

저자 _ 다무라 미츠아키田村光彰

전 호쿠리쿠대(北陸大) 교수
윤봉길 의사와 함께하는 모임 회장
「大東亜聖戦大碑」 철거를 위한 모임 사무국장

주요논저
· 『統一ドイツの苦悩―外国人襲撃と共生のはざまで』(技術と人間社, 1997)
· 『ドイツ 二つの過去』(技術と人間社, 1998)
· 『現代ドイツの社会・文化を知るための48章』(共著, 明石書店, 2003)
· 『抵抗 ゲオルク・エルザーと尹奉吉』(三一書房, 2019)

옮긴이 _ 김관원

동북아역사재단 수석연구위원

주요논저
· 『誠心交隣に生きる：負の歴史を超えて』(공저, 合同フォレスト, 2016)
· 「1905년 일본제국의 독도편입 배경: 야마자 엔지로와 보호국화 정책을 중심으로」
  (『한일군사문화연구』24, 2017)
· 「일본에서의 전후보상재판과 화해」(『일본연구논총』 50, 2019)
· 『한일협정과 한일관계』(공저, 동북아역사재단, 2019)

나치 독일의 강제노동과 전후처리
– 국제관계에서의 진상규명과 〈기억·책임·미래〉 기금

초판 인쇄 | 2020년 12월 21일
초판 발행 | 2020년 12월 28일

지 은 이 다무라 미츠아키
옮 긴 이 김관원
발 행 인 한정희
발 행 처 경인문화사
편   집 김지선 유지혜 박지현 한주연
마 케 팅 전병관 하재일 유인순
출판번호 406-1973-000003호
주   소 파주시 회동길 445-1 경인빌딩 B동 4층
전   화 031-955-9300 팩 스 031-955-9310
홈페이지 www.kyunginp.co.kr
이 메 일 kyungin@kyunginp.co.kr

ISBN 978-89-499-4892-8 93910
값 26,000원